철과 피와 제국

사진으로 보는 독일 근대사:
비스마르크에서 히틀러까지

철과 피와 제국

사진으로 보는 독일 근대사:
비스마르크에서 히틀러까지

초판 1쇄 2017년 11월 25일
지은이   스테판 로란트
번 역   윤덕주
디자인   조희정
사진스캔   강수진
교 정   박수용
발 행   (주)엔북

(주)엔북
우)04074 서울 마포구 와우산로3길 17 4층
전 화   02-334-6721~2
팩 스   02-6910-0410
메 일   goodbook@nbook.seoul.kr

신고 제 300-2003-161
ISBN 978-89-89683-59-9 03920

값 19,000원

한국출판문화산업진흥원의 출판콘텐츠 창작자금을 지원받아 제작되었습니다.

철과 피와 제국

사진으로 보는 독일 근대사:
비스마르크에서 히틀러까지

스테판 로란트

SIEG HEIL!
(HAIL TO VICTORY)

An Illustrated History of Germany
from Bismarck to Hitler

By Stefan Lorant

독재체제란 어떻게 생기는 것일까? 그것이 민주체제가 변해서 생긴다는 것은 거의 분명하다. 소수지배체제에서 민주체제로 변하는 것이나 민주체제에서 독재체제로 변하는 것은 같다고 볼 수 있을까?

소수지배체제 쪽 사람들이 내세우는 최고 목표이자 소수지배체제의 성립을 지탱하게 해주는 것은 바로 부(富)이다. 그런데 부에 대한 과욕과 돈벌이에 급급한 탓에 다른 모든 것을 소홀히 해 버림으로써 소수지배체제는 망하고 만다.

민주체제 또한 자신들이 최고 목표라고 규정지은 것에 대한 극성스런 욕심으로 인해 무너지는 것은 아닐까?

플라톤, 《국가론》 VIII562

- 이 책의 사진은 당시 사진 기술의 한계와 원본이 디지털화 되지 않은 관계로 일부 화질이 뒤떨어지는 부분이 있습니다.

- 이 책의 사진은 최대한 원서의 레이아웃 그대로 배치하였습니다.

- 「 * 」 표시는 역자주입니다.

사랑과 우정을 담아
시어도어 킬에게

그리고 아돌프 히틀러와 같은 시대를 살았으면서도
우리 삶을 풍요롭게 해준 사람들에게 :

파블로 카잘스
1876년 12월 29일, 히틀러가 태어났을 당시 13세였다.

파블로 피카소
1881년 10월 23일, 히틀러가 태어났을 당시 8세였다.

폴 더들리 화이트 박사
1886년 6월 6일, 히틀러가 태어났을 당시 3세였다.

아르트루 루빈스타인
1887년 1월 28일, 히틀러가 태어났을 당시 2세였다.

아널드 토인비
1889년 4월 14일, 히틀러가 태어났을 당시 생후 6일째였다.

찰리 채플린
1889년 4월 16일, 히틀러가 태어났을 당시 생후 4일째였다.

감사의 말

거의 50년 간 잡지 편집과 책 출판에 관여해 온 나는 항상 사진을 중요시해 왔다.

그 50년 동안 나는 많은 친구를 얻었다. 세계 최고라 할 수 있는 사진가의 사진은 대부분 내 잡지를 통해 처음으로 발표되었다. 에리히 잘로먼 박사, 로버트 카파, 브라사이, 앙드레 케르테츠, 한스 허브만, 커트 휴튼, 헬무트 쿠르트, 펠릭스 만 등의 초기 사진을 게재한 바 있다. 그들 가운데 아직 건재한 사람은 이 책에 그들의 사진을 사용하는 것도 허락해 주었다. 잘로먼 박사의 아들인 페터는 고인이 된 부친의 사진 원본을 인쇄용으로 보내주기까지 했다. 또한 커널 카파(로버트 카파의 동생)는 이미 고전이 된 형의 사진 몇 장을 빌려주었고, 군터 잔더는 부친이 촬영한 인물 사진을 제공해 주었다.

이 책에서 사용한 700점 이상의 사진은 주로 다음의 다섯 군데에서 나왔다. 첫 번째는 내 수집품으로서, 1920년대 중반부터 모으기 시작한 사진이다. 두 번째는 뮌헨 남독일출판사Süddeutsch Verlag 사진보관소로, 1929년 나의 기획 하에 2300장의 프린트로 발족한 이래 지금은 800만 장의 사진을 구비한 세계 최대의 사진보관소가 되었다. 거기에다 베를린 란데스빌트슈텔레의 훌륭한 역사적 수집품, 뉴욕 UPI의 파일, 그리고 독일에서 압수되어 미국국회도서관과 워싱턴의 미국고문서보관소에 보관된 자료들이다.

나의 오랜 친구인 남독일출판사의 한스 슈만과 그의 매력적인 조수 리디아 보네 부인은 나의 수많은 요구를 기꺼이, 또한 참을성 있게 받아 주었다. 그들의 안내가 없었다면 구하고자 했던 사진을 찾아내지 못했을 것이다.

란데스빌트슈텔레에서는 프리드리히 테르빈 박사가 나의 조사를 위해 많은 시간을 할애해 주었다. 사진 편집자로서 뛰어난 재능을 지닌 박사는 과거 독일에 대한 방대한 자료를 독창적이면서도 아주 실용적인 방법으로 분류해 놓아서 원하는 사진을 쉽게 찾아낼 수 있었다. 베르너 헤임조트가 뽑은 사진의 질은 훌륭했다. 유능한 사진 담당 사서 콘스탄스 슈트레히 부인 덕분에 모든 조사가 순조로웠다.

좋은 친구이자 UPI 사진 수집 책임자인 잭 플레처와 풍부한 지식을 가진 그의 보좌 아서 리와 조셉 루피노, 그리고 고문서 담당 윌리엄 스트리블링이 나를 위하여 진귀한 자료를 찾아내 주었다.

미국국회도서관에서는 오랜 친구로서 지난 25년 간 종종 나의 의논 상대였던 밀튼 카플란과 버지니아 다이커가 조사가 본 궤도에 오르도록 조언을 해 주었다.

미국고문서보관소에서는 로버트 울프 박사가 이 시대에 관한 깊은 지식을 제공해 주었다. 또 제임스 W. 무어는 사진의 프린트를 찾아내는 일을 도와주었다.

사진 관련 조사를 벌인 모든 나라에서 친절하고 우호적인 협력을 얻을 수 있었다. 그 중 다음 분들에게 특별히 감사의 뜻을 표하고 싶다. 빈 오스트리아국립도서관의 월터 비저 박사와 직원들, 파리 국립도서관의 직원들, 뮌헨 현대자료관과 관장 안톤 호흐 박사, 코블렌츠 고문서보관소의 볼프강 몸젠 박사와 직원들, 특히 사진 수집가인 헤르베르트 발터, 베를린 국립도서관의 로나르트 클레미히 박사와 직원, 런던 왕립전쟁박물관의 E. 하이네와 직원, 동베를린 젠트랄빌트의 기념비적 사진도서관의 H. 키신스키 및 직원, 캘리포니아 스탠퍼드에 있는 후버연구소 직원 등이다.

베를린과 파리의 사진 대여점 몇 군데에서도 자료를 제공받았다. 베를린에서는 리제로테 반델로가 관리하는 울스타인사진자료관의 필름을 접할 수 있었다. 파리 키스톤에서는 나의 오랜 친구인 알렉스 가라이가 낡은 필름에서 사진을 찾아내 주었다.

히틀러의 개인 사진사였던 하인리히 호프만의 아들 호프만은 잘 정돈된 뮌헨 사진보관소로 나를 안내하여 부친이 찍은 인물사진의 오리지널 프린트와 그 확대 사진을 제공해 주었다. 같은 시대 작가의 스냅사진은 토마스 만의 부인, 헤레네 바이겔-프레히트 부인, 리슬 프랑크-루스티히 부인, 그리고 쿠르트 투홀스키 부인 등이 고인이 된 남편의 사진들을 보내준 것으로, 매우 감사히 여기는 바이다.

독일인 예술가 존 하트필트는 나치의 지배를 피해 망명한 뒤인 1939년에 직접 만든 몽타주 사진을 가지고 런던에 있는 나의 사무실을 찾았다. 나는 그 중에서 골라 〈릴리풋〉에 싣고 〈픽처 포스트〉의 표지로도 사용했다.

정신의학자나 심리학자들이 히틀러의 성격에 대해 터무니없는 분석을 내놓기도 했지만 그 분석의 대부분은 상상 속의 '사실이나 사건'에 바탕을 둔 것이다. 친구인 마가레트 브렌만-깁슨 박사와의 대화를 통해 그녀의 동료 학자들이 일으킨 몇몇 잘못을 찾아낼 수 있었다.

50년 전부터 친구인 마를레네 디트리히와 그녀의 남편 루돌프 시베르는 디트리히의 초기 사진 사용을 허락해 주었다. 한창 젊었던 나는 베를린에서 마를레네의 첫 번째 스크린 테스트를 맡았는데, 그 사실을 지금도 자랑스럽고 그리운 추억으로 간직하고 있다(그때의 필름이 있었더라면 얼마나 좋을까!).

조세핀 베이커에게도 감사한다. 그녀는 베를린 무대에선 자신의 사진을 보면서 당시 무대의 커튼 장식을 담당한 것이 베르노 폰 아렌트였으며 그가 나중에 인종차별주의에 물들어 미술 방면에서 나치에 협력하게 되었음을 알려주기도 했다.

친구 가운데 제2차 세계대전 중에 미국 육군 대위였던 일라이 윌릭은 독일에서 가져온 자신의 '라이브러리'를 보여 주었다. 지면이 한정되어 있어서 그 사진들을 사용하지 못한 점이 아쉽다. 그리고 신비한 힘을 지녔다는 부적을 내 목에 걸어주고 필요할 때마다 나에게 행운을 준 앤 잭슨에게도 감사한다.

이 책을 만드는 4년 동안, 친구 폴 더들리 화이트 박사가 끊임없이 격려를 해 주었다. 그는 이 작업에 대하여 깊은 관심을 가지고 내 의욕이 떨어지려고 할 때마다 격려해 주었다. 심지어 생의 마지막을 앞두고 입원했을 때에도 병원 침상에서 메모를 보내 내 일의 진행을 물었다. 세상을 떠난 그에게 이 성과를 보여주지 못하는 것이 슬프다.

노튼 앤 컴퍼니에서도 많은 도움을 받았다. 담당 편집자에반 W. 토마스는 끊임없는 비판과 제안을 통해 나의 방향 설정을 도왔다. 여러 과정을 거쳤지만 우리 우정은 상하지 않았다. 로즈 프랑코의 상식과 온화함은 언제나 위안이 되어 주었다. 또 교열 담당 켄드라 K. 호는 날카로운 눈으로 영어와 독일어의 오자를 찾아냈다. 책에 만약 오자가 보인다면 그것은 나의 책임이다. 벤 가미트 Jr.는 인내심과 유머를 가지고 기계 관련 업무를 처리해 주었다. 그러나 최대의 감사를 받아야 할 사람은 제임스 L. 마이어스이다. 노튼 앤 컴퍼니의 PD 겸 선임 편집자인 그는 열정과 인내와 상상력을 가지고 '인쇄기에 돌리기' 위한 모든 복잡한 일들을 처리해냈다. 훌륭한 기능인이자 통찰력과 풍부한 지식을 갖춘 편집자인 그는 기술적 문제까지 이해하고 그 해결책을 제시해 주었다. 그의 훌륭한 감각과 통찰력은 틀리는 법이 없어서 바위처럼 든든했다. 인쇄에 이르는 전 기간 동안 그의 도움과 열의와 호의를 얻을 수 있었기에 행복했다.

사진 관련 업무와 복사는 그레이트 배링턴의 피츠필드와 레녹스에 있는 조엘 리브리치, 리처드 C. 길슨, 루시엔 아이그너 등의 좋은 친구들이 처리해 주었다. 그들의 협력과 기술, 예술적 수완 덕분에 많은 기술적 어려움을 해결할 수 있었다.

머레이 프린팅의 케네스 애덤스는 친구로서 제작 과정을 도와주고 감독해 주었다. 지난 20년 동안 나의 책 세 권을 함께 만들었는데, 우리는 언제나 뜻이 통했고, 나는 항상 그의 조언과 제안에 귀를 기울였다. 켄에게 깊이 감사한다.

머레이의 매력적인 직원이자 뛰어난 예술가인 린 포이는 차트를 그려 주었는데, 기계 분야의 수완가였다.

보스턴 라이트슨 타이포그라퍼스의 프랑 맥나마라와 마이크 스웨니는 최종 원고의 현장 세팅과 수정을 도와주었다. 그들과의 작업은 즐거운 일이었고, 자신과 회사의 수준을 높이는 참다운 기술자였다.

법적인 문제를 해결해 준 친구 시어도어 W. 킬과 레이먼드 그레고리에게 깊이 감사한다. 그리고 어려움을 덜어주고 모든 오해를 풀어 준 마이클 D. 헤스에게도 감사를 보낸다. 특히 레이의 한결같은 양식과 한없는 인내와 지지는 특히 고마운 것이었다.

나의 비서 샐리 버그만은 초고의 타이핑뿐 아니라, 줄수를 세고, 모든 사진에 설명문을 붙이고, 모순이나 실수를 찾아 고치고 개선책을 제안했다. 일에 녹초가 되어서도 그녀는 생기를 잃지 않았고 밤이나 일요일에 타자를 쳐야 할 때에도 결코 불평하지 않았다. 항상 훌륭하게 일을 처리해 준 그녀에게 깊이 감사한다.

존 퍼비시는 사진 필름을 정리하여 사건을 연대순으로 분류했고, 조사를 도와주었다. 캐롤 에드워드는 잡무를 쾌활하고 능숙하며 영리하게 처리했다.

가족에 대해서도 한 마디 하지 않을 수 없겠다. 우리 가족은 나의 진정한 협력자였다. 아내 로리는 모든 글을 읽고 가치 있는 비판적 제안을 내놓았다. 아내는 조사를 도왔고, 필요에 따라서는 타자도 쳐 주었으며, 4년의 작업 기간 중 나를 뒷받침해 주었다. 아들들 또한 나를 도왔다. 어느 날 아침, 당시 7세였던 마크가 서재에 들어와서 침울한 기분으로 책상 앞에 앉은 나에게 말했다. "아빠, 걱정하지 마세요. 열심히 일했으니까 모두들 이 책을 좋아할 거예요." 그러자 문에 서 있던 그의 형 크리스티도 고개를 끄덕이며 말했다. "그럴 거예요." 아이들아, 너희 믿음에 감사한다.

매사추세츠주 레녹스에서
스테판 로란트

7

곤경에 빠진 왕

1000년에 걸쳐 독일은 유럽 지도에 그려진 연방들의 복합체, 즉 느슨하게 결합된 집합체에 지나지 않았다. 독일은 314개의 독립된 제후국과 1475개의 영지로 이루어져 있었으며 황제와 그의 군대가 그것을 묶고 있는 형태였다.

나치가 말하는 '제1제국'—신성로마제국은 선출제 군주국가로, 7명의 선제후(선거권을 가진 제후)*가 군주를 뽑았다. 프리드리히 폰 호엔촐레른은 1415년에 선제후가 되었는데, 그의 가문이 독일 역사에 이름을 남기기 시작한 것은 3세기 전으로 거슬러 올라간다. 당시부터 호엔촐레른 가문은 프로이센공국을 소유했고 폴란드왕이 그것을 공인해 준 바 있었다. 호엔촐레른 가문에서 처음으로 두각을 나타낸 왕자는 '대선제후' 프리드리히 빌헬름으로, 1640년에서 1688년까지 브란덴부르크-프로이센을 통치했다. 빈틈없는 정치가이자 뛰어난 조직가였던 그는 프로이센에 군정을 시행하면서 3만 명의 강력한 군대를 양성했다. 그의 아들로서 뒤를 이은 프리드리히 3세(1688~1713)는 왕이 되겠다는 야망을 가지고 1701년에 스스로 프로이센 지역의 왕이라는 자리에 앉았다(그러나 프로이센공국의 왕은 아니었다). 프리드리히 1세로 자칭한 그는 프랑스 궁정을 흉내내느라고 공연히 애인을 만들기도 했다.

그는 무능했지만 그의 아들 중 하나인 프리드리히 빌헬름 1세(1713~1740)는 유능했다. '군인 왕'으로 불린 신앙심 깊고 도덕적인 프리드리히 빌헬름 1세는 프로이센을 군사 요새로 바꾸어 놓았다. 그는 강철 같은 규칙과 절약을 신조로 잘 훈련된 대규모 군대를 유산으로 남겼다.

그의 아들 프리드리히 2세는 46년 동안(1740~1786) 통치하면서 합스부르크가를 쳐부수고 슐레지엔을 정복했으며 폴란드 분할에 참여하여 국토를 넓혔다. 그로 인해 프리드리히 대왕이라 불린 그가 사망했을 때 프로이센은 유럽의 5대 세력이 되어 있었다.

프리드리히 대왕의 뒤를 이은 것은 우매한 두 사람이었다. 대왕의 조카 프리드리히 빌헬름 2세(1786~1797)와 프리드리히 빌헬름 3세(1797~1840)가 그들로, 두 왕은 위대한 선왕이 물려준 것들을 허사로 만들었다.

1806년 예나에서 프로이센이 나폴레옹에게 패배 당한 것도 프리드리히 빌헬름 3세 치하에서의 일이다. 6년 뒤에야 라이프치히에서 복수를 할 수 있기는 했지만, 결국 나폴레옹의 몰락에 따라 '천년의 제1제국'도 종말을 맞는다. 그 이후에는 39개 제후국으로 이루어진 독일연방이 들어선다.

앞서 두 프리드리히 빌헬름은 또 다른 프리드리히 빌헬름으로 이어진다. 빌헬름 4세(1840~1861)는 민주주의를 신에 대한 반역으로 보았다. 그는 몇 차례 발작을 일으키다가 끝내 정신병에 걸렸다. 그의 동생이 섭정을 하다가 1861년에 빌헬름 4세가 죽자 왕으로 즉위했다.

160년 전 초대 프로이센왕이 즉위했던 쾨니히스베르크에서 대관식을 올렸을 때 빌헬름 1세는 이미 64세였다. 군인으로 성장해 온 그의 주요 관심사는 군사였다. 그는 독일은 통일이 되어야 한다고 생각했고, 그것이 프로이센의 사명이라고 믿었다. 그래서 군을 개혁하고 신병의 수를 늘리기로 마음먹었다. 1815년 국민개병제를 도입한 이후 프로이센의 인구는 1100만에서 1800만으로 늘었는데도 신병의 수는 제자리였기 때문이다.

새로운 왕은 병역기간 3년을 유지하면서 나폴레옹에 대항하기 위해 결성했던 예비군을 상비군으로 전환하고자 했다. 그러나 의회의 자유주의자들이 왕의 제안에 반대하고 나서면서 오도가도 못 하는 상황에 빠졌다.

1861년, 선거에서 자유주의자의 세력이 확대되었다. 새로운 의회는 군사 개혁안 통과를 거부하고, 상세한 예산 내역을 제출하라고 요구하면서 늘어난 국방 예산에도 찬성표를 주지 않았다. 결국 의회는 해산되어 1862년 5월 6일에 또 선거가 치러졌다. 그 결과 또다시 자유주의자 세력이 확대되었으며, 의회는 이번에도 국방예산 증액에 찬성하지 않았다. 나아가 2년으로 병역을 줄일 것을 주장했고, 왕이 예비군에 손대는 것도 여전히 반대했다. 이 다툼은 엄청난 규모의 헌법적 위기로 커진다.

빌헬름 1세는 진퇴양난에 빠졌다. 헌법을 무시해 버리고 독재를 할 것인가, 아니면 퇴위를 해버릴 것인가? 보수 성향의 국방대신 룬 장군이 프랑스 주재 대사 오토 폰 비스마르크를 불러 재상에 임명하라고 추천했을 때 왕은 이미 퇴위 성명서 초안을 써 놓은 상태였다. 왕은 룬 장군의 제안이 그리 마음에 들지 않았지만 동의할 수밖에 없었다. 룬 장군은 파리에 있던 비스마르크에게 전보를 보냈다. "늦으면 위험하다. 서둘러라." 비스마르크는 급

1861년 10월 18일.
쾨니히스베르크에서 거행된 빌헬름 1세 프로이센왕 대관식.

히 베를린으로 돌아왔다. 그리고 9월 22일과 그 다음날, 왕과 회견을 가진 후 재상으로 임명된다.

새로운 재상은 예산에 대한 하원의 승인이 없더라도 승인이 나기 전까지는 상원, 황제 그리고 정부가 세금을 징수할 수 있으며 사용할 수도 있다는 입장을 견지했다. 재

상으로서의 첫 의회 연설에서 비스마르크는 말한다. "우리가 직면한 중요한 문제들은 연설이나 다수결로는 해결할 수 없습니다 … 철과 피에 의해서만 해결될 수 있는 것입니다."

새로운 개혁가

새로운 재상은 나폴레옹이 최종적으로 패배한 1815년에 태어났다. 그는 상류 지주 가문 출신이었다. 젊었을 때는 키가 크고 늘씬했지만 먹고 마시는 것을 좋아해서 나중에는 비대해졌다. 17세 때 괴팅겐대학에 입학, 베를린의 대학에서 졸업하고 사법시험에 합격했다. 공무원이 되기 싫었던 그는 포메라니아로 돌아와 집안의 황폐한 토지를 성공적으로 운영해 나갔다. 종교단체에도 가입하여 경건파의 일원인 요안나 폰 푸트카머와 1847년에 결혼했다. 또한 같은 해에 병석에 있던 그 지역 대표를 대신하여 주의회에 나가게 된다.

1851년에는 연방의회 프로이센 대표로 임명되고, 이후 7년 동안 프랑크푸르트에 머물면서 외교와 정치에 대해 배운다. 1861년, 왕이 죽자 섭정에서 새로 왕좌에 오른 군주는 의회 자유주의자들과 우호적인 관계를 만들기 위해 프랑크푸르트에 있던 보수파 비스마르크를 상트페테

1863년 9월.
프랑크푸르트 의회에서 독일 왕자가 개혁을 요구했다. 그러나 비스마르크가 출석을 하지 않아 아무 결론도 낼 수 없었다. 오스트리아 황제 프란츠 요제프는(흰 상의) 1848년에 즉위하여 1916년까지 그 지위에 있었다. 그의 오른쪽은 바이에른왕, 왼쪽은 맹인이었던 하노버왕.

르스부르크에 프로이센 대사로 보내 버렸다. 그곳에서 3년을 머문 비스마르크는 다시 파리로 보내진다.

비스마르크가 재상이 된 것은 47세 때였다. 여러 나라 말을 할 줄 알았으며, 재치 있고, 신속한 결단을 내릴 수 있는 인상적인 인물로서 정치적 이념에는 크게 관심이 없었다. 그는 친구에게 다음과 같은 내용의 편지를 보낸 적이 있다. "나는 프로이센에서 엄청난 악당이나 위대한 사람, 둘 중 하나가 될 걸세." 단호하지 않은 목소리에 빠른 어투를 가진 그는 대중 연설가로서는 적합하지 않았지만 그의 글은 명확하고 명쾌했다. 동시대의 정치 저술가 중에서 그와 비견할 사람을 꼽자면 에이브러햄 링컨 정도를 들 수 있을 것이다.

비스마르크는 아주 감정적인 사람이었다. 문란한 연애를 즐겼고, 도박에 몰두했고, 닥치는대로 책을 읽었다. 울기도 잘 했고, 히스테리적 폭발, 담낭염, 황달과 경련에 시달렸다. 골러 만은 그를 "신경과민 야만인"이라 불렀다. 적과 음모자들로 둘러싸인 적대적인 세상에 산다고 느꼈던 비스마르크는 오만하게 행동했고 용서하는 법이 없었다. "내 권력에 맞서는 적이 나타난다면, 나는 기필코 그들을 쳐부수겠다"고 말했다.

그는 명확한 정치적 계획을 가지고 있었다. 프로이센은 강력한 힘을 보유해야 하고, 그 힘은 귀족인 지주의 손에 있어야 한다는 것이 확고한 정치 목표였다. 비스마르크를 영웅시했던 헨리 키신저는 그에 대한 탁월한 논문에 다음과 같이 썼다. "1862년, 권력을 잡은 지 5년 만에 비스마르크는 10년 전에 만든 각서에 따라 독일 통일 문제를 해결했다. 그는 우선 오스트리아가 독일제국에서 분리해 나가도록 유도하고, 프로이센과 함께 덴마크 원정에 나서자고 이끌었다. 이후 기존 지지세력에서 분리된 오스트리아에 한층 더 압력을 가하여 끝내는 선전포고를 하지 않으면 안 될 상태로 몰아넣었다. 프로이센과 오스트리아는 덴마크를 침공해 승리를 거두었고 이를 바탕으로 독일에서 오스트리아를 떼어냈다. 그런 뒤 프로이센은 북독일연방을 결성하고 그 지배권을 쥐었다."

비스마르크를 "철혈 재상"이라 부른 글래드스턴은 "그는 독일을 위대하게 만들었으나 독일인은 작게 만들어 놓았다"라고 말했다.

오토 폰 비스마르크는 1862년 9월에 프로이센의 재상으로 임명되었다.

세 번의 전쟁

공격…

Contemporary drawing for Enselin & Laiblen

1870년의 전쟁. 어느 프랑스의 마을에 쳐들어온 독일 보병.

재상에 오른 2년 뒤, 비스마르크는 오스트리아를 설득하여 덴마크와의 전쟁에 끌어들였고, 함께 슐레스비히-홀슈타인을 점령했다. 그리고 다시 2년 뒤인 1866년에는 오스트리아와 전쟁을 벌여 자도바에서 그들을 쳐부수었다(70년 후 안톤 쿠는 "오스트리아의 자도바 패배를 히틀러가 복수했다"라는 우스개 소리를 했다). 이어서 1870년에 그는 프랑스와의 전쟁을 준비했다.

비스마르크가 치른 세 번의 전쟁(1864년, 1866년, 1870~71년)을 통해 독일제국은 기반을 다졌다. 덴마크와 치른 첫 번째 전쟁 뒤에 그는 자신의 입지를 강화하여 정치적 적들과 싸울 계획을 세웠다. 오스트리아를 상대로 싸운 두 번째 전쟁에서는 독일 여러 나라에 대한 오스트리아의 지도력을 빼앗아 프로이센을 북독일연방의 지배세력으로 만들 수 있었다. 그리고 프랑스를 상대로 한 세 번째 전쟁은 독일이 통일로 가는 길을 열었다.

오스트리아가 프로이센에 패배한 결과, 남독일 국가들에 대한 합스부르크가의 영향력이 약해졌다. 이 새로운 상황은 프랑스와의 관계에 새로운 문제를 낳았다. 나폴레옹 3세는 클라렌든 경에게 만약 남독일 국가들이 북독일연방에 가담한다면 "우리 총포가 저절로 발사될 것이다"라고 말하고 나섰다. 프랑스에게 통일된 독일은 북부 국경에 대한 위협이었던 것이다.

Illustrated London News, September 24, 1870

불타버린 바제이으. 스당에서 멀지 않은 작은 마을이다.

…그리고, 그 결말

Contemporary drawing for Harper's Weekly

수백 명의 프랑스 병사들은 끝내 후퇴하지 않았다.

Illustrated London News, September 17, 1870

프랑스군은 스당에서 항복의 백기를 들었다.

비스마르크는 프랑스와의 전쟁을 피할 수 없으며 그 전쟁이 독일의 통일을 가져올 수 있음을 확신했다. 그는 외국인들에게는 자신이 전쟁을 싫어한다고 말해 왔다(빌헬름 2세와 히틀러도 그러했다). 그러나 1848년의 혁명 후 조국을 떠나 미국에서 공화당 설립자의 일원이 된 독일인 자유주의자 칼 슐츠에게 '2년 안에 전쟁이 일어날 것'이라고 귀띔한 것은 1867년이었다.

충돌을 일으키는 데에는 작은 불똥 하나만으로도 충분했다. 스페인의 왕위 계승 논란이 그 불똥이었다. 군사 쿠데타가 일어나 여왕 이사벨라 2세가 폐위된 뒤, 스페인의 군주제 지지자들은 새로운 통치자를 요구했다. 호엔촐레른 왕가의 왕자를 스페인 왕좌에 앉히려던 비스마르크는 호엔촐레른 가문의 가톨릭계 남부 분가인 호엔촐레른 지크마링겐의 레오폴트 왕자를 지원했다.

호엔촐레른의 명목상 우두머리인 프로이센왕의 허락을 얻어 레오폴트가 왕위 후보를 수락한 데 대해 프랑스는 긴장했다. 북쪽 국경선이 프로이센의 위협을 받는 상황에서 스페인에 독일인 왕이 출현한다는 것은 프랑스로서는 대단히 불안한 일이 아닐 수 없었다.

프랑스 정부는 프로이센 대사 베네데티 백작에게 프로이센왕 빌헬름을 찾아가 회견할 것을 명령했다. 베네데티는 당시 엠스에서 요양 중이던 빌헬름을 찾아가 이야기했다. 프랑스의 격렬한 불만을 알고 있던 빌헬름은 원만한 해결을 위해 레오폴트를 설득하여 입후보를 취소시켰다. 프랑스와 비스마르크가 긁어 부스럼을 만들지만 않았다면 그로써 위기 상황은 해결되었을지도 모른다.

그런데 프랑스 정부는 베네데티에게 다시 프로이센왕을 만나라고 지시한다. 그러나 왕이 회견을 뒤로 미루자 베네데티 대사는 쿠루가르텐까지 쫓아가서 우연을 가장하여 만날 기회를 노렸다. 그 계략은 성공을 거두어 빌헬름 왕의 눈에 띄어 회견을 가질 수 있게 되었다. 대사는 그 자리에서 레오폴트가 두 번 다시 스페인 왕에 나서지 않게 하겠다는 확약을 해달라고 왕에게 요청했다. 그러나 왕은 그의 요청을 거부하고 외무성 하인리히 폰

아베켄에게 그 사실을 비스마르크에게 보고하라고 명했다.

아베켄이 엠스에서 보낸 전보는 비스마르크와 참모총장 몰트케 장군, 프로이센의 국방대신 룬이 있던 만찬장으로 날아들었다. 그때 세 사람은 침울한 상태였다. 앞서 레오폴트가 입후보를 취소해서 전쟁 발발에 걸었던 기대가 사라졌기 때문이다. 그러나 그들은 전문을 검토하면서 활기를 되찾았다. 비스마르크는 즉각 답신 작성을 시작했는데, 그 문장은 짧으면서도 "프랑스 황소에 빨간 천을 흔들어대는 효과"를 담은 것이었다.

1870년, 겨울.

포화로 파괴된 파리 교외 셍끌루.

전장에서 프랑스와 싸우는 병사들을 위해 만하임 교회에서 매트리스와 붕대를 만드는 독일 여성들.

그것을 읽은 몰트케는 "처음엔 퇴각 신호처럼 들렸으나 결국엔 팡파르와도 같은, 도전에 대한 응답이오"라고 말했고, 룬은 기뻐 소리쳤다. "신은 아직 살아 있다. 우리를 치욕 속에 죽도록 내버려 두지 않으셨소." 이어 몰트케는 가슴을 펴고 천장을 올려다보며 기쁜 표정으로 말했다. "만일 내가 우리 군대를 이끌고 전장에 나간다면, 나중에 악마가 내 늙은 몸뚱이를 가져간다고 해도 개의치 않을 것이오." (비스마르크는 그들의 반응을 자신의 회고록에 남겼다)

전보의 효과는 비스마르크의 기대를 웃돌았다. 다음 날인 7월 14일(프랑스혁명 기념일)에 프랑스는 동원령을 내렸고 5일 뒤인 19일에 프로이센에 선전포고를 했다.

소식을 접한 독일의 여러 나라가 잠에서 깨어났다. 뷔르템베르크, 헤세, 그리고 바덴 등이 프로이센과 함께 북독일연방의 일원으로서 프랑스에 맞섰다. 바이에른은 다소 주저했으나 이내 동참했다.

군대를 이끈 사람들. 독일 제3군 사령관 프리드리히 빌헬름 황태자(왼편 가운데 수염 난 사람)와 그의 참모.

프로이센에서는 장군들이 준비에 나섰다. 군수물자는 잘 정비 되어 있었고 계획은 착착 실행되었다. 겨우 2주일 만에 40만 독일 병사가 전투 지역에 배치되었다. 프랑스 또한 빈틈없이 준비를 해왔기에 자신의 군사적 우위를 확신했다. 그러나 그들의 이동은 느렸고 많은 혼란이 따랐다. 양쪽 군대가 본격적인 전투를 벌인 것은 8월 첫 주 들어서였다. 8월 4일 독일군은 바이센부르크에서 첫 승리를 거두었고, 이어서 뵈르트와 슈피헤른, 그리고 2주 뒤에는 마르스 라 투르와 그라블로트에서 재차 승리를 거두었다. 바젠 장군이 이끄는 프랑스 군대는 메츠 뒤까지 후퇴하지 않을 수 없었다. 그들은 독일군의 봉쇄로 인해 무력화 되어 옴짝달싹 못하는 상태였다.

프랑스 정부는 마크마옹 장군에게 바젠 장군의 부대를 구할 것을 명령했다. 최악의 사태를 예상한 마크마옹은 그 명령에 반대했지만 결국 복종하지 않을 도리가 없었다. 8월 마지막 날, 프랑스군은 스당에서 독일군과 맞섰지만 48시간 만에 독일군의 승리로 끝난다. 그로 인해 9월 2일 10만이 넘는 프랑스군이 항복하고 포로로 잡혔다. 그 중에는 황제 나폴레옹 3세도 있었다.

스당에서 거둔 독일군의 승리로 나폴레옹 3세와 제2제정이 끝났다. 이틀 후 새로운 프랑스공화국의 탄생이 파리에서 선언되고, 이른바 '국방정부'가 조직되었다. 새로운 프랑스 정부는 독일과 4개월 동안 전투를 벌였지만 끝내 승패를 뒤집을 수 없었다.

1871년 1월 휴전이 선포되었다. 3월 1일에는 평화조약이 가조인되고 새로 선출된 프랑스 의회에서 비준도

프랑스 항복

Painting by Anton von Werner

스당에서의 승리. 승패를 가른 결정적 전투의 다음날인 1870년 9월 2일 아침, 비스마르크는 말을 타고 협상을 위해 나폴레옹 3세를 만나러 갔다.

Painting by Wilhelm von Camphausen

승자와 패자. 동셰리에 있는 푸르네즈 부인의 산장에서 비스마르크와 프랑스 황제 나폴레옹 3세는 평화조약에 대해 의논했다.

받았다. 그러나 프랑스 정부군은 파리 코뮌과 전투를 벌이고 있었기 때문에 평화조약은 5월 10일이 되어서야 비로소 서명을 마칠 수 있었다. 그로부터 한 달 뒤, 알자스-로렌이 독일제국에 합법적으로 다시 합병되었다. 그 상실감은 프랑스인의 가슴에 맺혀 훗날에도 큰 영향을 미치는데, 40년이 지난 뒤 그 복수가 이루어진다. 제1차 세계대전 뒤에 알자스-로렌이 다시 프랑스로 돌아가는 것이다.

Painting by Anton von Werner

독일 및 프랑스의 협상자. 오르세 대위, 파브르 장군, 카스텔노 장군, 폰 빔프펜 장군, 폰 포드빌스키 장군, 폰 몰트케 육군원수, 비스마르크, 빈터펠트 대위, 대위 노스티츠 백작, 크라우제 소령, 셀렌도르프 중령, 두 베르누아 중령, 브루메 소령, 데 클레어 소령 (좌에서 우로).

제국의 기초

1871년 1월 18일.
제국 선언에 참가한 독일 장교들. 오른편에서 세 번째가 젊은 시절의 파울 폰 베네켄도르프 운트 폰 힌덴부르크 중위이다(검정 제복). 힌덴부르크는 54년 후인 1925년에 프리드리히 에버트에 이어 바이마르공화국의 2대 대통령이 된다.

1701년 프로이센 초대왕의 즉위를 기념하는 날. 그로부터 170년이 지난 후 같은 날짜에 또 다른 프로이센왕이 독일 황제에 오른다. 화가 안톤 폰 베르너가 기록한 행사장을 보면

베르사유의 프로이센 경비병.

1871년 1월 18일.
베르사유궁에서 프로이센왕 빌헬름이 독일제국의 황제 빌헬름 1세로 즉위했다.

Painting by Anton von Werner

민간인은 한 사람도 없고 모두 군복을 입은 모습이다.
  황제 오른편에는 황태자가 있고, 단상 아래에 재상 비스마르크와 몰트케 장군이 서 있다.
  오토 프란체 교수의 말에 따르면 이 의식은 '3개 전통의 통일'을 의미한다. 즉 호엔촐레른 가문의 권위주의, 프로이센의 군국주의, 독일의 민족주의가 그것이다.

  의식이 모두 끝난 후, 비스마르크는 아내에게 편지를 썼다. "'황제의 탄생'이란 난감한 일이오. 세상에 나온 왕들은 마치 출산을 앞둔 여자처럼 이상한 욕망을 품기 때문이지. 산부인과 의사로서의 역할을 한 나는 폭탄으로 건물을 날려 버려 쑥밭을 만들고 싶었소. 필요한 일에 대해서는 흔들리지 않지만 불필요한 일에는 화가 나오."

19

파리 코뮌

1871년 5월 16일의 피비린내 나는 전투가 끝난 후의 방돔 광장에서 쓰러진 동상과 그것을 바라보는 사람들. 동상은 나폴레옹의 전승을 기념한 것이었다.

1871년 5월 26일.

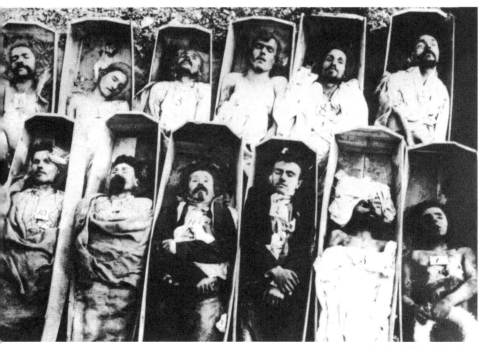

Courtesy of Helmut Gernsheim

1871년 5월 28일, 마지막까지 저항하다가 페르 라쉐즈에서 처형된 코뮌 지지자들의 시신. 이장되기 전의 모습이다.

패전에 의해 프랑스의 왕정이 끝났다. 새로운 공화제 의회의 선거에서 지방은 보수적인 왕정 지지자를 대표로 뽑았지만 파리시에서는 공화주의를 지지하는 사람을 뽑았다.

파리의 국방군은 애초에 군 내부에서 형성된 군대였으나 그만 해산하라는 명령을 받았다. 그러나 명령은 관철되지 않았고 정부군이 그 반항자들을 해산하기 위해 파견되었다. 그런데 국방군이 오히려 정부군

Montage by E.Appert, Paris

공산주의자를 학살하는 광경을 합성한 사진. 정부군은 수천 명의 코뮌 지지자를 보복 살해했다.

을 제압하는 사태가 벌어져 정부가 수도 파리에서 쫓겨났고, 3월 18일에 파리가 국방군 중앙위원회의 손에 들어가고 말았다. 위원회는 코뮌(중세와 프랑스혁명 때 자치도시에 주어진 명칭)을 선언했다.

레닌은 훗날 다음과 같이 말했다. "파리 코뮌은 자발적으로 형성되었다. 의도적이거나 체계적으로 준비된 것이 아니었다." 그것은 정부군의 포위 상황에서 패전과 실업, 관료적인 비능률 등에 대한 민중의 분노였고, 사회진보의 흐름을 거슬러 의회가 구성된 데 대한 대응의 하나로 생긴 것이었다. 또한 근본적인 이유는 노동자계급의 깊은 불만에 있었기에 프롤레타리아 혁명의 분위기가 무르익었다.

비스마르크가 지원한 망명정부는 베르사유에서 새로운 정부군을 보내 국방군과 코뮌에 맞서게 했다.

빅톨 위고는 "프랑스를 살리기 위해 파리는 죽을 것이다"라고 썼다. 그러나 그렇게 되지는 않았다. 5월 16일, 파리로 쳐들어간 정부군은 모든 저항세력을 쓸어버렸다. 양 진영에서 무참한 학살이 벌어져 정부군은 포로를 사살했고 국방군은 인질을 처형했다. 5월 28일, 코뮌은 피비린내 나는 72일 간에 대한 종말을 맞는다. 끔찍하게 죽은 2만 명 넘는 희생자들은 이후 몇 세대가 흐르면서도 잊히지 않았다.

1871년 6월 16일.
승리를 거둔 독일군이 베를린 브란덴부르크 문을 지나 수도로 들어오고 있다. 높이 약 20미터에 네오그렉 양식으로 만든 브란덴부르크 문은 중세시대의 정문을 프로이센왕 빌헬름 2세를 위해 1788~1791년에 칼 고트하르트 랑한스가 새로 만든 것이다. 빌헬름 2세는 프리드리히 대왕의 조카로, 비대한 몸집에 굉장한 호색한이었다. 문 위에는 유명 조각가 요한 고트프리트 샤도우가 만든 승리의 여신이 모는 네 마리 말의 전차 조각상이 있다. 1871년 이날 이후, 전쟁에서 돌아오는 군대는 이 문을 지나 행진하는 것이 하나의 관습이 되었다.

승리자의 개선

베를린은 전쟁에서 승리하고 귀환하는 사람들을 축하하기 위해 온갖 준비를 했다. 수만 명의 구경꾼을 위한 관람석까지 만들었다.

그날은 6월 16일이었다. 5월 10일 비스마르크와 프랑스 외무장관 쥘 파브르가 프랑크푸르트에서 평화조약에 서명을 마친 지 약 한 달이 지난 뒤였다.

정오가 지나서 3명의 전쟁 영웅을 필두로 행진이 시작되었다. 국방대신 룬에게는 백작 작위가 수여되었고, 참모총장인 몰트케는 육군원수가 되었다. 그리고 비스마르

크는 황제로부터 대공 작위를 받았다.

세 사람의 뒤에는 말에 탄 황제와 황태자, 그리고 열두 살이 되는 황제의 손자 빌헬름 왕자가 조랑말을 타고 따랐다. 그 뒤로는 다른 왕자들과 철십자 훈장을 단 보병, 기병과 포병이 따랐다.

시인 엠마누엘 가이벨은 행사를 기념해서 시를 썼다. "그리고 우리는 힘을 지니고 있으나 경건하며, 자유롭고도 규율이 있는 천년제국을 세우리라!" 이 시구는 60년 후에 나치의 선전 표어가 된다.

지크 하일 **Sieg Heil!** 전쟁 승리에 환호하는 베를린 시민들.

비스마르크의 국내 정책

비스마르크에게는 외교 정책이 우선이었고 국내 정책은 나중이었다. 더구나 의회에서 안정적 의석을 확보하지 못했기 때문에 그의 정책은 원안대로 통과될 수가 없었다.

재상인 그의 앞에는 커다란 국내 문제 세 가지가 놓여 있었다. 문화투쟁과 사회입법, 그리고 관세 문제였다.

문화투쟁(자유로운 문화를 요구하는 운동)이라 불리는 가톨릭교도와의 싸움은 교황이 신앙과 도덕에 대한 '교황 무오류'를 선언하면서 '오류표Syllabus of Errors'를 통해 "자유주의의 과오"를 비난하면서 비롯되었다. 교황은 중세 이후 유럽 문명화가 이룩한 업적은 악마의 행위이므로 파괴되어야 한다고 말했다.

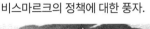
비스마르크의 정책에 대한 풍자.

비스마르크는 바티칸의 칙령에 맞서던 독일의 구 가톨릭교회The Old Catholic Church 교파와 손을 잡고 싸움에 나섰다. 그는 교회를 국정에서 배제하는 법안을 내고 법정교육이나 결혼 등의 민사에 대한 간섭을 막았다. 그리고 7년에 걸쳐 다툼을

방향타 안에서 : 바퀴 안의 자유주의자가 말했다. "너무 좋아하지들 말라고. 바람이 바뀌자마자 내가 맨 윗자리로 올라갈 거니까."

벌였지만 관세 문제에 떠밀린 비스마르크는 결국 포기할 수밖에 없었다. 자유주의자들은 자유무역을 원했기에 비스마르크를 지지했으나 비스마르크로서는 가톨릭당의 도움이 꼭 필요했던 것이다. 관세 문제 법안을 취소함으로써 교회와 정부는 평화 속에 다시 연대할 수 있었고, 비스마르크는 가톨릭중앙당의 지지를 얻어낼 수 있었다.

1878년, 두 번이나 황제 암살 미수 사건이 일어나자 비스마르크는 그것을 사회주의자에 대한 분노로 유도하면서 사회민주당에 대한 가혹한 조치를 내놓아서 당을 파탄시켜 버렸다(그 행동을 본떠 히틀러는 1933년에 국회 방화 사건을 구실 삼아 공산당을 없애 버린다).

그러나 비스마르크가 반노동자 정책만 펼친 것은 아니었다. 개인적인 사유에 의한 것이었지만 병자나 노약자, 장애인 등을 보호하는 법안을 내놓기도 했는데, 그러한 법안은 수십 년 후에 다른 산업국가들이 따라할 정도였다.

문화투쟁. 신앙과 도덕에 대한 교황 무오류를 독단적으로 강요한 1870년 바티칸 칙령을 많은 독일 가톨릭 신자들은 받아들이려 하지 않았다. 비스마르크는 이 논란을 정치적으로 이용해서 교회와 국가의 관계를 단숨에 바꿔 보려 했다. 그는 출생, 사망, 그리고 혼인신고에 대한 권리를 성직자들에게서 빼앗아 오려 했다.

비스마르크는 사회민주당 세력과 싸웠다. 그러나 그는 노동자의 질병과 사고, 노년에 관한 보험제도를 내놓기도 했다. 1878년에 황제 암살 기도 사건이 발생하자 의회를 해산시켰고, 이어진 선거에서 그의 정치적 적수들은 참패했다. 지하로 잠적할 수밖에 없게 된 사회민주당은 기관지도 해외에서 인쇄해 올 정도였다.

비스마르크와 황태자.
황태자는 1888년에 황제 빌헬름 2세가 된다.

1887년 3월 22일.
황제 빌헬름 1세의 90회 탄생일은 성대한 의식으로 축하되었다. 베를린의 모든 시민이 빌헬름 1세의 탄생을 축하하기 위하여 그의 궁전이 있는 운터 덴 린덴으로 나온 것 같았다. 사진 왼쪽 위, 2층 창에 고령의 황제와 황후 아우구스타의 모습이 보이는데, 이 모습은 사진사가 그려 넣은 것이다.

늙은 황제의 죽음

1888년 3월 9일 아침 8시 20분. 91세의 탄생일을 불과 2주일 앞두고 황제 빌헬름 1세가 베를린에서 숨을 거둔다. 그는 프로이센왕으로 27년 간, 그리고 통일독일 황제로 17년을 지냈다.

보수적 전제군주였던 그의 사생활과 가치관은 군주라기보다는 보통 부르주아에 가까웠다. 그는 살림에 드는 비용에 일일이 신경을 썼고 하인들을 믿지 못해서 식사를 마칠 때마다 포도주병에 연필로 눈금을 그어 남은 양을 표시해 두었다. 황제는 궁전 안에다 욕실을 만들지 않고 부근 호텔에 있는 욕조를 가져오게 했다. 그는 음악당에 가는 것을 좋아했는데 궁을 나설 때는 꼭 바지를 갈아입었다. 정찬용 바지는 음악당에 가기에 너무 좋은 옷이라고 생각했기 때문이다.

그는 처음부터 끝까지 군인이었다. 그의 관심은 병사들에게 있었고 마음은 온통 그의 군대에 쏠려 있었다. 백성에 대해서는 별로 관심이 없었고 그들의 요구는 무시했다. 1848년 혁명이 일어났을 때, 절대 물러나려 들지 않았던 그는 혁명주의자들에 대한 무력행사를 지지해 "포도탄 왕자"라는 별명이 붙기도 했다.

빌헬름 1세는 평범한 인물이어서 비스마르크를 재상으로 두었던 황제로 기억될 따름이다. 사실 두 사람은 완벽한 조합을 이루었다. 황제는 신이 부여한 권력을 가진 절대군주였고, 그의 재상인 비스마르크는 제국의 진로를 계획하

1888년 3월 3일, 왕의 마지막 사진. 91세를 앞둔 늙은 군주가 궁전 창가에서 백성들의 경의를 받고 있다. 6일 후 황제는 세상을 떠났다.

황제의 마지막 서명은 의회 회기를
마감하라는 명령서에 쓰였다.

는 사람이었다.

그들의 정책이 항상 일치하는 것은 아니었다. 때때로 비스마르크는 완고한 군주를 설득하기 위해 전력을 다해야만 했다. 황제는 슐레스비히 홀슈타인을 합병시킬 수 있었던 1864년 전쟁에 반대했고, 1866년 오스트리아와의 전쟁도 격렬하게 반대했으면서도 자도바 전투에서 승리했을 때는 빈까지 진격하자고 하면서 패배한 오스트리아에게서 몇 개의 지역을 더 빼앗아야 한다고 나서는 것을 진정시켜야만 했다. 그런 황제를 말리느라 비스마르크는 큰 고역을 치렀던 것이다.

빌헬름 1세가 죽자 아들 프리드리히에게 왕위가 이어졌다. 영국 여왕 빅토리아와 앨버트 공 사이에서 태어난 장녀와 결혼한 프리드리히는 수십 년 동안 부친 그늘에서 지내다가 겨우 자기의 시대를 맞기는 했지만, 이미 57세나 되어 있었고 불행하게도 후두암에 걸려 죽어가는 상태였다. 생애의 마지막 몇 달 동안은 말을 할 수도 없을 정도로 병이 심해서 부친의 장례식에도 참석하지 못하고 궁전 창문으로 장례 행렬을 바라볼 수밖에 없었다. 황제로 즉위하여 프리드리히 3세로 명명되었지만 그의 통치는 고작 99일에 지나지 않았다. 그는 1888년 6월 15일에 마지막으로 황후의 두 손을 비스마르크의 손에 얹게 하고 세상을 떠났다.

빌헬름 1세, 1888년 3월 9일 서거.

새로운 황제 - 빌헬름 2세

그는 허영심 많고 천박했다. 바싹 마른 팔에 대해 열등감을 품고 있었고, 재능은 있었지만 결코 고된 일에 달려드는 법 없이 죽을 때까지 자신의 세상에서 호사스럽게 살았다. 그는 전임자들이 그러했듯이 왕권은 하늘에서 내려온 것이라고 믿었고, 그래서 그의 결정은 모두 신의 영감에 의한 것이 되었다. 비스마르크는 그에 대해 이렇게 말했다. "프리드리히 1세에게서 겉치레, 허영심, 그리고 독재적 성질을 물려받았고, 프리드리히 빌헬름 1세한테서는 큰 키, 프리드리히 대왕에게서는 공무에 간섭하기를 좋아하는 취향을, 프리드리히 빌헬름 2세에게서는 신비주의와 강한 성적충동을, 프리드리히 빌헬름 4세에게서는 너무 말을 많이 하려 드는 태도를 물려받았다."

그는 완벽한 연기자로, 정확한 연극적 직감을 갖고 있었다. 그는 두 문화의 산물로서, 아버지에게서는 프로이센 귀족의 성격을, 영국인 어머니에게서는 영국식 자유주의에 대한 존경과 사랑을 이어 받았다.

호화스럽고 화려하게 꾸민 민족주의와 군국주의가 그가 통치한 시기의 특징이었다. 그는 모든 것에 기념비적인 규모를 부여했다. 한번은 주치의가 가벼운 감기에 걸렸다고 하자, "아니, 이건 대단한 감기다"라고 반박했다고 한다. 그의 부친은 그를 싫어했고, 또한 그의 모친은 그가 "이기적이고 건방지며 오만하다"고 생각했다.

프리드리히 3세 (1831년 ~1888년). 그는 통치 99일 만에 죽었다.

Photograph by J.Russell & Son, London

빌헬름 2세의 할머니 영국 빅토리아 여왕을 둘러싼 자녀들. 코넛 공작 아서, 작센 코부르크 고타 공작 알프레트, 웨일즈 왕자 에드워드, 빌헬름 2세의 모친 빅토리아. 조모와 모친 사이 뒤편에 선 것이 빌헬름 2세.

독일의 군주 빌헬름 2세. 1888년 6월 부친 프리드리히 3세에 이어 즉위했다.

Photograph by Julius Braatz , Berlin

1889년 5월 18일, 제국의회의 논쟁 모습. 이 날로부터 한 달 뒤에 아돌프 히틀러가 태어났다. 재상 자리에 앉은 비스마르크 옆에 국무대신 보에티커가 보인다. 이 훌륭한 사진은 고속 사진이 보급되기 몇 십 년 전 것이다.

비스마르크와 의회

비스마르크가 재상으로 있던 당시 독일 의회는 6개의 정당으로 나뉘어 있었다.

우파로는 낡은 봉건적 이상을 품고 산업화와 기계화에 반대하는 보수당이 있었다. 그들이 보기에 비스마르크는 지나치게 진보적이었다.

비스마르크의 배경에는 프로이센 외곽에 대규모 토지를 소유한 지주들의 정당인 자유보수당이 있었다(1887년에는 보수당과 자유당이 이른바 카르텔을 맺고 비스마르크를 지원했다).

가장 강력한 정당이었던 국가자유당은 지적이고 전문적이며 부유한 부르주아의 당이었다. 그러한 정당들이 여러 주요 쟁점들을 앞에 두고 비스마르크 뒤에 자리잡고 있었던 것이다.

1880년에 진보당이 비스마르크에게 관세와 반사회주의자 입법 문제를 제기했다. 진보당은 "철과 석탄과 실과 곡물의 동맹"을 대변하고 있었다. 반군국주의자, 반보수주의자, 그리고 자유방임주의적 경제와 정책을 위해 확고하게 사회주의에 반대했다.

중앙당은 가톨릭교회의 정치적 도구로서, 어떤 때는 우파에 서고 어떤 때는 좌파에 서면서 때때로 비스마르크에 반대했다.

유일한 좌파 정당인 사회민주당은 1871년에 2명의 의원 밖에 안 되던 것이 1890년에 35명으로 늘었다. 그들은 끊임없이 비스마르크에 맞서 보편적 선거권과 비례대표제, 누진소득세, 8시간 노동제를 고수했다.

그 외에 알자스 로렌, 포즈난, 슐레지엔, 데인, 하노버왕국(프로이센과 합병), 그리고 반유대주의자를 대표하는 소수당이 있었다.

비스마르크와 상원의원들.

Photograph by J. F. Klinger , Braunau am Inn

히틀러의 어머니 클라라 푈츨. 알로이스 히틀러의 세 번째 아내로서 6명의 자식을 낳았지만 그 중 넷째인 아돌프 히틀러와 막내 파울라 만 살아남았다. 클라라는 1860년 8월 12일에 태어나서 1885년 1월 7일에 결혼했고, 47세 때인 1907년 12월 21일에 세상을 떠났다.

히틀러의 아버지는 마리아 안나 시클그루버라는 시골 처녀의 사생 아였다. 그는 세 번 결혼했는데, 첫 번째는 열네 살 많은 여자와, 두 번째는 스물네 살이나 어린 여자와, 마지막 세 번째에는 스물세 살 이나 아래였다. 그는 1876년에 시클그루버에서 히틀러로 성을 바꾸 었다. 그는 1837년에 태어나서 1903년 1월 3일, 65세 때 뇌졸중으 로 사망했다.

히틀러 집안의 아들 탄생

1889년 4월 20일, 아돌프 히틀러는 오스트리아의 브라우나우 암 인 시에서 태어났다. 그의 부친은 당시 42세로, 세관 사무원이자 황제의 충실한 하인이 었다. 다른 오스트리아인들처럼 그도 황제의 외모나 태도를 따라했다. 무뚝뚝 하고 깐깐한 그는 세 번이나 결혼을 했는데, 황제가 궁전을 관리하듯이 자기 가정도 철권으로 다스렸다. 프란츠 요제프 황제가 아들 루돌프에 대해 이해심 많은 부친이 되는 법을 몰랐던 것처럼, 알로이스 히틀러도 자기 아들을 어떻 게 길들여야 할지 몰랐다. "아버지를 존경했다. 그러나 나는 어머니를 사랑했 다"고 아들인 아돌프 히틀러는 회고한 바 있다.

히틀러는 초등학교에서는 공부를 잘 했지만 실업학교에 가서는 1학년에서 유급을 하고 만다. 이에 아버지와 아들은 충돌한다. 《나의 투쟁》에서 히틀러 는 그것을 인격 간 충돌로 묘사한다. 자신은 화가가 되고 싶어 했으나 아버지 는 공무원을 시키려 했다고 주장했다. 그러나 그보다는 아버지 히틀러가 아들 이 학교생활에서 실패한 데 대해 화가 났던 것 같다.

1890년 3월 7일 브라우나우에서 촬영한 아돌프 히틀러의 생애 첫 사진.

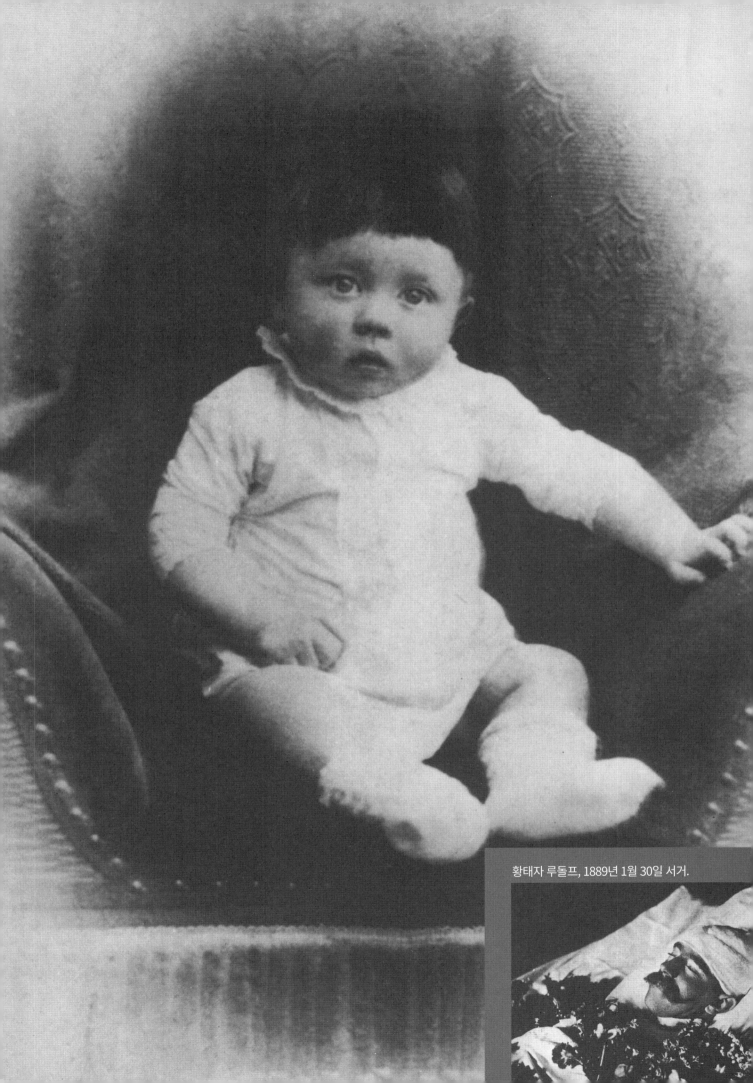

황태자 루돌프, 1889년 1월 30일 서거.

비스마르크 사임

"황제는 풍선과 같다. 끈으로 묶어 단단히 잡고 있지 않으면 어디로 날아갈지 알 수가 없다." 1888년에 비스마르크는 말했다. 그러면서도 끈을 잡고 있으려고 베를린에 있기 보다는 많은 시간을 자기 땅이 있는 프리드리히스루에서 지냈다.

자기주장이 강하던 새로운 황제는 그것이 불만스러웠고, 신하들은 비스마르크에 관한 소문을 고자질해서 나쁜 쪽으로 몰아갔다. "만약 프리드리히 대왕이 비스마르크 같은 재상을 두었다면 절대로 대왕으로 불리지 못했을 것입니다"라고 황제에게 말했다.

지금이든 나중이든 간에 빌헬름 황제와 재상의 충돌은 불가피해 보였다. 황제는 자기 방식을 고집하고 나서기를 좋아했으나 비스마르크로서도 자기가 성취해 놓은 것

들을 지키려 애쓰지 않을 수 없었다.

프리드리히 대왕의 탄생일인 1월 24일, 빌헬름 황제는 비밀회의를 소집하여 노동자를 위해 일요일은 쉬게 하고 여성과 아이들의 노동시간을 단축시키는 법률을 바로 실시하라고 지시했다. 이에 비스마르크가 반대하면서 두 사람은 정면으로 충돌하게 되었다.

또한 "반대하는 자는 누구든 박살을 내버리겠다"면서 황제는 반사회주의자 정책을 갱신하려는 비스마르크에 단호하게 맞섰다.

결정적 충돌은, 대신이 황제와 의논하려면 그 전에 반드시 재상의 조언을 받아야 한다는 1852년의 오래된 칙령에서 비롯되었다. 빌헬름 황제는 이 칙령을 철회하려 들었고, 비스마르크는 그에 반대해 사직해 버렸다.

1890년 3월 29일.
"늙은 수로 안내인 배를 떠나다." 영국 〈펀치〉에 실린 비스마르크의 사직에 대한 존 테니엘의 만화.

1881년 3월 13일.
"모든 대신은 책상 위에 이런 바로미터를 두어야 한다." 독일 정치풍자 주간지 〈크라데라닷슈〉에 실린 그림에 붙인 설명을 보면 만화가가 늙은 재상의 대머리를 우스갯거리로 삼고 있다.

1890년 3월 27일.
안녕히! 〈크라데라닷슈〉에 실린 이 만화에서 사직한 비스마르크가 만화가에게 집무실의 휘장을 건네주고 있는데, 바로 자기 대머리 위의 머리카락 세 가닥이다.

1890년 3월 19일.
수도를 떠나는 비스마르크. 각 국의 대사들과 저명한 정치적 지지자들로 이루어진 그룹이 재상에게 작별인사를 하려고 레흐테르 역에 모였다.
1890년 3월 19일의 이 모습을 사람들은 '특급 장례식'이라고 말했다.
비스마르크의 뒤를 이어 재상이 된 것은 장군 레오 폰 가프리비 백작으로, 1894년까지 재임 했고, 그 다음은 당시 75세의 백작 호엔로호가
1900년까지 재임, 그 뒤에는 베른하르트 폰 뷜로우가 재상에 올랐다.

화해와 죽음

자리에서 물러난 뒤에도 비스마르크는 투쟁 의욕에 가득 차 프리드리히스루에 있는 자기 땅에서 친구나 의원의 방문을 받으면서 황제의 정책에 반대하는 논문을 〈함부르크 통신〉에 써냈다. 그를 지지하던 국가자유당은 그에게 의석 하나를 내주었지만 비스마르크는 결코 회기에 참석하지 않았다.

은퇴한 후 처음 몇 해 동안에는 회고록 집필에 몰두했다. 로타르 버처의 도움을 받아 불과 2년 만에 회고록이 완성되었지만 출간은 그가 죽은 뒤로 미루어졌다. 호르스트 콜이 정리한 최종 원고로 첫 두 권이 1898년에 간행되었고, 황제와 재상과의 대립을 상세히 적은 3권은 빌헬름 2세가 퇴위한 뒤인 1919년에 발행되었다.

갈라선 뒤에도 한동안 황제와 비스마르크 모두 단단히 화가 난 상태였다. 1892년 7월 늙은 재상이 아들 헤르베르트의 결혼을 위해 빈으로 떠날 때, 빌헬름 황제는 비스마르크가 참석을 고대하고 있던 오스트리아 황제에게 "진정한 벗이라면, 나한테 와서 참회하기도 전에 반항적 하인인 그를 만나서 내 처지를 더 난처하게 만들지 말아 주시게"라고 써 보내기도 했다. 그러나 1년 후 비스마르크가 중병에 걸리자 황제 주변의 신하들은 화해를 청했다.

그리하여 1894년 1월 27일, 베를린에서 열리는 황제의 35회 탄생일 축하연

1894년 1월 26일.
사직 후 처음으로 수도를 방문한 노 재상이 황제의 동생 하인리히 왕자의 부축을 받으며 의장대를 사열하는 장면.

에 비스마르크를 부르게 되었다.

그날의 만남을 앞두고 황제는 신랑처럼 긴장했다. 아침 일찍 일어나 늙은 적을 맞을 방을 둘러보면서 꽃병의 위치를 바꾸기도 하고 의장대를 점검한다고 바깥을 들락거리기도 하면서 안절부절못하고 있었다. 창문으로 늙은 재상의 도착을 지켜보던 황제는 방 한 가운데에 서서 자세를 가다듬으며 방문이 열리기를 초조하게 기다렸다. 이윽고 비스마르

1895년 4월 1일.
비스마르크 80세의 생일에 참석한 황제.

그 뒤에는 그의 주치의 에른스트 슈베닝거가 따르고 있다.

비스마르크는 4년 동안이나 황제를 만나지 않았기에 빌헬름 2세의 35세 생일 초대를 거절할 수가 없었고, 황제는 두 사람이 적이 아님을 온 나라에 보여 주고 싶어 했다. 왕자의 안내로 비스마르크가 들어서자 황제는 그의 두 볼에 입을 맞춰 환영의 몸짓을 보였다.

크가 들어서자 그는 두 손을 내밀고 그의 양 볼에 입맞춤을 했다.

회견이 끝나자, 어떠한 감상적인 일이라도 정치적 자원으로 이용하는 황제는 궁전을 나서서 마차에 올라타 베를린의 백성들 앞에 모습을 나타냈다. 백성들은 관대한 황제에게 환호를 보냈다.

그로부터 몇 해 동안, 황제는 비스마르크의 집을 여러 번 방문했다. 그때마다 빌헬름 2세는 정치적 주제에서 벗어나 가벼운 대화로 전환하려 들었다.

1898년 7월 30일, 비스마르크가 83세로 죽는다. 끝까지 군주에게 화가 나 있던 그는 묘석에 "황제 빌헬름 1세의 진정한 독일인 충신"이라 새겨달라고 유언한다.

비스마르크의 석관. 1898년 7월 30일 사망.

독일 서민의 삶

많은 노동자들이 체육관에서 운동을 하며 저녁을 보냈다.

구둣방에서 바쁘게 일하는 남자들과 즐거워하는 아이들.

6800만 독일인은 4개의 사회 및 경제 계층으로 나뉘었다. 최상위 계층은 당시로서는 대단한 수입인 연 2500달러 이상을 버는 귀족, 부유한 지주, 변호사, 교수, 유명 예술가 등이었다. 중상위 계층은 연수입 650달러에서 2500달러로, 중간 규모 지주, 자영업자, 고급관리, 자유전문직에 속하는 약 300만의 가정이었다. 세 번째는 중하위 계층인 농민, 장인, 소상인, 하급관리, 기능공 등으로, 수입은 450달러에서 650달러 정도였다. 피라미드의 최하단은 연수입 250달러 이하인 노동자, 삯일꾼 및 소작인으로 약 600만의 가정이 이 계층에 속했다.

계층 간 구분은 뚜렷했다. 자신과 같은 사회계층 사람에게는 아무 인사를 하지 않는 노동자라도 서기관이 지나가면 깊이 절을 했다. 황제에 대한 이미지도 압도적이었다. 빌헬름 2세의 외모나 행동거지를 따라서 수백만의 남자들이 콧수염을 길렀다. 백성들은 황실에 경의를 품었고, 호사스러운 의식을 구경하기를 즐겼고, 온정적 군주에 대해 만족했다. "독일인은 세금으로 내는 매 1페니히마다 정부에게서 그만한 가치와 보답을 받았다"라고 1901년에 미국의 레이 스태너드 베이커가 말하기도 했다.

독일인의 반은 나머지 반의 관리를 맡았다. 모든 사람의 직업, 재산 그리고 사회적 지위까지 꼼꼼하게 등록되었다. 급격히 확대된 관료제도에 의해 국민들의 모든 변동이 세심하게 기록되었다. 이사를 하면 경

남자들은 여성에 비해 회사에서 우선권을 가졌고, 심지어 일요일에도 그러했다. 남성 위주의 사회였다.

찰에 알려 새로운 신상카드를 만들어야 했고, 하녀를 고용해도 노란 신고지에 그 사실을 등록해야 했다.

자잘한 금지 규칙은 수백 개나 되었다. 잔디밭에 들어가 걷기 금지, 아동 지역 출입 금지, 인도에서 자전거 타기 금지 등등이 있었고, 그 규칙을 위반하면 벌금을 내야했다(당시 금액으로 2센트 상당).

독일 국민 만들기는 독일 병사 만들기였고, 그것은 바로 독일 국가 만들기였다. 모든 남성은 병역을 치러야 했다. 독일 청년의 생활은 4개의 군 기간―현역 군 복무, 예비군, 향토방위군, 국민군으로 나뉘었다. 젊은이들은 대부분의 시간을 병역으

세계대전이 일어나기 전 뮌헨의 어느 양조장 마당.

1900년대 초 베를린 프랑크푸르트 알레의 영화관.

베를린의 구 크노벨스도르프 다리를 건너

1913년.
빌헬름 황제 즉위 25주년을 축하하기 위해
장식된 베를린.

로 보내면서 복종과 규율을 배웠고, 열심히 일하고 절약하며 소박하게 살았다. 그렇게 그들의 개성은 약해져 갔고, 계획도 세울 수 없었으며, 평생 남의 지휘에 의존하는 습관이 생기고 말았다.

산업시대의 도래는 농민 국가에서 산업과 사무직의 국가로 바꾸어 놓았다. 침체된 19세기에 비해 인구가 늘어서 수십 년 만에 3배나 급증했고, 사람들은 고향을 떠나 도시로 이동했다.

공업생산도 급증했다. 1871년, 전쟁이 끝났을 때 독일의 생산량은 프랑스를 넘었다. 20세기가 시작될 무렵에는 영국의 생산량도 넘었다. 그리하여 제1차 세계대전이 발발했을 때 독일은 미국을 바짝 따라붙은 세계 제2의 산업국가가 되어 있었다.

노동자들은 하루 11시간, 12시간, 13시간으로 일을 늘렸고 때로는 일요일에도 일했다.

스프 15페니히, 고기요리 30페니히라고 쓴 광고판을 맨 사람.

쇼핑하러 나선 황후와 환호를 보내는 백성들.

Photograph by Heinrich Zille

장을 보러 가는 주부의 모습.

헤니 포르텐이 출연한 20분짜리 초기 영화.

하급계층에게 일요일은 다른 엿새를 버틸 수 있게 해주는 날이었다. 그들은 작은 악단이 유행가를 연주하는 동네 술집에서 김빠진 맥주와 소시지를 두고 시간을 보냈다.

1급 목수의 일당은 1달러 정도였고 미숙련 노동자의 일당은 그 절반 정도였다. 노동자들은 합숙소에서 살았는데, 4인 가정이 방 2개를 쓰는 경우가 드물었다. 이러한 집세는 월 2달러 50센트 정도였으며, 4인 가정의 하루 식비는 약 35센트가 들었다.

하급계층은 정부에 어떤 의견도 내놓을 수 없었다. 그들은 법률을 만드는데 있어서 어떤 영향력도 갖지 못했다. 전쟁 전에 증가했던 사회주의자들은 엄격한 제약을 받았다.

그렇지만 사람들은 만족해 했다. 평화로웠고 일자리와 일정한 수입도 있었다.

1916년.
뮌헨. 사격대회에 가는 군중들이
칼스 문을 지나고 있다.

활쏘기 클럽에서 일요일을 즐기는 여성들.

열 살짜리 황태자. 황태자는 포츠담에서 열린 전통 행사에서 제1근위연대의 중위로 임명되었다.

1901년 6월 린쯔의 실업학교 1학년들과 사진을 찍은 12세의 아돌프 히틀러. 낙제로 유급했기 때문에 그는 1학년을 다시 다녀야 했다. 통상 학급 사진에서는 성적 나쁜 학생을 뒷줄로 보내는데, 아돌프 히틀러는 맨 뒷줄 오른쪽 맨 끝에 자리 잡고 있다. 가운데 수염을 기른 인물은 교장 오스카 랑거 박사이다.

두 소년의 성장

히틀러는 초등학교 5학년, 실업학교에서 4학년으로 공교육을 마쳤다.

14세 생일이 얼마 남지 않은 시기에 부친은 죽고, 한동안 학교에서 갈등을 겪던 히틀러는 화가가 되겠다고 빈으로 올라갔다. 그러나 국립미술아카데미 입학에 거듭 실패하자 예술가가 되겠다는 꿈을 포기한다. 18세 때에는 모친마저 죽고, 그 후로부터 그는 외톨이었다.

또 다른 소년은 몇 가지 걱정이 있기는 했지만 훨씬 편한 인생—고생을 모르는 왕위 계승자였다. 10세가 되는 생일날에 부친의 연대에서 중위로 임명된 그는 궁전에서 자라면서 차, 말, 그리고 여자를 유난히 좋아했다. 호엔촐레른 가문에서 태어나지 않았더라면 세상에 알려질 일이 없을 인물이었다.

황제의 책략

1906년, 젊은 윈스턴 처칠과 빌헬름 2세.

1910년, 미국 전 대통령 T. 루스벨트와 황제.

황제는 자기 인생에 있어서는 큰 행사인 군사연습을 사랑했다. 자신의 군사 역량을 뽐내려고 국내외의 친구들을 초대했는데, 젊은 윈스턴 처칠을 초대한 적도 있고 전 미국 대통령 시어도어 루스벨트를 불러 평화와 평화주의자에 관한 웃기는 문구가 든 사진 세트를 선물한 적도 있었다.

비스마르크가 사임한 뒤, 빌헬름 2세는 '새로운 진로'에 나섰다. 바로 세계 정책이었다.

비스마르크는 독일의 국력을 유럽에 기반을 둔 상태로 유지해 갔다. 그는 다른 나라에서 정치적 이익을 찾으려 하지 않고 국내의 평화와 안정을 원했다. 그러기 위해 오스트리아 및 이탈리아와의 3국 동맹을 맺었으며, 그에 대한 재보험으로 러시아와도 조약을 체결했다. 또한 영국과의 우호관계를 위해 함대를 키우거나 식민지를 늘리려 들지도 않았다.

그 체제의 약점은 동맹이 비스마르크 개인의 외교수완에 의존한다는 데 있었다. 그가 권력을 잃으면 그때까지 구축한 외교관계가 무너지고, 그의 후계자로서는 관계 재구축이 불가능한 것이었다.

황제는 낭만주의자였다. 그는 독일을 유럽대륙을 뛰어넘는 세계적 세력으로 만들겠다고 결심했다. 세계제패의 꿈에 사로잡힌 그는 식민지정책을 강화하고 해군력 확장을 밀어붙였다.

독일은 새로운 원료 공급처와 생산품을 팔 수 있는 새로운 시장, 그리고 새로운 투자지역을 필요로 했다. 황제는 그러한 목적을 달성하기 위해 막대한 에너지를 쏟아 부었다.

독일의 새로운 세계정책에 대해 스토커 목사나 베른하르디 소장 같은 이들이 지지하고 나섰다. 스토커는 자기가 쓴 국가사회주의자 교리문답서에서 "민족주의란 무엇인가?"라고 질문한 뒤 "독일 국민이 자신의 영향력을 지구상에 펴기 위한 노력"이라고 답했다. 베른하르디는 그의 저서 《독일과 그 다음 전쟁》에서 프랑스를 격파하고 독일 휘하의 중앙유럽연방을 만들 수 있는 세계적 세력이 되기 위해 식민지를 확장해야 한다고 주장했다.

문제는 황제의 성격이 그러한 정책을 실행하는데 걸맞지 않다는 점에 있었다. 황제는 폰 홀스타인이 언급한 것처럼 '정치적 소질보다는 연극적인 소질'의 소유자였으며, 문제에 대해 끈질기게 궁리하는 인내력이 부족했다. 그의 선생이었던 힌츠페터는 "고난이라는, 통치자가 가장 먼저 배워야만 할 것을 배우려들지 않았다"고 말했다. 유약하고 우유부단한 황제는 감정적이고 비합리적인 판단을 내렸다.

그가 국가의 방향타를 쥐자마자 독일의 외교정책은 우왕좌왕 흘러갔다. 어떤 때는 영국과의 우호관계로 흐르다가 어떤 때는 러시아 쪽으로 흘렀다가 하면서도 항상 오스트리아와의 동맹에는 묶여 있었다. 그런 외교적 목표는 양립할 수 없으며 자신에게도 어울리지 않는 것이었다.

영국여왕의 손자인 빌헬름은 영국에 대한 애증을 품고 있었다. 할머니인 빅토리아 여왕에 이어 왕위에 오른 삼촌 에드워드를 "악마" 또는 "유럽의 음

퓌르스텐베르크의 막스 에곤 왕자를 비롯한 오스트리아의 무관과 농담을 나누는 황제 빌헬름 2세.

모가이며 이간질꾼"으로 보았다. 빌헬름은 러시아의 황제이며 사촌인 니콜라스에게 "친애하는 니키"라고 부르며 협정을 맺자고 꾀었고, 이탈리아의 왕 빅토르 엠마뉴엘과 3국 동맹을 맺기도 했다.

항상 이곳저곳을 다녀서 '여행 황제'라고 불린 그는 변덕이 심했다. 그가 혀를 가만히 두지 못하고 무분별한 의견을 불쑥불쑥 던지고 다니는 통에 '말의 탈선'으로 인해 정부는 끊임없이 곤란에 빠졌다. 1895년 말, 영국군이 보어인의 습격으로 인해 트란스발에서 쫓겨났을 때, 그는 보어공화국 수상 파울루스 쿠루거에게 "당신들 나라에 쳐들어온 무장집단에 맞서 스스로의 힘으로 평화를 되찾았다"고 축전을 보냈다. 영국 사람들은 그러한 눈치 없는 짓에 깊은 상처를 받았다.

4년 뒤인 1900년 의화단 사건에 대처하기 위해서 독일 파견대가 중국으로 향할 때에는 그들에게 이렇게 훈계했다. "손에 닿는 자들은 모조리 칼로 베어 버려라! 에첼 왕이 이끈 훈족이 스스로 존경을 얻은 것처럼 독일인의 명성도 중국에서 천년 동안 기억될 것이다." 세계는 이 황당한 연설을 듣고 충격을 받았다.

그리고 1908년 10월에는 런던 〈데일리 텔레그라프〉와의 인터뷰에서 자신은 영국인의 친구이지만 대다수의 독일인은 그렇지 않다고 무분별한 말을 해버린다. 또한 그는 독일 해군 정책은 영국이 아니라 일본에 맞서기 위함이며 영국 지휘부에 보어인을 물리칠 수 있도록 조언을 한 것은 자기였다고 말하기도 했다.

황제의 군사연습과 '무력행사', '번득이는 무기' 등등의 말로 엄포를 놓는 모습은 독일이 자기들의 '양지'를 지키겠다는 단호함을 드러내는 것으로 세계는 받아들였다.

황제는 큰소리쳤다. "우리는 위대해질 운명이며, 나는 그대들을 경탄할 시대로 이끌 것이다." 영국, 프랑스, 그리고 러시아는 그런 호언장담을 흘려 듣지 않았다. 전쟁이 시작되자 그들은 힘을 모아서 공동의 적인 빌헬름 2세의 독일에 맞섰다.

노병의 행진…

독일 사회주의자의 노 지도자 빌헬름 리프크네히트는 영국의 정치 기자 위캠 스테드에게 말했다. "하나의 역피라미드지. 땅속에 단단하게 박힌 역피라미드의 끝은 프로이센 병사의 헬멧 꼭대기에 붙은 스파이크야. 모든 게 거기에 의존하고 있어. … 역피라미드는 조만간 쓰러져서 산산조각이 날 테고, 이미 상당히 진행된 상태네."

황제의 총력 전진 정책은 군국주의와 호전적 민족주의에게는 최상의 환경이었고, '무력 과시'를 통해 드러났다.

독일의 휘하에 하나 된 세계라는 감상적 생각이 온 나라를 사로잡았다. 재상 뷜로는 의회 첫 연설에서 '해가 비치는 자리에 있고자 한다'고 말했다. 독일의 식민제국과 그것을 지키기 위한 강력한 해군이 필요하다는 의미였다.

나이든 사람들은 과거의 영광스러운 군사력을 떠올렸고, 젊은 사람들은 모험을 꿈꾸었다. 지난 40년 간 평화롭게 살아온 그들은 이제 모종의 행동-자신들을 위한 전쟁을 준비해야 할 때를 맞게 된다.

행진… 행진… 행진…

굴뚝청소부의 행진…

여섯 아들과
황제의 행진…

평온한 브란덴부르크 문. 자전거를 끌고 걸어가는 집배원 오른쪽으로는 차를 모는 젊은이가 보인다.

독일 황제들의 석상을 구경하며 산책하는 모습의 평화로운 지게스알레.

신년을 축하하는 건배. 베를린에서 열린 새해 전야제에서 독일의 스타들이 평화롭고 번영하는 1910년이 되기를 기원하며 샴페인 잔을 들고 있다. 한스 융커만, 엘자 폰 뢰터샤임, 융커만 부인, 요제프 잠피에트로, 필라 울프, 가수로 유명한 프리치 마사리, 기도 티엘셔.

몇 년 간의
평화

Drawing by F. Matania
바덴바덴에서 열린
아마추어 댄스 대회.

집에서 쓸 땔나무를 모으는 여성. 베를린의 또 다른 일면에는 이러한 광경도 흔했다.

베를린은 대도시로 성장했다. 말이 끌던 승합마차는 노면전차로 바뀌었고 새로 개통된 지하철이 사람들을 여기저기로 실어 날랐다. 시내에는 약 7000대의 자동차가 있었는데. 황제는 12대의 대형 메르세데스를 가지고 있었다. 황제의 차에는 특별한 경적을 달아서 뛰뛰빵빵 하고 울리는 소리로 누구나 황제의 행차를 알 수 있게 했다.

베르트하임과 티에츠에는 백화점이 생겨서 심지어 독일에 갓 소개된 토마토까지 무엇이든 살 수 있었다. 아싱거에서는 샌드위치와 맥주 세트를 20페니히에 팔았다. 대형 극장이 20곳이나 생겨 매일 밤 만석을 이루었다. 쿠르퓌르스텐담에는 사치스러운 시설을 갖춘 아파트들이 세워졌다. 충분한 일자리, 충분한 식량, 다양한 오락이 있는, 좋았던 몇 해가 지나고 있었다.

건강을 위한 베를린 동물원 산책.

제1차 세계대전

아무도 전쟁을 원하지 않았다. 독일도 영국도 러시아도 프랑스도, 심지어 오스트리아도 원하지 않았으나 전쟁은 결국 다가왔다. 국가 간 공포와 의심, 그리고 외교관들의 서툰 정책 탓이었다.

프랑스는 독일 군국주의의 칼날이 자신을 향할까봐 두려웠고, 영국은 세계 무역에서 중요한 해상지배권이 독일로 넘어갈까봐 두려웠다. 오스트리아는 세르비아 · 크로아티아 · 보스니아 · 체코슬로바키아에서 민족주의운동이 일어날까봐 두려웠고, 러시아는 자국 내 혁명과 발칸 지역에 대한 오스트리아의 주도권을 두려워했다.

세계재패를 노린 독일의 욕망, 영국의 완고함, 프랑스의 복수심, 오스트리아의 실책이 전쟁을 가져왔다. 그런데 전쟁이 일어나자 대중들은 크게 반겼다. 각 나라들은 단기간 내에 자신이 승리하리라고 믿었던 것이다.

독일은 20세기에 들어서면서부터, 아니 그 이전부터 '그날'을 위해 준비해왔다. 그 꼼꼼하게 고안된 전략이 바로 슐리펜 계획이다. 15년(1891~1906) 간 참모총장을 지낸 장군 알프레트 폰 슐리펜 백작은 이 계획을 고심하고 수정하여 완벽하게 만들었고, 그가 죽은 뒤에는 덧칠이 이루어졌다.

계획의 골자는 독일 육군의 우익이 중립국 벨기에를 지나 프랑스를 포위 급습하는 것이었다. 독일 최고사령부는 벨기에의 중립성을 침해하면 영국의 참전을 불러들일 수도 있기는 하지만 프랑스로 가는 짧은 루트를 확보할 수 있다는 전략상 이익을 생각하면 도박을 벌일 가치가 있다고 보았다. 슐리펜 계획은 기습과 속전에 의존하여 6주 안에 승리를 거둔다는, 대담하고도 위험한 작전이었다.

계획은 '적 측면 격파'와 프랑스군에 대한 '배후 공격'으로 전멸시킨다는 전략에 바탕을 두고 있었다. 독일 병력의 약 8분의 7로 프랑스를 덮치고, 나머지

1914년 6월 28일 암살된 오스트리아의 프란츠 페르디난트 대공 내외.

독일이 러시아에 선전포고를 한 다음 날인 1914년 8월 2일. 뮌헨 오데온즈플라츠 광장에서 전쟁에 관한 연설을 듣는 군중. 군중 가운데에는 25세가 된 아돌프 히틀러도 있었다(흰 원).

1년 앞서 그림과 건축을 공부하기 위해서 뮌헨에 와 있었던 히틀러는 어머니가 죽은 1907년 이후에는 그저 시간이나 때우다가 가끔 빈으로 일을 하러 가는 생활을 했다.
그의 주된 일은 액자나 그림엽서 가게에 팔 거리 풍경을 그리는 것이었다. 후에 '내 인생 중에 가장 서글픈 시절'이라고 썼듯이 오스트리아의 도시가 못마땅했던 그는 바이에른으로 이사를 했고, 러시아와 프랑스에 선전포고를 하자 새로운 조국을 위해서 군에 지원했다. 전쟁 내내 그는 최전선에서 복무했다.

8분의 1은 서부에서 러시아의 태도를 보다가 여차하면 동부로 이동하기로 되어 있었다.

전쟁이 일어나게 된 직접적 계기는 오스트리아의 왕위 계승자 프란츠 페르디난트 대공이 보스니아 민족주의자에 의해 사라예보에서 암살된 사건이다.

오스트리아 정부는 빌헬름 2세의 부추김에 넘어가 대공 암살의 책임을 물어 세르비아에 흉폭하고도 치욕적인 최후통첩을 보냈다. 세르비아는 그런 최후통첩을 받아들이기로 했지만, 그럼에도 불구하고 이중군주국(오스트리아-헝가리)*의 정치가들은 전쟁으로 처벌하겠다는 결심을 내렸다.

영국은 갈등을 누르고 유럽열국회의에 이 문제를 올려 보내려고 노력했지만 러시아가 총동원령을 내리고, 독일도 그에 뒤따르자 평화 해결에

선전포고를 한 1914년 8월 3일. 황제 빌헬름 2세는 궁전 발코니에서 국민들의 경의를 받았다. "나에겐 더 이상 당파가 보이지 않는다. 나에겐 오로지 독일인만 보인다"라고 연설했다.

"국가 전시 상황이다." 한 장교가 1914년 7월 31일 베를린 거리에서 시민에게 알리고 있다.

Sieg Heil
(지크 하일-
승리 만세)*
선전포고에
환호하는
베를린 시민.

1914년 8월.
노련한 병사들을 싣고 프랑스 전선으로 출발하는 열차. 화물차에는 백묵으로 "파리 야유회", "프랑스 거리에서 만나자", "전쟁터를 향하여", "내 칼이 갈망하는 여행" 등등이 쓰여 있다.

가족이 있는 나이임에도 애국적 의무와 조국을 위한 싸움을 위해 많은 예비군들이 서둘러 자원 입대했다.

대한 희망은 사라지고 만다. 8월 3일, 독일과 프랑스는 서로 선전포고를 주고받았으며, 다음날 영국도 독일에 선전포고를 했다. 8월 6일에는 오스트리아-헝가리의 황제가 러시아에 선전포고를 보냈다.

참전국 군대들이 벨기에, 프랑스, 러시아, 세르비아를 행진하면서 유럽은 불붙기 시작한다.

전쟁에 뛰어든 나라들에 애국주의의 물결이 밀려들면서 병사들은 꽃과 환호성 속에 전장으로 보내졌다. 독일인은 특히 의기양양했다. 그들은 1871년 이래 평화롭게 지냈고 젊은이들은 전쟁이 무엇인지, 전쟁터가 어떠한 곳인지 전혀 몰랐다. 그들은 할아버지와 아버지가 얘기하던 영광스러운 전투에 대한 추억에 비

1914년 12월.
독일 어느 역에서나 볼 수 있었던 광경. 프랑스 전선으로 열차가 떠나기 전까지 군악대가 독일민요 《Muss I'denn, Muss I'denn zum Städtele hinaus》를 연주하는 가운데 좋은 옷을 골라 입고 나온 아내나 애인이 손을 흔들어 작별인사를 보내고 있다.

하면 지루하게 느껴지던 일상생활에서 벗어나 영웅적 시대에 뛰어들어 위험한 전투를 맛보고 싶어 했다. 그들의 철학자와 선생들 또한 독일 우월주의를 고취시켰다. 군대에 대한 믿음은 자신의 승리를 확신하게 만들었다. 그렇게 젊은이들은 억눌린 열정과 좌절감의 분출구로서 전쟁을 환영한 것이다. 황제와 정부는 성탄절 전에는 전쟁이 승리로 끝날 것이라고 약속하면서, "군복이 더럽혀질 사이도 없을 것"이라고 장담했다. 그들은 자부심에 차 일전에 치른 세 전쟁을 떠올렸다. 1864년, 1866년, 1871년, 이 세 번의 전쟁은 정말로 빠르고 쉽게 승리를 거두었다. 세 번이나 그렇게 했으니 이번에도 다시 할 수 있으리라 믿었다.

그들은 의기양양했고 들떠 있었다. 국민들은 조국을 지키기 위해 싸운다고 믿었고, 또한 전쟁이 금방 끝날 것이라 믿었다.

전쟁을 시작한 8월의 어느 더운 날, 25세의 아돌프 히틀러도 뮌헨의 군중 속에서 환호성을 지르고 있었다. 그는 훗날 "열렬한 열광에 압도된 나는 무릎을 꿇고, 행운을 베풀어 이 시대를 만나게 해준 신에게 진심으로 감사했다"고 회상했다. 다른 독일 젊은이들도 같은 느낌이었다.

8월 2일, 독일은 자국 군대가 벨기에 영토를 자유롭게 통행할 수 있도록 우호적으로 중립을 지켜달라는 메모를 보냈다. 벨기에는 그 요청을 거절했지만 독일군은 무작정 진군해 들어왔다. 벨기에는 용감하게 침략군과 싸워 진격 속도를 떨어뜨리기는 했지만 맹렬한 기세로 몰려드는 압도적인 숫자의 적을 물리칠 도리는 없었다. 벨기에의 전원 지역은 거대하고도 새로운 대포에 의해 쑥대밭이 되어 버렸다.

슐리펜 계획의 최우선으로서 프랑스 영토에 닿은 독일군의 우익은 몽스에서 영국과 프랑스군을 물리쳤다.

독일군들이 프랑스의 수도를 향해 전진하는 한편 동부에서도 대규모 전투가 벌어졌다. 발틱해에서 루마니아 국경에 이르는 전선에서는 러

프랑스 공격…

1914년 8월.
제1차 세계대전. 마른에서 전면공격에 나선 독일 부대.

시아가 오스트리아 및 독일 병력과 싸우고 있었다. 남부에서는 렘베르크에서 오스트리아가 10일 간 격렬한 전투 끝에 러시아에게 패배하여 후퇴를 하고 말았다.

"북부에서는 러시아군이 서부에 가해지는 압력을 제거하려는 고귀한 목표를 갖고 동프로이센의 독일군을 공격해서 단번에 승리를 거두었다"라고 윈스턴 처칠은 썼다. "러시아 전진의 효과에 대해 연합군은 깊이 감사해야 한다. 그로 인해 파리로 진군하던 독일군 2개 군단을 붙잡아 둘 수 있었던 것이다."

러시아군의 기동은 슐리펜 계획을 곤경에 빠트렸다. 전선에서 빠진 독일군 2개 군단은 서부에 위치하면서 최전선에 구멍이 뚫리면 그 구멍을 막는 보충대 역할을 맡은 부대였다.

8월 20일, 폰 쿨룩 장군은 4만의 병사와 함께 브뤼셀로 진격, 벨기에의 수도를 점령했고 벨기에군은 앤트워프까지 밀려났다.

이틀 뒤에는 아르덴의 전투에서(8월 22~24일) 독일군이 대승을 거두었다. 그들의 거침없는 진격은 막을 길이 없어 보였고, 프랑스군은 전멸을 목전에 두고 있었다.

비슷한 시기에(8월 23~31일) 루덴도르프 장군을 참모로 한 힌덴부르크 사령관의 독일 8군이 러시아 2개 군단을 완전 격파하고 다른 2개 군단의 병력을

러시아로 진군 : 동부 전선의 독일 보급 마차.

…그리고 그 결말

1914년 9월.
마른의 전장에서 전사한 시신을 태우고 있다.

마른 전투에서 진 뒤 몰트케는 경질되었지만 팔켄하인 장군의 지휘로 이퍼르, 베르됭, 아르망티에르, 랑에마르크에서 진행되던 전투는 결말을 내지 못하고 있었다.

전선은 침체에 빠졌다. 병사들은 땅을 파고 들어갔다. 전쟁 기간 내내 전선에서 10킬로미터도 이동하지 못했을 정도였다. 그들은 고정된 위치에서 적을 향해 서로 총을 쏘며 긴 참호 생활과 싸웠고, 서로를 죽이는 데 넌더리를 내고 있었다.

통째로 전쟁터가 된 유럽은 송장으로 덮인 황무지로 바뀌었다. 군대는 프랑스, 러시아, 폴란드, 이탈리아, 발칸에서 싸웠다. 전투는 육상뿐 아니라 하늘과 바다에서도 벌어졌다. 독일 공군은 영국 해안과 파리를 폭격했고, 영국 잠수함은 독일 항구를 봉쇄했다.

세상 어디에도 없었던 규모의 전쟁이었다. 4년의 끔찍한 기간 동안 999만 8000여 명이 전투에서 목숨을 잃었고, 629만 5000여 명이 중상을 입었으며 경상자는 1400만을 넘었다. 여기에 행방불명자는 알려진 수만 약 600만 명이었다.

반토막으로 만들었다. 이 타넨베르크의 전투는 엄청난 대승이었으며 힌덴부르크를 국민적 영웅으로 만들었다. 12만 5000명에 달하는 러시아 포로의 숫자는 조속한 전쟁 마무리를 암시하는 증표로 보였다.

9월 2일, 독일군이 마른Marne 강을 건넜다. 프랑스 병력을 지휘하는 조프르 장군은 병사들에게 "전진할 수 없는 병력은 무슨 수를 쓰더라도 확보한 자리를 지키고, 그게 안 되면 차라리 그 자리에서 죽어라"라고 말했다. 양측 합쳐 거의 400개 사단 병력이 파리에서 베르됭까지, 그리고 보주 산맥을 끼고 베르됭까지 무려 300킬로미터가 넘는 전선을 형성했다.

그러나 행운은 이제 독일을 떠나고 있었다. 독일의 전선에 틈이 생겼지만 그것을 메꾸어야 할 2개의 예비 군단이 러시아 전선으로 떠나 버린 뒤여서 달리 방도가 없었다. 프랑스군과 영국군은 기회를 잡자마자 대담하게 그 틈을 치고 들어와 독일군을 철수하지 않을 수 없게 만들었다. 그렇게 독일군의 전진이 막다른 길에 다다랐다. 슐리펜 계획은 실제 전장과는 동떨어진 것이었다. 독일군은 엔주로 물러나 방어 태세에 들어갔다. 마른에서의 패배는 독일에게 신속한 승리에 대한 희망을 버리고 길고 힘든 전쟁을 벌여야 함을 의미하는 것이었다. 이를 깨달은 몰트케 참모총장은 순순히 전임자가 세운 계획을 수정하고 완화시켰다.

독일의 공격에 러시아는 큰 손실을 입었다.

참전한 히틀러

아무 목적 없는 나날을 보내던 히틀러가 25세가 되었을 무렵 전쟁이 터졌다. 그는 국립미술아카데미 입학에 실패한 뒤에는 빈에서 빈둥거렸는데, 몇 년 동안 싸구려 합숙소에서 살면서 가난에 허덕였다. 1913년 봄, 히틀러는 빈과 "내 인생에서 가장 우울한 시기"에서 벗어난다. 다음 주거지로 뮌헨을 택하기는 했지만 목적 없는 생활은 계속 이어졌다.

전쟁이 벌어지자 오스트리아인이면서도 바이에른 군대에서 싸우겠다고 황제에게 청원서를 냈다. 그렇게 바이에른 예비보병 16연대에 배속된 히틀러는 전방으로 보내졌다.

히틀러는 두 번이나 부상을 당했고 독가스 공격을 받아 눈이 안 보이게 된 경우도 있었다. 상관은 히틀러를 가리켜 "아주 용감하고 실력 있으며 양심적인 병사"라고 했다. 계급은 상병을 넘지 못했지만 2급 및 1급 철십자훈장 외에 많은 훈장을 받았을 정도였다. 히틀러는 4년에 걸친 전쟁에 대해 "인생 전반기 중에 가장 위대하며 잊을 수 없는 시기였다 … 과거 모든 일이 없던 것이 되었다 …"라고 말했다. 수컷의 세계인 군대에서 안정감을 느꼈던 것이다.

그러나 포메른 파제발크 군병원에서 가스중독 치료를 받던 중에 들은 패전 소식에 히틀러는 낙

독일 육군의 지휘관 : 젊었을 때 중위로 독일제국의 설립에 참가했던 파울 폰 힌덴부르크 장군과 그의 참모장 에리히 루덴도르프의 모습. 나중에 이 두 사람은 당시 상병인 히틀러와 엮이게 된다. 루덴도르프는 1923년 히틀러가 일으킨 쿠데타에 참여하며, 힌덴부르크는 1933년에 히틀러를 수상으로 임명한다.

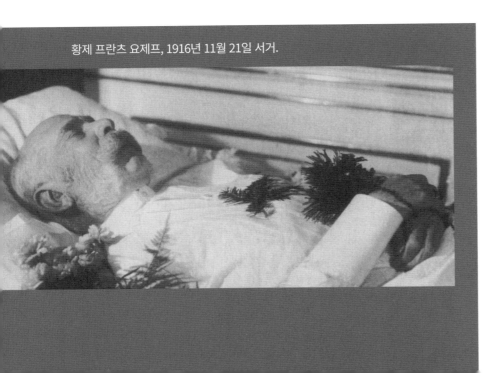

황제 프란츠 요제프, 1916년 11월 21일 서거.

담하고 만다. "그 망측한 사태를 받아들이려 하면 할수록 분노와 실망에서 비롯된 치욕에 머리가 달아올랐다 … 많은 밤을 지내면서 내 속에서 증오가 자라났다. 이번 일에 책임져야 할 자들에 대한 증오였다"라고 《나의 투쟁》에 쓴 바 있다.

이때 히틀러는 정치에 나서기로 결심한다. 거의 서른이 된 그가 새로운 인생을 시작한 것이다. 이번에는 분명한 목적을 품고 있었다.

일병 아돌프 히틀러(오른쪽)와 두 전우.

막막한 미래

베르됭의 처참한 유혈전 이후 팔켄하인 장군은 동부 전선에서 승리를 거둔 힌덴부르크와 루덴도르프로 교체된다.

새로운 최고사령부는 무제한 잠수함 전투를 지지했고, 그로써 영국을 굴복시킬 수 있다고 믿었다. 미국을 전쟁에 끌어들이게 될지도 모른다고 두려워 한 재상 베트만 홀베크는 그 전략에 강력 반대했지만 장군과 제독들을 이길 도리는 없었다. 1917년 2월 1일, 독일은 잠수함 전략을 실행한다. 그리고 고작 두 달 후인 4월 6일 미국이 참전한다.

독일 최고사령부는 무차별 전략을 쓴다고 해도 영국을 굴복시킬 수 없음을 이내 깨달았다. 정책 실패를 통감한 독일 의회는 전쟁 종결을 위한 방안을 모색한 끝에 사회민주당과 진보당 의원들이 중앙당과 함께 '어떠한 정복도 고려하지 않은 순수 방

Illustrated London News, February 3, 1917

독일 무제한 잠수함 전투 선언. 1917년 1월, 지중해에서 독일 잠수함의 어뢰를 맞은 영국 여객선 아이버니아의 생존자들이 구명보트에 올라타고 있다. 이 재난으로 150여 명이 목숨을 잃었다.

Drawing By Norman Wilkinson in the Illustrated London News, May 15, 1915

루시타니아호의 침몰. 1917년 5월 7일 아일랜드 해안에서 독일 잠수함의 어뢰를 맞은 루시타니아호는 1255명의 승객과 함께 바다에 가라앉았다.

어적 전쟁'이었다고 선언한다. 그리
고 그들의 평화 결의안은 중앙당의
마티아스 에르츠베르거의 발의로 의
회에서 채택되었다. 그러나 결의안
에 강력 반대하던 루덴도르프 장군
은 재상 베트만 홀베크를 사임하게
만들었다. 새로 재상에 오른 게오르
크 미카엘리스는 루덴도르프의 꼭두
각시로서, 자신은 결의안을 지지할
지언정 결국은 국회의 결정을 무시
해 버릴 인물이었다.

힌덴부르크와 루덴도르프 두 장군
은 사실상 독일의 독재자로서 정치
적 권력을 쥐고 있었고 의회는 별 힘
이 없었다. 그들은 외교적 교섭이 아
니라 전쟁터에서 이김으로써 결판을
내겠다고 마음먹고 있었기에 베네딕
트 교황이 내놓은 합리적인 평화 제
안까지 거부했다.

1917년 가을, 레닌이 이끄는 공산
당이 러시아에 정부를 세웠다. 평화
가 필요했던 러시아의 인민위원회는
어떤 조건이라도 받아들일 태세였
다. 1918년 봄, 브레스트-리토프스
크에서 가혹한 영토 합병을 강요한

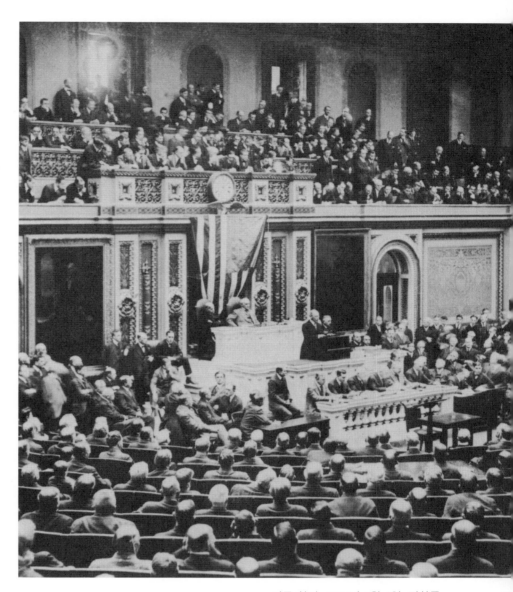

미국 참전. 1917년 4월 6일, 평화를
위한 갖은 노력이 수포로 돌아가고
독일 잠수함에 미국 선박들이 격침되
자 윌슨 대통령은 의회에서 선전포고
를 발표하게 된다.

양키들이 온다! 미시간 주 방위군 E
중대가 1917년 6월 폰티악 시에서
유럽의 전장으로 가는 배에 올랐다.

포탄을 만드는 독일 여성들.

노동자가 주로 사는 베를린의 한 동네에서 아이들이 전쟁놀이를 하는 모습. 아이들은 깃발을 들고 행군하며 퍼레이드를 벌였다. 전쟁은 모든 이들의 혈관에 흐르고 있었다.

1916년 수많은 사람이 죽은 베르됭 전투로 인해 포대 주변이 달 표면처럼 변해 버렸다.

탈진한 독일군 포로들이 프랑스 수용소에서 밀린 잠을 보충하고 있다.

독일군의 행태는 독일 의회에서 만든 평화 결의안과는 완전히 동떨어진 것이었다.

그렇게 동부 전선을 마무리한 독일 부대는 서부 전선을 향해 서둘러 이동했다. 루덴도르프는 봄에 대공세를 펼치면 확실히 프랑스를 이길 수 있다고 보았다. 처음에는 밀어닥친 독일군에 프랑스군이 전멸할 지경에 몰렸지만 8월 8일 모나쉬 장군이 지휘하는 오스트리아군이 독일의 철통같은 전선을 돌파해 버린다. 루덴도르프의 말을 빌리면 "독일군에게는 캄캄한 하루"가 닥친 것이다.

생생한 활력을 지닌 미군 병사도 속속 전장에 투입되었다. 궁지에 몰린 독일은 고립을 피해 전선을 후퇴시킬 수밖에 없었다.

9월 28일, 독일 측 동맹군인 오스트리아−헝가리, 불가리아, 터키는 백기를 들었다. 기가 죽은 루덴도르프와 힌덴부르크는 즉각 휴전을 강력히 요구하기에 이른다. 그리하여 전쟁은 독일의 패배로 끝난다. 적국과 교섭하기 위해 막스 폰 바덴 대공이 새로운 재상에 올랐다.

도살자 빌헬름.
황제를 풍자한 프랑스의 만화.

전장에서 죽은 독일인들.

굶주림에 빠진 독일. 영국이 봉쇄에 나서면서 독일에는 식량이 부족해졌다. 독일 주부들은
한 덩이의 빵과 한 조각의 고기를 사기 위해서 하루 종일 줄을 서야 했다.

솜 전투에서 프랑스군과 영국군은 독일군 포로 18만 2502명을 잡고, 막대한 전쟁물 자까지 노획했다.

사령부의 군 지휘관들.
폴란드에서 회의하는 힌덴부르크, 뵘에르몰리, 루덴도르프, 바르돌프, 폰 젝트.

독일군 최고사령부는 군대를 재편 성하여 새로운 공격에 나서기 위해 휴전협정을 희망했다. 그러나 미국 의 윌슨 대통령은 10월 23일에 그들 의 희망을 저버리는 각서를 보낸다. 전쟁 상황을 이어가려는 의도를 가진 휴전협정은 받아들일 수 없다고 밝힌 것 이다. 오만한 독일 장군들은 윌슨의 성명을 '용납할 수 없다'고 생각했다.

3일 후, 루덴도르프는 책임에서 회피하려고 일반 시민 복장에 가짜 수염과 짙은 색 안경으로 변장을 하고 스웨덴으로 도망쳤다. 11월 6일, 그의 후임으 로 군수총사령관이 된 그뢰너 장군은 3일 안에 휴전협정을 체결하지 못하면 항복할 수밖에 없다는 사실을 재상에게 통고할 수밖에 없었다.

재상 막스 대공의 긴급 메모를 받은 윌슨 대통령은 14개 조에 바탕한 강화 협정을 내놓으면서, 프랑스의 포슈 원수가 휴전 조건을 독일 장군들에게 설명 할 것이라고 제안했다. 윌슨 대통령의 제안을 받아들일 수밖에 없었던 독일은 휴전을 위한 대표단을 꾸렸다. 4년에 걸친 전쟁—고통과 희생이 끝나는 순간 이었다.

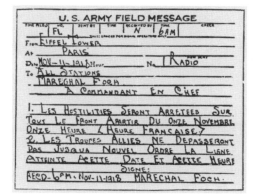
전투 종결에 관한
프랑스 포슈 원수의 메시지.

노동자의 분열

산업화에 따라 노동자 세력도 커졌다. 최초의 노동자 정당은 1863년 페르디난트 라살레가 만든 전독일노동자협회이며, 1869년에는 빌헬름 리프크네히트와 아우구스트 베벨이 사회민주노동당을 설립했다. 독일이 통일된 후, 1875년에 양당은 사회주의노동자당으로 합당했다. 사회주의노동자당은 합법적 개혁과 노동 조건 향상을 요구하면서도 혁명과 계급투쟁에 관해서는 침묵했기 때문에 마르크스가 보기에는 짜증나는 존재였다.

1878년부터 1890년 사이에는 비스마르크가 만든 법에 의해 사회주의자들이 탄압을 받았기 때문에 1891년에야 다시 정당으로서의 법적 지위를 얻었는데, 에르푸르트에서 채택된 당 강령은 개혁주의자와 혁명주의자의 주장을 절충한 것이었다. 강령에는 하루 8시간 노동, 아동 노동 금지, 공장 감사, 노조권 보장 등이 담겼다.

몇 년 뒤, 에두아르트 베른슈타인이 일련의 개혁을 요구한 것이 계기가 되어 개혁파와 급진파의 갈등이 심해진다. 러시아 혁명이 실패로 돌아간 시기인 1906년 만하임 당대회에서는 노동조합원들이 급진파를 가로막았고, 급진파 지도자 카를 리프크네히트는 군국주의를 반대하는 운동을 벌이다가 1년 반 동안 감옥에 갇히기도 했다.

1905년 예나에서 열린 당대회에서는 프리드리히 에버트가 지도자로 떠올랐다. 그는 당을 재정비하

사회민주당을 이끄는 인물 중 하나였던 프리드리히 에버트. 입이 험했지만 부지런하고 정직했던 에버트는 일찍부터 사회주의 운동에 몸을 담았다. 1870년 가난한 양복장이의 아들로 태어나 마구상을 하던 그는 타고난 중재자로서 1916년에 다수파사회민주당의 당수가 된다. 이후 왕정이 무너진 뒤에는 바이마르공화국의 초대 대통령으로 선출되었다.

노인 및 일하기 어려운 사람들까지 군수 공장에서의 노동을 강요당했다. 이에 대한 불만이 1918년 파업으로 터져 나왔다.

고 근대화하는데 앞장서서 전화나 타자기 같은 당시로서는 참신한 기기를 도입하기도 했다. 에버트는 1913년 베벨이 죽은 뒤 부회장에 오르기 전부터 조직 내 세력을 확대해갔다.

1914년 8월, 사회민주당의 의회 대표단은 국가 방위를 위해 전국적으로 모든 것을 통일시키고, 전시 국채를 발행하며, 전쟁 동안에는 정치적 휴전을 한다는 데 전원 찬성한다.

중립국 벨기에 침범, 전쟁을 목적으로 한 병합, 사회와 정치에 대한 정부의 무책임 등에 맞서 싸우던 리프크네히트는 오히려 당과 국가에 대한 의무를 저버렸다고 당 지도자들의 비난을 받는다.

1916년 3월 24일, 긴급 예산을 둘러싼 국회 심의에서 온건파와 급진파는 결정적인 파탄을 맞는다. 당 정책에 반대했다고 적의 앞잡이로 몰려 당에서 쫓겨난 사람들은 새로운 노동조합을 결성하는데, 그것이 1년 뒤에 독립사회민주당(U. S. P. D.)으로 발전한다. 그러나 얼마 되지도 않아 리프크네히트와 그의 동료들로 구성된 급진파는 또다시 분리되어 나온다. 그 급진파가 결성한 스파르타쿠스단은 후에 독일의 공산당이 된다.

사회민주당이 다수파사회민주당, 독립사회민주당, 그리고 공산주의자로 3분되면서 히틀러의 전체주의적 독재의 길을 열어주게 되는 것이다.

스파르타쿠스단의 지도자 중 한 명인 카를 리프크네히트. 혁명가이자 웅변가인 그는 1914년 전시 국채 발행에 반대했다. 1916년에는 반전 운동을 벌이다가 체포되어 2년 동안 옥살이를 하다가 종전 전에야 석방된 그는 급진적인 스파르타쿠스단의 지도자가 되었고, 이 단체는 1918년 말에 공산당이 된다.

어려운 가계를 위해 여자들은 푼돈이라도 벌려고 집에서 옷을 만들어 의류 수집소로 가지고 나왔다.

베를린의 혁명

사람들은 그것을 혁명이라고 불렀다. 그러나 정말로 그러했을까? 대중 선도, 목표 제시, 낡은 것을 대신할 새로운 것에 대한 제안 등, 이러한 것들을 준비한 인물이 없었던 것이다. 카를 리프크네히트와 로자 룩셈부르크만이 예외였다.

제정 독일은 혁명주의자들이 끝낸 것이 아니라 박살난 군대와 그로 인해 고갈된 자원과 국민의 피폐 때문에 끝을 맞은 것이다. 황제는 퇴위에 몰렸고, '전제적이고 독재적인 군부'는 물러나야만 했다. 군 지휘관들이 군대의 붕괴를 막겠다고 휴전을 요구했지만 윌슨 대통령과 연합군은 그들과 교섭하기를 거부한 것이 결정적인 요인이다.

11월 8일 베를린에서 대격변이 일어나기 하루 전날, 온화한 성격의 바이에른왕은 자신의 영지인 뮌헨을 떠나기 위해 담배상자를 찾고 있었다. 한편 재치 있는 작센 왕은 독특한 작센 억양으로 신하들에게 "이제 너희 똥은 너희가 치워라!"라고 내뱉었다.

11월 9일, 휴전 조건은 이미 독일 교섭단에게 전달된 상태였다. 72시간 내에 서명해야 했는데도 황제는 재상 막스 대공에게 아무 말도 해주지 않았다. 정오에 이르러 더 이상 기다릴 수 없었던 재상은 빌헬름 2세의 퇴위를 발표하고 원내 제1당인 사회민주당의 지도자 프리드리히 에버트에게 정부를 넘겼다. "독일의 운명은 이제 당신의 양심에 달렸소"라고 막스 대공이 말하자 에버트는 대답했다. "이 나라를 위해 나는 두 아들을 바쳤습니다!"

베를린 곳곳은 일터를 박차고 나와 전쟁에 반대하면서 "평화와 빵"을 외치는 군중으로 가득 차 있었다. 베를린

1918년 11월 9일.
브란덴부르크 문을 통과하면서 붉은 기를 흔드는 귀환 병사와 그 모습을 보고 놀란 행인들.

1918년 11월 9일 오후 2시.
사회민주당 필립 샤이드만이 베를린의 국회 발코니에서 민주공화제를 선언했다

1918년 11월 9일 오후 4시.
스파르타쿠스단의 지도자 리프크네히트는 황제가 떠난 궁전 발코니에서 독일 소비에트공화국을 선언했다.

국립오페라극장을 비롯한 시내 곳곳을 메운 시민들은 거리를 행진하면서 구호를 외치고 깃발을 흔들었다. 병사들은 황제의 계급장을 떼어버리고 장교들은 훈장을 떼어버리는 등 프로이센 군국주의에 대한 울분을 터트렸다.

날이 저물자 시위대가 잠잠해지면서 베를린도 잠자리에 들었다. 다음 날 아침, 신문에는 황제의 정부가 물러나고 사회민주당이 정권을 잡았다는 기사가 실렸다. 모두들 이미 알고 있는 내용이었다.

황제의 궁전을 향해 이동하는 해군 병사들.

무너진 군주제

1918년 11월 11일.
새로운 입주자들. 싸움터에서 돌아온 노동자 · 병사 평의회 사람들이 의회에 거처를 마련했다.

1918년 11월 10일.
도주하는 황제. 이른 아침에 네덜란드 국경에서 망명길에 타고 갈 특별열차를 기다리는 빌헬름 2세. 그는 다시는 고국을 보지 못했다.

빌헬름 2세의 퇴위 문서.
독일 황제로서의 모든 권리가 철회되었다.

1918년 11월 9일.
혁명이 일어난 날, 황제의 가신들이 각자의 소지품을 챙겨 궁전을 떠나고 있다.

1918년 10월 23일 윌슨 대통령은 만일 전제군주나 군 수뇌들이 독일을 조종한다면 미국은 '평화 교섭을 하지 않고 항복을 받을 것'이라는 메모를 남겼다.

왕위를 지킬 수 있다는 희망을 버리지 못한 빌헬름 2세는 역적들을 진압하고자 장군들과 상의했지만 군대는 이미 황제를 지지하지 않았고 온 나라가 그의 퇴위를 요구하고 있었다.

이제까지의 체제가 운 좋게 유지되기를 바랐던 사회민주당도 군주제 자체를 없앨 계획은 아니었다. 하지만 모든 사람들이 황제의 퇴위를 요구하는 상황이 되고 말았다. 에버트는 "나는 혁명을 죄악과 마찬가지로 혐오한다"고 말했고, 동료 샤이데만이 즉흥 연설에서 공화제를 선언했을 때는 신경질을 낸 적도 있었다. 그는 샤이데만에게 그렇게 큰 영향을 미칠 수 있는 말을 사전 논의 없이 발언하면 안 된다고 충고까지 했다.

11월 9일, 군주제는 독일 역사의 무대에서 퇴장한다. 황제는 퇴위에 서명하지 않고 곤경에서 벗어나 보려고 계략을 꾸며 보았지만 상황은 그런 것을 허락하지 않았다.

다음날 이른 아침, 황제는 전용열차에 올라 네덜란드로 향했고, 두 번 다시 조국으로 돌아 오지 못했다. 루덴도르프는 가짜 수염으로 변장하고 재빨리 스웨덴으로 도망가고 없었다.

이렇게 해서 호엔촐레른 왕조는 한방의 총소리도 없이, 그러나 훌쩍거리는 소리를 내며 끝을 맺었다.

1918년 11월.
휴전협정이 조인되자 병사들은 참호를 떠나 가능한 빨리 집으로 가려고 몰려나왔다.

에버트는 질서를 유지하기 위해 군대의 도움이 필요했다. 이에 대해 빌헬름 그뤼너 장군과 논의를 시작했지만 그는 공화국에 대해서는 치명적일 수도 있는 인물이었다. 그래도 그 당시에는 다른 선택의 여지가 없었다.

군 최고사령부는 군대가 질서정연하게 고국으로 돌아오려면 장교단을 지원해 주어야 한다고 요청하면서, 아직 전선에 남아 있는 병사들을 위한 수송수단과 식량, 그리고 만연한 볼셰비즘에 단호한 입장을 취해 줄 것을 정부에 요구했다. 그 대신에 장교단은 새로운 정부를 지지할 것이며 무장 저항을 하지 않겠다고 약속했다. 육군원수 힌덴부르크가 현직을 유지하면서 병사의 귀환을 감독하기로 했다.

그러나 지칠 대로 지쳐서 더 이상 상부의 명령을 기다릴 수 없었던 병사들은 벌써 귀향길에 줄을 잇고 있었다. 그들은 당혹스러운 상태였다. 전쟁에 진 이유를 이해할 수가 없었다. 몇 년 동안에 걸쳐 스스로를 천하무적이라고 믿게끔 주입당해 왔기 때문에 승리만을 믿어 의심치 않았던 그들로서는 패배에 대한 준비가 조금도 없었던 것이다.

전쟁터에서 돌아온 그들의 눈에 보인 것은 혼란 속의 조국이었다. 사회제도는 산산조각이 났고 질서나 규율은 찾아 볼 수가 없었다. 자신들의 희생이 그런 모습을 보기 위한 것은 아니었을 것이다.

영웅의 시대가 끝나다

코블렌츠의 라인 다리를 건너 집으로 향하는 병사들.

지친 모습으로
벨기에에서 퇴각
하는 독일군.

병사를 맞는 국방장관. 단상 중앙에 쇼이히 장군. 사진 왼쪽은 정치가 몰켄부르, 샤이데만, 벨스. 오른쪽은 레쿠이스 장군.

"평화, 자유"라는 기치 아래 병사들이 베를린으로 들어왔다.

1918년 12월 10일.

귀환 병사를 환영하는 에버트. 정부의 수반인 그는 병사들에게 "그대들은 싸움터에서 그냥 당하고만 온 것이 아니다"라고 말했는데, 이 말은 그가 죽을 때까지 사람들 입에 오르내리게 된다.

1871년 프로이센 – 프랑스 전쟁에서 승리했을 때처럼 병사들이 브란덴부르크 문을 지나 행진했다.

전쟁에서의 귀환

휴전 한 달 뒤, 귀환 병사들은 전통에 따라 브란덴부르크 문을 지나 행진했고 베를린은 그들을 환영했다. 비록 이번에는 패배해서 돌아온 것이었지만 환호와 만세 소리와 악단의 연주가 울려 퍼져 마치 승전 행사 같았다. 정부 고관들이 특설 연단에 올라 연설을 했다. 그 자리에서 에버트는 독일이 그냥 당하기만 한 것이 아니라고 말하여 그의 적들이 두고두고 트집을 잡는데 써먹게 된다.

독일인들은 아무도 패배를 믿으려 들지 않았다. 자기들의 희생이 헛된 것이었음을 받아들일 수가 없었다. 그들에게는 희생양이 필요했고, 이내 그것을 찾아낼 수 있었다. 황제나 장군들이 아니라 새로운 공화정부가 자신들을 팔아먹었고, 그것이 패배의 원인이라는 것이었다. 국민들은 이 새빨간 거짓말을 믿었다.

1918년 12월 16일.
처음으로 450명의 평의원이 참석한 가운데 베를린에서 노동자 · 병사 평의회 개회 모임이 열렸다. 정부 측에는 사회민주당 지도자들인 에밀 바르트, 프리드리히 에버트, 루드비히 하세 박사, 필리프 샤이데만이 앉았다.

노동자 평의회

새로운 공화국의 첫 의회 구성을 앞 둔 노동자 · 병사 평의회는 독일 전 체가 아니라 베를린 지역민을 대표 하는 사람들로 이루어져 있었다. 12 월 중순에 열린 확대 대회의를 거친 뒤에야 비로소 전국을 대표할 수 있 게 된다.

카를 리프크네히트나 로자 룩셈부 르크와 같은 급진주의자들이 선거를 거부한 가운데 다수파사회당이 선거 에서 승리를 거두었다.

1918년 11월 25일.
베를린의 수상 관저에서 열린 독일국가회의에서 몇몇 주 대표가 헌법 제정을 제안했다.

1918년 12월 16~19일.
다수파사회당은 400명의 평의원에게서 국민의회에 대한 지지를 받아내는 대성공을 거두었다. 반대자는 고작 50명이었다. 그러나 독립당은 지지를 철회했고, 노동운동은 분열되었다.

일어나 대표들에게 연설하는 프리드리히 에버트의 왼쪽에 에밀 바르트, 오토 란츠베르크, 루드비히 하세 박사. 그의 오른편은 빌헬름 디트만과 쿠르트 바케.

이에 따라 오늘날 인민대표협의회라고 부르는 내각이 만들어졌다. 다수파사회당의 3인(에버트, 샤이데만, 란츠베르크)과 독립당의 3인(하세, 디트만, 바르트)으로 구성되었다. 다수파사회당은 "평화, 안전, 질서"를 내세웠고, 독립당은 사회주의공화국의 원리—소비에트공화국으로서 노동자에게 권력이 있음을 내세웠다.

그러나 민주적인 방법으로 국민의회를 구성하자는 온건한 시각의 움직임이 대세를 이루자 지지자들의 완력으로 승리를 쟁취해보겠다는 생각을 가진 독립사회당이 거리로 나왔다.

황궁 전투

1918년 11월 9일, 3000명에 달하는 해군 분견대 수병들이 새로운 정부를 지키겠다고 황제의 궁전으로 들이닥쳤다. 사실 그들은 오합지졸로, 혁명보다는 약탈에 관심이 컸다. 그들은 궁전에 살림을 차리다시피 하고서는 은식기, 그림, 도자기, 붙박이 세간까지 손 댈 수 있는 모든 것을 훔쳤다.

궁전을 떠나라는 명령이 내려졌는데도 그들은 명령을 거부했고, 일부는 밀린 급여를 달라면서 수상 관저로 몰려가 건물을 포위하고 베를린 군사령관, 사회민주당의 오토 벨스 및 그의 동료 두 사람을 억류했다.

새로운 정부의 수반 프리드리히 에버트는 최고사령부에 도움을 청했고, 루덴도르프 장군의 뒤를 이은 군수총사령관 그뤼너 장군이 저항하는 수병들을 진압하기 위해 군대를 파견했다.

1918년 성탄절, 레쿠이스 장군이 지

1918년 12월.
질서를 되찾고자 무장한 시민들이 황제의 궁전으로 왔다.

성탄절의 전투로 인한 사상자를 안전한 장소로 옮기고 있다.

쓰러진 궁궐 마구간 기둥.

베가스 분수 옆에 설치된 기관총.

휘하는 1개 사단이 궁전 밖에 진을 치고 포격을 개시했다. 회벽이 인도로 무너져 내렸고 창문은 모두 깨졌으며 건물 벽은 갈라졌다. 더 이상 방어할 수 없었던 수병들은 항복했고 억류되었던 사람들도 풀려났다.

궁전에서의 전투는 정치에 중대한 영향을 미쳤다. 사회민주당에 비해 좌파인 스파르타쿠스단과 독립사회당은 정부가 황제 시절의 육군을 이용해 수병을 진압한 행위에 대해 분개했다. 결국 독립당은 '살인자' 사회민주당과 관여하기 싫다면서 다수파사회당과 결별했다. 스파르타쿠스단은 독립사회당과 손을 잡았지만 오래가지 못하고 다시 떨어져 나와 독자적인 조직을 만들어 독일공산당으로 명명했다.

통합 노동 정당은 붕괴했다. 대부분의 노동자들이 속해 있던 3개의 정치조직─다수파사회당, 독립사회당, 그리고 공산당은 이제 서로를 적으로 바라보게 되었다.

1919년 12월.
궁에 기관총 진지를 구축한 정부군.

백기를 들고 교섭하러 가는 스파르타쿠스단.

포격 후의 궁전 전면.

궁궐 마구간 쪽에서의 전투는 한동안 이어졌다.

골육상쟁

1919년 1월.
베를린 거리는 전쟁터로 변했다. 카를 리프크네히트의 스파르타쿠스단 노동자들과 사회민주당 정부가 소집한 군대는 격렬하게 싸웠고, 두 세력은 제각기 총파업을 선언했다.

급진파 노동자들은 반동적인 제정시대의 구 육군과 혁명 세력인 수병을 서로 싸우게 만든 사회민주당을 비난했다. 좌파 독립당을 대표하던 세 사람은 내각에서 빠졌고 그 자리는 보다 보수적인 인물로 채워졌다.

나아가 정부는 더 낮은 지위에 있던 다른 독립당 인사에게도 물러날 것을 요구했다. 사회주의자의 지도

1919년 1월 첫 주, 베를린 시내의 광경. 야만적인 싸움 끝에 노동자 수천 명이 목숨을 잃었다.

자 아우구스트 베벨의 친구로서 존경 받던 독립사회당원 에밀 아이히혼에게도 베를린 경찰청장직을 사임하라고 했다가 거부당하자 즉각 해임해 버렸다. 그러자 성난 그의 지지자들이 경찰청 본부로 밀고 들어가서, '에버트와 샤이데만의 독재'에 반대하는 대중 시위를 벌이기도 했다.

1월 5일, 독립당과 공산당은 다수파사회당 정부를 결단코 굴복시키겠다면서 베를린 거리로 나왔다. 그들은 소련 대사관에서 돈과 무기를 공급 받았다. 베를린 주재 러시아 대표 아돌프 요페는 트로츠키의 친구였고 세계 혁명을 굳게 믿는 인물이었다. 그는 독일이 소비에트국가가 되리라는 희망을 갖고 급진적 운동을 조장했다. 스스로를 공산당이라고 부르기 시작한 스파르타쿠스단은 격변의 선두에 서 있었다. 프롤레타리아 독재를 요구하는 그들은 러시아 공산당 정권과 밀착해 있었다. 울스타인, 모세, 셰를 같은 곳의 주요 신문사와 심지어 사회민주당의 기관지까지 접수한 그들은 독자적인 신문을 발행하기까지 했다.

궁지에 몰린 에버트 정부는 다시 군대에 도움을 요청하기에 이른다. 이에 사회민주당 중도파의 기둥이자 정부 각료이기도 한 구스타프 노스케가 저항세력을 조직했다. 그리고 최고지휘관 자리를 승낙한 뒤 자신만만하게 말했다. "누군가는 잔혹한 역할을 맡아야 한다. 그리고 나는 맡은 일을 함에 주저하지 않을 것이다." 그는 의용군 결성을 허가하고 퇴역 장교를 앞세워 제정시대 군대의 고참병과 탈영병을 받아들였다.

공산당과 정부군의 전투가 시작되었다. 싸움은 1월 6일에서 12일까지 7일 동안 이어졌다. '피의 스파르타쿠스 주간'이라 불리는 이 기간 중에 의용군은 '빨갱이 배신자'에게 잔인한 복수를 감행했다. 경찰청 본부를 탈환한 그들은 156명의 공산주의자들을 끌어내 죽였다. 사회민주당의 기관지 건물에서 싸우다가 항복하기 위해 건물 밖으로 나오던 사람들을 포츠담연대가 학살해 버리는 일도 생겼다. 그렇게 목숨을 잃은 혁명주의자는 1000명을 헤아렸다.

겨우 전투가 끝났는가 싶었으나, 흥분을 가라앉히지 못한 의용군 장

1919년 1월.
스파르타쿠스단과 정부군이 신문사들이 모인 거리에서 싸우고 있다. 1월 중순에 이르러 공산당 세력은 와해된다.

12월 한 달 내내 베를린에서는 장례 행렬이 일상사처럼 벌어졌다.

시가전에서 목숨을 잃은 사람들은 수많은 동지들이 관을 따라 가는 엄숙한 의식 가운데 매장되었다.

스파르타쿠스단의 지도자인 로자 룩셈부르크는 구제 군인들의 야만스러운 몽둥이에 맞아 사망했다.

1918년 12월 6일.
봉기의 첫날 살해된 혁명주의자 노동자의 장례식에서 스파르타쿠스단의 지도자 리프크네히트가 연설하고 있다. 그로부터 불과 몇 주 뒤에 그도 살해된다.

교들이 또다시 잔혹한 행위를 저질렀다. 1월 15일 저녁, 공산당 지도자인 카를 리프크네히트와 로자 룩셈부르크를 납치 살해한 것이다. 무의미하고 비열한 행위였다. 둘은 무장 봉기를 반대하고, 지지자들에게 다가올 국민의회 선거를 거부하지 말고 참여하라고 설득한 인물들이었다.

새로운 공화국에 일어난 이와 같은 정치 테러 살인은 이후 살해와 폭행이 독일 국내 정책 실행에 있어 하나의 관례처럼 자리잡는 데 길을 터주는 것과 같은 일이었다.

공산당의 봉기는 루르, 라이프치히, 함부르크, 그리고 브레멘까지 번졌다. 그리고 다시 베를린으로 돌아와 노동자 총파업이 일어났고, 또다시 노동자에 맞서 의용군이 등장했다. '도살자' 노스케는 무기를 든 자는 보이는대로 무조건 사살하라는 명령을 내렸고, 의용군은 기꺼이 그 명령에 따랐다.

봉기는 노동자 당파 간 깊고 넓은 골을 만들었다. 사회민주당 당원과 공산당 당원은 원수가 되었고, 그들 공통의 적보다 서로를 더 증오하게 되었다. 결코 풀어질 길이 없는 적대감이 공화국의 미래를 어둡게 만들고 만다.

카를 리프크네히트, 1919년 1월 15일 살해.

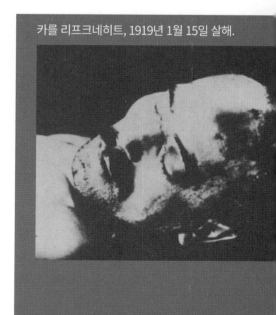

1919년 1월 19일.
군주제에서 평생을 살아온 독일인들이 구 체제의 상징인 십자가상과 황제의 흉상 아래에서 국민의회 선출 투표를 하고 있다.

전 인구의 반인 3000만 명 이상이 공화국의 첫 번째 투표일에 한 표를 행사하기 위해 나섰다. 20세 이상에게는 모두 투표권이 부여되었고, 독일 역사상 처음으로 여성에게도 투표권이 주어졌다.

투표 결과는 1150만 표 이상 득표한 사회민주당의 압도적인 승리로, 421개의 의석 중 163석을 차지했다. 이어

2개의 가톨릭당이 약 600만 표를 얻었다. (85p. 그래프에서 Z로 표시된 중앙당은 73석, 남부 지역 신자로 이루어진 바이에른인민당(BVP)은 18석). 민주당(D)은 550만 표를 얻어 75석을 차지했다. 또 독일국가인민당(DNVP)은 득표수 300만을 넘지 못해 44석을 획득했다. 독립사회민주당(USP)은 득표수 230만으로 22석, 가장 고전한 독일

공화국으로 가기 위한 첫 번째 선거

사회민주당의 지도자 프리드리히 에버트와 그의 아내가 1919년 1월 19일에 투표소에 가고 있다. 이후 구성된 국회에서 그는 독일공화국의 첫 대통령으로 선출된다.

인민당(DVP)은 160만 표로 19석을 차지하는데 그쳤다. 그 외에 우익 군소 정당(KLRP) 3석, 중도 군소 정당(KLMP) 4석이 있었다.

이 선거는 민주정치의 승리로 여겨졌다. 공화국을 이루는 3개 정당—

처음으로 여성에게도 투표가 허가되었다.

베를린의 선거운동 모습. 군용 트럭에 탄 귀환 병사들이 시내를 돌면서 관심을 보이는 시민들에게 정책 전단지를 나눠주고 있다.

악단을 동원해 행진하는 민주당 지지자들.

투표 반대 시위도 있었다. 공산당원들은 지지자들에게 투표를 하지 말라고 외쳤다. 그러나 그들의 선전은 별 효과가 없어서 그에 따르는 노동자들도 별로 없었다.

공산당의 포스터에는 선거 전에 사망한 리프크네히트가 그려져 있었다.

사회민주당, 중앙당, 민주당은 전 투표수의 4분의 3 이상을 얻어 311명의 의원을 냈다.

이 시기에 서구 민주주의 국가들이 그들의 적국이었던 나라에 도움의 손길을 뻗었더라면, 영국, 프랑스, 미국이 타당한 미래 비전을 제시하거나, 보다 관대한 강화조약을 마련했더라면, 굶주림에 허덕이는 신생 독일을 지원하기 위한 자유무역을 실시하여 경제적 자립을 이루게 했더라면, 필시 유럽에는 창창한 미래가 열렸을 것이다. 오랫동안 평화와 평온을 누렸을 터이다. 그러나 프랑스의 클레망소, 영국의 로이드 조지, 이탈리아의 오를란도와 같은 연합국 정치가들은 강화조약을 기초할 때 관대함이 아니라 보복에 중점을 두었다. 그리고 자기들의 치명적인 정책을 미국의 윌슨 대통령에게도 강요했다. 그리하여 'Big 4'는 베르사유에서 중대한 실수를 저지른다. 가

투표장 광경. 투표자들이 후보 인쇄물을 다시 확인하고 있다.

곧 수상이 될 필리프 샤이데만. 사회민주당 지도자 중 한 명인 그는 아내와 함께 베를린 외곽의 스티글리츠에서 한 표를 행사했다.

국가인민당의 포스터는 프리드리히 대왕의 프로이센 정신을 불러일으키는 것이었다.

투표를 독려하는 모습. 사회민주당은 돈과 정비된 정치조직을 갖추고 있었다. 그들의 승리는 의심할 여지가 없었다.

혹한 요구와 탐욕, 그리고 도덕적 독선을 가지고 독일을 억눌러 전쟁 행위에 대한 '대가'로 막대한 배상금을 책정한 것이다. 그들의 무자비한 태도가 아돌프 히틀러와 그의 잔혹한 국가사회주의적 독재에 길을 열어 주었고, 결국 이전에 보지도 못한 가장 참혹한 전쟁까지 일으킨다.

그러나 이것은 결과론적인 이야기이다. 만약 미래를 볼 수 있었다면 그들도 아마 다른 방법을 택했으리라.

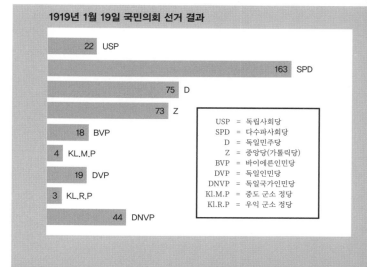

1919년 1월 19일 국민의회 선거 결과

정당	의석수
USP	22
SPD	163
D	75
Z	73
BVP	18
KL.M.P	4
DVP	19
KL.R.P	3
DNVP	44

USP = 독립사회당
SPD = 다수파사회당
D = 독일민주당
Z = 중앙당(가톨릭당)
BVP = 바이에른인민당
DVP = 독일인민당
DNVP = 독일국가인민당
Kl.M.P = 중도 군소 정당
Kl.R.P = 우익 군소 정당

바이마르 의회

3명의 핵심 정치인. 바이마르 정부의 초대 수상이 된 필리프 샤이데만, 전 워싱턴 주재 독일 대사 요한 하인리히 베른스트로프 백작, 새 헌법의 초안을 잡은 후고 프로이스 박사.

첫 의회가 열린 바이마르의 국립극장. 괴테와 실러의 동상 주변에 몰려든 사람들이 개회를 기다리고 있다.

새로운 의회. 1919년 2월 6일 프리드리히 에버트가 첫 의회에서 연설을 하고 있다.

독일의 제1회 국민의회 의원총회는 괴테와 실러의 도시 바이마르에서 열렸다.

새로운 정부의 수반 프리드리히 에버트는 개회 연설에서 독일의 패전으로 인한 경제 및 사회적인 변화에 대처하기 위해 다시 내각제로 돌아가겠다고 밝혔다. 그는 혁명 때문에 패전한 것이 아니며 휴전을 택했다고 해서 공화국이 비난 받을 이유가 없다고 강조하면서, 패배는 군부

발코니석에 기자와 방청인들이 앉은 가운데 바이마르 국립극장의 교향악단 자리에 앉은 새로운 의원들이 회의를 진행하고 있다.

정부 측 자리에는 (오른쪽부터) 필리프 샤이데만, 오토 란츠베르크 박사, 루돌프 비젤, 프로이센 수상 파울 히르슈. 오른편 통로의 맨 앞에 서 있는 것은 강화 회의의 독일 대표 브로크도르프 란차우 백작.

장성들 탓이며 막스 대공의 정부는 휴전을 하지 않을 수 없는 상황이었다고 말했다.

에버트는 독일에 가혹한 강화 조건을 제시하려는 연합국의 계획에 항의하면서 "독일 국민이 20년, 40년, 60년 동안이나 남의 나라의 노예로 살 수 없다"고 경고했다. 그는 협력을 약속하면서 새로 들어선 정권이 우호적이고 평화적임을 다른 나라에 알렸다. 그리고 윌슨 대통령의 14개 조에 입각한 강화조약과 독일의 국제연맹 가입을 주장했다.

2월 11일, 잠정적인 헌법에 따라 의회는 에버트를 공화국 대통령으로 선출했고 필리프 샤이데만이 정부 수반이 되었다. 그의 내각은 3대 정당인 사회민주당, 민주당, 중앙당의 의원으로 이루어진 연립내각이었다. 국가인민당과 독립사회당은 야당의 자리에 앉았다. 이렇게 첫 내각이 구성되고, 정부의 기능이 작동하기 시작했다.

1919년 2월 11일에 대통령으로 선출된 프리드리히 에버트(X 표시 위)가 발코니에 서 있다.

1919년 5월 1일.
정부군이 뮌헨에 진입함으로써 3주 만에 공산주의 정부가 막을 내린다.

1919년 5월 2일.
공산주의자를 진압하기 위하여 뮌헨으로 진격한 정부 측 병사가 기진맥진하여 호텔 창문 안쪽에서 낮잠을 자고 있다.

바이에른 소비에트 공화국

베를린에서 격변이 일어나기 전, 뮌헨에서는 혁명이 일어났다. 11월 7일, 바이에른 왕이 폐위되고 언론인이었던 쿠르트 아이스너가 수상이 된 것이다. 그러나 그는 정직하고 청렴하기는 했으나 정치적 지도력은 없는 인물이어서 잘 된 선출이라 말하기는 어려웠다. 그의 지지자는 급속하게 줄어들어서 1919년 1월 12일

1919년 5월 1일.
마지막 전투. 한 여성이 집까지 무사히 달려 갈 수 있을까 하고 방어울타리 너머를 훔쳐보고 있다.

의 총선에서 그와 그의 동료들은 3석밖에 얻지 못했고 보수적인 바이에른인민당은 66석을 차지했다.

2월 21일에 이르러서는 사직서를 들고 주의회 개원식에 가던 아이스너를 젊은 국수주의 장교 아르코 팔라이 백작이 총으로 쏘았다. 베를린에서 카를 리프크네히트와 로자 룩셈부르크의 살해 후 고작 며칠 뒤에 일어난 이 암살은 대중의 분노를 샀다. 노동자 · 병사 · 소작농 중앙평의회가 권력을 장악하고 뮌헨에 계엄을 선포했다. 3월 17일에는 의회가 다시 열려 사회민주당의 요하네스 호프만을 수상으로 선출한다. 그런데 4일 뒤에 헝가리에서 공산주의 정부가 정권을 잡았다는 소식이 들리

1919년 2월.
바이에른 정부의 수상. 쿠르트 아이스너(가운데)가 젊은 백작 아르코 팔라이에 의해 암살되면서 바이에른소비에트공화국으로 흐르게 된다.

1919년 5월 2일.
한 정부군 병사가 뮌헨의 막스 요셉 광장을 가로질러 체포한 공산주의자들을 데려 가고 있다. 양쪽 모두 만행을 저질렀는데, 공산주의자들은
인질을 살해했고 '해방자'들은 공산주의 동조자들로 보이기만 해도 죽여 버렸다.

자, 진보적 지식인들이 공산주의자 정부를 만들어 바이에른소비에트공화국의 설립을 선언했다. 수상 호프만과 각료들은 도망가고 도시는 공산주의자의 차지가 되었다.

며칠 뒤에 낭만적 혁명주의자인 젊은 시인 에른스트 톨러가 정부를 이끌지만 1주일도 안 되어 또 다시 러시아가 낳은 공산주의자들에게 쫓겨나고 만다. 23세의 수병 루돌프 에겔호퍼가 지휘하는 혁명군은 애초에 노동자나 실업자, 부랑자로 이루어져 있었고 곧 아무 규율도 없는 무

리로 바뀌었다. 은행을 습격하고 민가를 약탈하며 재산을 빼앗았다.

이즈음 밤베르크에 망명해 있던 호프만 정부가 공산 정권에 대항하기 시작했다. 뮌헨으로 행군하던 호프만의 군대가 다카우에서 공산주의자들과 충돌하여 패배하게 되자, 호프만은 베를린 정부에 의용군을 요청했다. 이에 의용군이 급파되었는데, 그들은 목적지로 가는 도중에서부터 믿을 수 없을 정도로 잔인한 행동을 저질렀다. 자기들

공산주의자들의 파괴로 어지럽혀진 경찰청.

인질들이 사살된 체육관의 벽.

1919년 5월.
시내를 장악한 의용군. 무장한 향토의용군들이 뮌헨 시내를 순찰하며 질서 회복에 나섰다.

공산주의자 프리츠 자이델은 재판 없이 시민 인질들을 처형한 죄로 체포되어 사형 당했다.

에게 거역하는 자는 모조리 사살했고, 52명의 러시아 전쟁 포로와 한 집단의 위생병까지 살해한 것이다. 이에 공산주의자들도 보복에 나서 인질로 잡고 있던 국수주의 및 반유대주의 모임 툴레협회 회원을 사살해 버렸다.

1919년 5월 1일 '해방군'이 사방에서 뮌헨으로 치고 들어와 숱한 사람들을 죽였다. 수백 명의 공산당 전투원은 물론이고, 이미 항복한 사람들을 죽이기도 했으며, 심지어 충동적으로 공산당과 무관한 가톨릭 성 요셉 클럽 회원 22명을 학살하기도 했다.

이러한 피와 폭력의 날들은 뮌헨에 두고두고 큰 상처로 남는다. 공산당의 지배는 공산주의에 대한 증오를 초래했고, 많은 공산주의 지도자들이 유대인이었다는 이유로 반유대주의의 불길이 솟아오르게 된다.

바이에른 전체가 우익으로 돌아섰고, 혼란의 와중에는 뮌헨의 군 막사에서 잠잠하게 지냈던 히틀러가 나중에 이 상황을 이용하게 되는 것이다.

뮌헨에 들어서는 정부 측 의용군.

'해방군'에 경례하는 파우펠 중위.

강화조약

클레망소에게 47년 동안 기다리던 시간이 찾아왔다. 젊은 시절이던 1870년에 조국 프랑스의 붕괴와 독일의 승리를 보아야 했던 그가 복수할 때를 맞은 것이다. 그가 회담 석상에서 연설을 마치자 강화조약이 담긴 두꺼운 서류가 독일 대표단에게 건네졌다. 독일 측은 조건에 대해서 언급을 하거나 논의를 하는 것조차 허락되지 않았고 오직 서면으로만 응답할 수 있었다. 강화조약 초안 작성에도 승자들만 참여했고 독일은 제외되었다.

'평화 중재자'의 주요 목적은 독일의 군국주의가 두 번 다시 일어날 수 없도록 짓밟아 놓는 데 있었다. 독일 육군은 10만 명으로 줄이고 참모본부를 해체시켜 모든 전쟁 능력을 박탈하고자 했다. 독일은 군용 비행기, 장갑차, 잠수함을 보유할 수 없었고 해군과 상선단도 대폭 축소하지 않으면 안 되었다.

영토 부분에 대해서도 서부의 알자스-로렌을 프랑스에 인도하고 라인 지방을 비무장지대로 둘 것을 요구했다. 프랑스는 귀중한 광산과 함께 자르 지방을 15년 간 점유하게 되었는데, 이는 라인 서쪽까지 포함되는 것이었다. 동부로는 슐레지엔 북부를 폴란드에 인도함(이 조항은 나중에 수정됨)과 동시에 프로이센 서부와 포즈난 대부분을 포기해야 했다. 또한 그다니스크(단치히)는 자유도시로 하고, 메멜 항은 리투아니아에 병합시키며, 아프리카에 있는 모든 식민지도 내놓게 되었다.

독일은 7만 평방킬로미터의 영토와 함께 그곳에 사는 600만의 주민을 잃게 되었지만 본토의 분할까지는 요구하지 않았기에 생각보다 가혹한 조건은 아니었다. 그러고서도 독일은 유럽에서 러시아 다음으로 큰 나라로 남을 수 있었던 것이다.

1870년의 전쟁 후, 비스마르크가 프랑스에 50억 프랑의 배상금을 물게 한 일을 기억하는 78세의 클레망소는 독일로 인해 생긴 전쟁 피해 일체를 독일이 갚아야 한다고 고집했다. 1년 뒤인 1920년, 연합배상위원회는 1320억 골드마르크를 독일에 배상시키기로 결정한다.

Photo : ABC

베를린을 출발해서 베르사유로.
출발지인 포츠담 역의 독일 협상단 단장 울리히 폰 브로크도르프 란차우 백작(가운데 카메라를 향한 사람).

Photo : Henri Manuel

클레망소의 말을 듣는 베르사유 궁전의 독일 협상단을 창 밖에서 찍은 사진. 프랑스의 늙은 정치인이 연설을 마치자 조약 초안이 독일인들에게 건네졌다.

1919년 5월 7일.
6명의 독일 협상단이 베르사유의 트리아농 펠리스 호텔을 나서는 모습. 왼쪽에서부터, 프로이센 국회의 사회민주당 당수 로버트 라이네르트.
함부르크의 막스 바르부루크 은행 공동 경영자이자 협상단의 재정 전문가 카를 멜히오르. 체신장관이며 기독노동자운동의 지도자 욘 기이스
베르츠. 외무장관이며 협상단 단장인 브로크도르프 란차우 백작. 법무장관 오토 란츠베르크 박사. 민주당 국회의원이며 국제법 전문가인 발터
쉬킹 박사. 그리고 협상단 고문이며 외무부 차관인 발터 지몬스 박사가 있었지만 사진에는 들어가 있지 않다.
조약은 연합국이 비밀 회의를 통해 협상한 것이어서 독일 협상단은 공식적으로는 그 내용을 모르는 것으로 되어 있었다. 그러나 독일은 언론
이나 정치적 채널을 통해 내용을 듣고 그에 대한 준비를 한 상태였다.

조약 체결

조약 복사본이 베르사유 궁으로 들어가고 있다.

Painting by William Orpen

베르사유 협의회의 헤드테이블.

1919년 6월 28일.

클레망소는 독일이 어떤 수정 요청이나 반대 제안을 내놓든 간에 무시해 버리고 독일은 조약에 서명이나 하라고 우겼다.

베를린의 의회에서는 모든 당이 서명에 반대했다. 하지만 사실 그들이 할 수 있는 것은 하나도 없었다. 중앙당의 지도자 마티아스 에르츠베르거는 조약의 조항들이 가혹하기는

1871년 독일제국의 성립을 포고한 베르사유 거울의 방에서 독일 대표가 패배를 승인하는 조약에 서명을 했다.

하지만 받아들일 수밖에 없다고 동료 설득에 나섰다.

6월 23일, 기한 만료 몇 시간을 남긴 상태에서 중앙당과 민주당의 일부 의원들이 끝까지 반대하는 가운데 독일국가인민당과 독일인민당의 찬성표로 국회에서 조약이 승인되었다.

조약 조인식은 1871년에 비스마르크가 독일제국 성립을 선언했던 베르사유 궁전 거울의 방에서 이루어졌다. 프랑스의 복수가 이루어진 것이다. 알자스-로렌은 다시 프랑스의 것이 되었다. 행복한 하루를 보낸 클레망소는 "아름다운 날이다(Une belle journée)"라고 외쳤다.

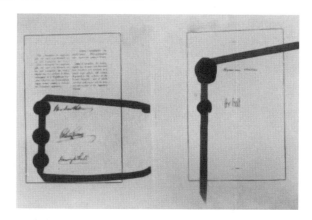

조약의 서명. 미국 측에 윌슨 대통령, 로버트 랜싱, 헨리 화이트. 독일 측에 뮐러, 벨 박사.

1919년 5월 12일.
베를린대학에서 열린 국민의회에서 수상 필리프 샤이데만은 "이 족쇄를 벗어 버리지 않는다면 우리의 손발은 말라비틀어질 것입니다"라고
연설했다. '정부는 이 조약을 받아들일 수 없다'고 반대를 밝힌 샤이데만은 사임한다. 그 뒤를 이어받은 구스타프 바우어 내각은 '명령 받은 평
화'를 마지못해 받아들일 수밖에 없었다.

조약에 대한 반대

베를린의 학생 단체들이 '굴욕적 평화'에 항의했다.

베르사유조약 중 전쟁범죄를 규정한 231항은 전쟁 책임이 독일에 있다고 밝히고, 228항에서는 "전쟁에 있어 법률과 관습에 반하는 행위"에 대해 독일을 처벌할 것을 요구했다. 이에 독일 모든 도시와 마을에서 항의집회가 벌어졌고, 나라 전체가 한탄에 빠져 극장과 영화관이 문을 닫을 정도였다. 조약 내용은 윌슨 대통령이 내세운 14개 조와 현저히 달랐다. 독일 사람들은 전쟁에서 패배한 이후 아

1919년 6월.
윌슨 대통령의 제안에 대해 "14개 조 이외에 어떤 것도 인정할 수 없다"는 답변을 적은 현수막이 베를린 전승기념탑에 내걸렸다. 애초에 윌슨은 14개 조를 제안하면서 "병합되지 않을 것이며, 배상도 없을 것이며, 징벌적 손해도 가하지 않을 것"이라 말했다. 그러나 강화 회담이 진행되면서 그의 제안은 변했고, 독일인들은 배신당했다고 느꼈다.

무 방도도 없었고, 군 최고사령부는 자신들이 휴전을 주장했음에도 불구하고, 조약을 보고서는 윌슨 대통령의 약속을 믿고서 무기를 내려놓았는데 사실은 속았다고 느꼈다.

외무장관이기도 했던 샤이데만에게 있어서 조약은 "실행할 수 없고, 참을 수 없고, 파멸적인 것"이었고, 그래서 서명하려 들지 않았다. 의회에서는 "이 족쇄를 벗어 버리지 않는다면 우리의 손발은 말라비틀어질 것입니다"라고 통렬하게 연설했다.

여전히 최고사령관으로 남아 있던 힌덴부르크는 "치욕적 평화보다는 명예로운 패배"를 시사했으나, 만일 그 어머어마한 말대로 했다면 독일은 혼란에 빠지는데 그치지 않고 해체되고 말았을 것이다.

독일어를 사용하는 지역인 알자스 – 로렌의 상실에 대한 항의 집회.

바이마르헌법

국민의회는 1919년 2월 6일 바이마르에서 개최되었다. 5일 뒤에 의회는 프리드리히 에버트를 대통령으로 선출했고, 2월 24일에는 후고 프로이스 박사가 새 헌법의 초안을 제출했다.

영민한 학자이자 베를린상업대학 헌법학 교수인 프로이스는 좌파에 속하는 자유주의 신조를 갖고 있었으며, 프로이센의 스타인 남작과 그의 개혁을 지지했다. 국민당 당원들은 그가 자유주의자일 뿐 아니라 유대인이라고 해서 의혹의 눈길을 보내고 있었다. 그는 전쟁이 벌어진 직후에 발간한 저서 《독일 국민과 그 정치》에서 전쟁으로 인해 독일은 전제제도에서 벗어나 민주주의로 향할 것이라고 시사한 바 있고, 전쟁 중에도 헌법의 수정 및 개혁을 주장하면서 1917년에는 자기의 생각을 정리한 비망록을 수상 베트만 홀베크에게 제출하기도 했다.

독일이 민주 헌법을 가지려면 '연방 중앙정부와 그 구성 국가 간 힘의 균형' 문제를 풀어야 했는데, 이는 국가 성립 이래 계속 품고 있던 문제였다. 한때 비스마르크가 그 해답을 발견한 것처럼 보이던 때도 있었다. 그는 독일 각 나라의 왕들이 민중과 국가를 연결하는 '불가결한 고리'라고 믿었지만 전제제도가 무너지면서 비스마르크의 구상 또한 쓸려 나가 버렸다. 연방 구성국의 각 정부는 왕과 같은 특권의식을 가지고 있었다. 바이에른은 청색과 백색이 그려진 국기를 고집했고, 프로이센은 손에 쥔 기득권을 내놓을 마음이 전혀 없었다.

반면 프로이스 박사는 강력한 중앙정부를 지향했다. 그는 미래의 독일공화국에 있어서 프로이센에게 별개의 권력을 준다는 것은 시대착오라고 보았다. 1919년 1월 초, 프로이스의 첫 헌법 초안이 공표되자 북새통이 벌어졌다. 우파에서 좌파까지 모든 당들이 프로이스가 제안한 통일정부를 강력하게 비난했다.

국민의회는 초안을 위원회에 넘겼다. 위원회는 181개의 조항을 하나씩 하나씩 각 두 번이나 토의하는 세심한 검토를 진행하느라고 모든 일을 마칠 때까지 무려 5개월이나 걸렸다. 각 쟁점마다 뜨겁고도 큰 규모의 논쟁이 벌어졌다. 작위 호칭을 없애고 귀족의 명령을 금지하는 조항은 항의의 눈사태를 불러 일으켜서 앞으로는

Herr(Mr)*나 Frau(Mrs)*도 붙이면 안 되는 거냐는 소리까지 나왔다. 또한 국기 색깔에 관한 조항은 사람들의 감정적 반응을 불러일으켰다. 자유주의자들은 1848년의 혁명 때 사용한 흑색 적색 금색의 국기를 원했고, 우파는 구 독일제국의 흑색 백색 적색의 국기를 원했다. 결국 타협 끝에 국기에는 흑색 적색 금색을 쓰고, 상선에는 흑색 백색 적색 깃발을 쓰는 것으로 마무리되었다.

"혈통이 단일한 독일 국민은 국가를 자유롭고 정의롭게 개선하여 이를 공고히 하며 국내 및 국외의 평화를 보호 및 유지하고 또한 사회의 진보에 앞장서겠다는 강한 의지를 담아 이 헌법을 제정한다"는 새로운 헌법 전문은 미국 헌법 구절과 애매하게 비슷했다. 또한 '독일제국은 공화국이다. 국가권력은 국민으로부터 나온다', '입법부는 양원제로 하되, 연방국회는 비례대표로 선출하고 연방참사원은 주정부의 대표로 구성한다', '국민 의지의 최종적인 표시와 입법의 최고 권력은 국회에 귀속한다', '대표는 비례제에 기본을 두며 선거 때에는 당을 선택할 수 있다' 등의 내용이 명시되었다.

프로이스는 연방대통령의 권력을 미국보다는 프랑스의 대통령과 비슷한 쪽으로 구상했고, 최고재판소도 만들었다.

이러한 헌법은 미국 헌법뿐 아니라 서유럽의 의회제도를 표본으로 삼은 것이었다. 그러나 미국에는 사실 2개의 강력한 정당이 있고, 그것이 헌법의 성공적 실천에 근본이 되는 것이었는데, 그러한 사실에는 주의를 기울이지 않았다.

프로이스의 구상은 민주적이며 중앙집권적인 독일연방이었다. 그것은 주(Land)들로 구성된 단일 연방국가였다. 국방은 연방정부의 절대 관할 하에 놓고, 각 주는 주 의회 독자의 기능을 유지하면서 법과 질서의 유지, 지방행정과 교육을 관리하도록 했다. 공화국 재정은 중앙집권으로 하되, 주는 국가정책에 대한 경제적 부담을 줄였다. 또한 전국경제회의를 만들어 사회 및 경제와 관련한 정부 입법의 초안을 검토하게 했다.

투표권은 20세 이상의 남녀 모두에게 평등하게 주어졌는데, 이 제도는 나중에 오히려 반민주주의적인 것이 되

제1조
독일연방은 공화국이다.
국가권력은 국민에게서 나온다.

제109조
모든 독일 국민은 법률 앞에
평등하다.

제48조
각 주(Land) 중에 연방의 헌법 또는 법률에 의하여 부여된 의무를 이행하지 아니하는 자가 있을 때 대통령은 병력을 사용하여 그 의무를 이행시킬 수 있다.
연방에 있어서 공안의 안녕질서에 중대한 장해가 발생하거나 또는 발생할 우려가 있을 때에는 대통령이 공공의 안녕질서를 회복하는 데 필요한 조치를 하고 필요할 시 병력을 사용할 수 있다. 이 목적을 위하여 대통령은 일시적으로 제114조 제115조 제117조 제118조 제123조 제124조 및 제153조에 정한 기본권의 전부 또는 일부를 정지할 수 있다.

제114조
개인의 자유는 침해되지 아니한다. 공적 권력에 의하여 개인의 자유를 침해하거나 박탈함은 오직 법률에 정한 경우에만 할 수 있다.

제117조
통신의 비밀과 우편, 전신 및 전화의 비밀은 침해되지 아니한다.

제119조
혼인은 가족생활 및 민족 보존과 증식의 기초이므로 헌법의 특별한 보호를 받는다. 혼인은 남자와 여자가 동등의 권리를 가지는 것을 기본으로 한다.

제22조
의원은 보통·평등·직접·비밀선거에 의하여 비례대표의 원칙으로 만 20세 이상의 남자 및 여자가 선거한다.

1919년 8월 11일에 채택된 181개 조항의 바이마르헌법 중 일부.

어 버리기도 한다. 히틀러가 선거에 나섰을 때, 공공연하게 여자들은 부엌에나 있어야 한다고 했던 히틀러에게 독일 여성들이 앞장서서 표를 주는 현상이 벌어졌던 것이다.

헌법 최종안의 통과는 8월 11일로, 이 날은 나중에 헌법의 날로 지정된다. 사회민주당, 중앙당, 민주당이 찬성 262표를 던졌고, 국가인민당, 독일인민당, 좌익인 독립사회민주당이 합계 75표로 반대를 표명했다.

나중에야 깨닫게 되지만, 이 헌법의 가장 큰 문제는 너무나 긍정적인 형태였다는 데 있었다. 혁명시대에 탄생한 이 헌법에는 장래에 일어날 우발적 상황에 대한 아무 준비가 없었다. 긴급 상황에서 대통령이 수상의 통치를 인정할 수 있게 한 48조를 만들어 놓고서는 장래에 있을지도 모를 권한남용에 대한 안전책은 마련되어 있지 않았다. 실제로 나중에 힌덴부르크 대통령은 이 조항에 근거하여 브뤼닝과 파펜에게 국가통치를 맡겼고, 또한 수상이 된 히틀러의 통치를 거부할 수도 없었다. 48조를 교묘하게 악용한 히틀러는 의회에서 다수를 차지하지 않고서도 독일을 통치할 수 있었고, 나아가 헌법 전체를 마음대로 해석할 수 있었다.

린츠 출신의 약사.

중개인 하네스.

쾰른 출신 열쇠공.

미술상 잠 잘츠.

독일 사람들

독일인이란 무엇일까? 독일인은 여타 인간과 다르다고 할 수 있을까? 독일인에게는 눈이나 손, 내장기관, 몸통, 감각, 열정 같은 것이 없을까?

1920년대에 아우구스트 잔델은 동료들을 사진에 담아 그들의 인생에서 명확한 특징을 뽑아내 남겨 주었다. 그의 카메라는 황제 빌헬름 2세 치하에서 자라 제1차 세계대전과 혁명을 거쳐 이제는 공화국에 사는 사람들을 찍었다. 그들의 얼굴에는 "Deutschland, Deutschland über alles"(독

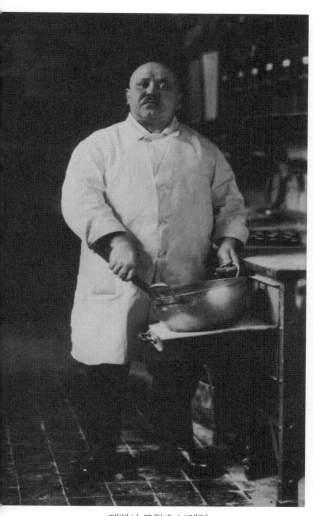

제빵사 프란츠 브레머.

Photographs by August Sander taken in the twenties

베스터발트 출신 교사.

일국가 가사 중, '세계에 군림하는 독일'이라는 뜻)*가 그대로 드러나며, 독일의 인종적 우월성에 대한 확신이 비친다. 이제 바이마르공화국의 시민이 된 그들 중 일부는 국가적 자부심을 갖고 통일에 대해서 장황하게 떠들면서, 군대는 전쟁에 진 것이 아니라 정치가와 사회주의자들에게 배신당했을 뿐이라고 주장하는 오스트리아 상병의 말에 공감했다.

　어느 국민이든 실패는 떠올리기도 싫기 마련이다. 독일인들은 기억 속에서 굴욕을 지워 버리고 패배의 책임을 덮어씌울 희생양을 찾아내게 된다.

뉘른베르크 출신 학생.

대의원 요하네스 슈어러.

좌파 투쟁

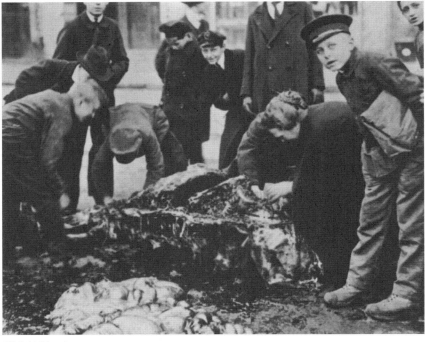

1919년 여름.
분열된 도시의 굶주린 사람들이 사회주의자와 정부군 간 전투에서 죽은 말의 시체에까지 달려 들었다.

1919년 7월.
포츠담 광장에서 벌어진 운수업자들의 파업.

사회민주당은 노동자 정당이었다. 당원은 혁명가가 아니라 법을 준수하는 소시민들이었다. 그들은 보다 나은 노동조건, 보다 많은 임금, 8시간 노동을 바랐지 계급투쟁이나 프롤레타리아독재를 바란 것은 아니었

헌법이 제정된 후에도 정부군과 급진 노동자 간의 시가전은 계속 되었다.

다. 좌익인 스파르타쿠스단과 독립사회당만이 혁명에 대한 열정을 품고 있을 따름이었다.

혁명적인 사회 이슈 중 하나는 국회에 제출된 공장위원회 법이었다. 위원회 대표가 이사회에 참석하거나 장부를 열람하는 것을 바라지 않았던 경영자들은 그 법안에 강력 반대했고, 그 위원회가 회사의 노동조합으로 변하는 것을 염려한 독립사회당도 법에 반대했다.

베를린 거리는 시위와 충돌이 연일 이어졌다. 국회에서 그 법안에 대해 두 번째 심의를 하던 날에는 경찰과 대치하던 42명의 노동자가 살해되는 사태까지 벌어졌다. 이에 정부가 국가비상을 선언하면서 또 다시 '도살자' 노스케가 군대를 일으켜 노동자들과 맞섰다.

1921년.
베를린 교외의 비행기 묘지. 베르사유조약은 독일의 군용기 보유를 불허했기 때문에 모든 비행기를 부숴야 했다. 연합국이 허락한 것은 오직 민간용 비행기뿐이었다.

전쟁은 이제 그만!

강화조약에 담긴 군사 관련 조항은 너무 엄격해서 그대로 받아들이기 어려웠다. 육군을 10만 명으로 줄이고 모든 전쟁무기를 금지하라는 것에 대해 독일은 반발하고 나섰다. 조

독일 육군은 10만으로 줄여야 했다.

독일의 징병제는 폐지되었다.

붉은 철십자가 그려진 쌍엽기들은 불태워졌다. 연합국 감사위원들은 조약이 제대로 지켜지는지 감독했다.

건을 수정해 달라는 요청을 연합국이 받아들이려 하지 않자 독일은 소련으로 눈을 돌렸다. 그리하여 독일은 시대에 뒤떨어진 소련의 붉은 군대를 재편성해주고, 대신 러시아 국내에서 비행기 및 전차를 생산하고 독일인 비행사 훈련을 허락한다는 비밀협정을 맺을 수 있었다. 두 나라는 쌍방 모두 그 합의에 만족했다.

조약에 따라 독일은 잠수함과 전차도 보유하면 안 되었다.

모든 총기를 내놓아야 했다.

1920년 11월 8일, 국민의회가 독일 패전의 이유를 찾기 위해 만든 조사위원회에 나가 증언을 마친 힌덴부르크 장군. 그는 질문에는 대답하지 않고 준비해온 성명서만 읽었는데, 거기에서 군부를 옹호하는 한편 군 지도부를 팔아먹고 배신했다면서 정당들을 비난했다. 힌덴부르크는 "어떤 영국 장군이 말하길, 독일군은 전쟁에서 진 것이 아니라 등 뒤에서 찔린 거라고 했다"는 말을 지어냈고, 그 언급을 우익 정치가들은 근거도 따지지 않고 그저 끝없이 반복해 떠들었다. 그리하여 수백 만의 독일인들이 '등을 찔렸다'는 전설을 믿게 되고 만다.

"등 뒤에서 찔렸다"

국민의회는 패전의 원인을 규명하고 책임을 밝히고자 위원회를 만들었다. 위원회에 출두한 힌덴부르크 장군은 "어떤 영국 장군의 말에 의하면, 독일군은 전쟁에서 진 것이 아니라 등 뒤에서 찔린 것"이라고 말했다. 그 영국 장군이 누구인지는 끝내 밝히지 않았고, 프레드릭 모리스 경과 닐 말콤 경의 이름이 소문에 올랐을 뿐이다.

그러한 근거 없는 말을 내놓은 사람이 1918년 8월 14일에 전쟁에 승산이 없음을 인정하고, 1918년 10월 25일에는 휴전 말고는 영웅적인 몰락 밖에 없다고 밝혀 전 국민을 놀래게 한 힌덴부르크 본인이라는 사실은 흥미롭지 않을 수 없다. 전쟁 중일 때는 '등을 찔렸다'는 기색을 전혀 보인 바 없던 그가 그런 말을 한 것은 패전하고 1년이나 지난 뒤였다. 우익인 국가인민당은 그 말을 기쁘게 받아들였고, 공화정부를 공격하기 위한 표어로 '11월의 범죄자들'을 내세우게 된다.

운명적 재판

시간이 갈수록 열렬한 국가인민당원인 카를 헬프리히와 가톨릭중앙당의 대표 마티아스 에르츠베르거의 사이는 점점 더 나빠졌다. 1917년에 국회에서 평화 결의안을 의결시켰고 1919년에는 최고사령부의 요청에 따라 연합국의 강화조약에 서명을 했던 에르츠베르거는 헬프리히의 뒤를 이어 재무장관이 된 인물이었지만, 헬프리히는 에르츠베르거에 악의를 품고 있었다.

그들의 대립은 1920년 초의 유명한 명예훼손 재판으로 이어졌다. 재판 결과 에르츠베르거는 내각에서 물러나야 했고, 그의 정치생명도 끝난 것으로 여겨졌다. 그런데도 국가인민당은 만족하지 않았다. 다음 해, 에르츠베르거가 다시 정치활동을 시작하려 하자 국가인민당에 속한 우익 테러단의 두 장교가 그를 살해하는 사건이 벌어진다. 국가인민당을 비롯한 우익들이 독일 항복의 책임자라고 비난해 왔던 인물을 끝내 '처벌'한 것이다.

마티아스 에르츠베르거 (1875~1921).
바이마르공화국의 재무장관으로서, 헬프리히 박사가 신문 논설을 이용해 공격하자 그에 맞서 명예훼손 소송을 제기했다. 법정은 헬프리히 박사의 규탄 내용을 대부분 인정했고, 그로인해 에르츠베르거는 사임한다. 그리고 고작 1년 뒤에 살해된다.

카를 헬프리히 박사(1872~1924).
제정시대의 재무장관을 역임한 에르츠베르거를 원수처럼 여겨서 "역대 재무장관 중에서 가장 무책임하다"라고 말하기도 했다. 그가 〈크로이츠자이퉁〉에 쓴 논설은 엄청난 비난을 사기도 했으나 끝내 승리를 거둘 수 있었다. 그러나 그도 3년 뒤에 열차 사고로 사망한다.

살아남기 위하여

식량은 부족했고 일자리는 더욱 부족했다. 느리지만 단계적으로 연합국의 봉쇄가 풀리기는 했지만 외국에서 들어오는 식량은 너무 적었다. 전쟁으로 독일의 생산능력은 파괴되었고 매서운 겨울은 비참함을 더 비참하게 만들었다.

돈의 가치가 떨어져서 패전 1년 뒤의 마르크는 1914년 기준 5분의 1 가치밖에 안 되었다. 급속한 인플레는 사

석탄을 주우러 나온 베를린 시민들.

람들의 저축을 파탄에 이르게 만들었다. 생필품 구입, 질병, 또는 노후를 대비해 돈을 저축해 두었던 사람들은 고생해서 모은 돈의 가치가 바닥으로 떨어지는데도 어쩔 도리가 없었다. 마르크의 가치가 떨어짐에 따라 버터나 빵한 덩이의 값이 천문학적으로 치솟았고, 저축을 날려 버린 소규모 투자가들은 투자 수단도 생활 수단도 없는 꼴이 되었다.

이윽고 소규모 투자가나 연금 생활자를 비롯한 모든 중산층이 극심한 곤궁을 조금이라도 덜어 보고자 음식이나 땔감을 얻기 위해 도시를 떠나 교외로 나갔다. 소지품도 내다 팔기 시작해서 은식기, 보석, 심지어 낡은 깡통까지도 팔아치웠다. 그들의 생각과 화제는 오로지 먹을거리뿐이었다. 운이 좋은 일부 가정은 창고에서 돼지를 기르거나 마당에서 닭을 길러 잡아먹기도 했지만 대부분의 사람들은 굶주림에 시달렸다. 개먹이용 비스킷을 파는 가게라도 있으면 그것이라도 사려고 긴 줄을 섰다. 사람들은 먹을 수 있는 것이라면 무엇이든 먹었다. 말고기는 진귀한 요리가 되었고, 감자는 사치스러운 식품이었다.

중산층 주부들은 남편과 함께 교외에 나가 땔감을 주워 와 베를린에서 생필품과 교환했다.

Photo : Willi Ruge

불구로 돌아온 병사가 동냥을 하는 것은 시내 곳곳에서 흔히 볼 수 있는 모습이었다.

어디에도 구원의 손길이 없었고, 독일은 아사자로 가득한 거대한 수용소로 변해갔다. 전쟁이 끝난 이후의 비참함은 도무지 끝이 보이지 않았다. 사람들은 고난을 참았다. 참는 수밖에 달리 도리가 없었다. 그러나 가슴속 깊은 곳에서는 국민을 도우려 들지 않는, 어쩌면 도울 능력이 없는 정부에 대한 분노가 솟아오르고 있었다.

독일인들은 왕년의 시대를 떠올렸다. 황제 밑에서는 먹을 것이 충분했고 질서도 있었고 길거리에서 끊임없이 싸움이 벌어지는 일도 없었던 것이다. 현재의 상황이 패전 때문이며, 그 패전의 책임은 신생 공화국의 민주 정부가 아니라 황제와 그의 장군들에게 있다는 사실을 받아들이기 어려웠다. 복수할 날을 노리던 국수주의 조직들은 사람들의 불만에 부채질 하고 불평을 불러 일으켜 자기들 편으로 끌어들이려고 획책했다.

카프 폭동

탄생한지 불과 16개월 밖에 안 된 공화국은 아직 젖먹이나 다름없었지만 외국뿐 아니라 국내에서조차 많은 적에 포위되어 있었다. 우익 정치가, 의용군 지도자, 거기에 국방군 장교들까지 정부를 뒤집을 시기가 왔다고 생각했다. 밖으로는 강화조약에 따라 육군을 10만으로 줄이고 황제와 장군 그리고 휘하 장교 수백 명의 '전쟁범죄자'를 법정에 세우라는 압박을 받고 있었다. 군부에는 비상이 걸렸다. 만약 정부가 연합국의 요구 중 일부라도 받아들여서 4만 명의 병사와 2만 명의 장교를 해산시켜 버린다면 그들은 앞으로 무슨 일을 해서 먹고 살아야 한다는 말인가?

그러나 정세는 이미 그렇게 흘러가고 있었다. 정부가 해산에 착수한 의용군에 속한 병사들은 불안에 떨었다. 의용군은 이제 돈이 들뿐만 아니라 공화국의 적이었다.

발터 폰 뤼트비츠.
베를린 지역 군 사령관인 그는 전후에 대해 불만을 품은 여러 장군 중 한 사람으로 군부 독재를 획책했다.

소란 속의 베를린

1920년 3월 15일.
"정지! 안 그러면 발포한다"라는 팻말이 베를린 교차로에 세워졌다.

반란군 병사들이 왕정시대의 깃발을 펼쳐 들고 있다.

브란덴부르크 문에서 멀지 않은 운터 덴 린덴에 구축된 포대.

헤르만 에르하르트 단장.
악명 높은 의용군 지도자인 그와 그의 여단은 바이에른 공산당의 반란을 진압하는데 결정적인 역할을 했다.

육군 참모총장 젝트 장군(오른쪽)과 블롬베르크 장군.

1920년 3월 15일.
프랑크푸르트 거리의 시가전.

빌헬름 거리의 바리케이드.

국방장관 구스타브 노스케는 베를린 지구 사령관 뤼트비츠 장군에게 휘하 의용군을 해체하라는 명령을 내렸다. 그 중 하나는 악명 높은 에르하르트 여단이었다. 그들은 북부 슐레지엔에서는 폴란드군과 싸웠고 베를린에서는 공산당원과 싸운 군대로서 사회민주당 정부와 공화국에 대해 깊은 적개심을 품은 자들이었다. 영광스런 국군과 구 체제의 부흥을 꿈꾸던 에르하르트 여단 병사들은 일자리를 잃을지도 모른다는 불안 속에서 정부를 무너뜨릴 폭동을 꾸몄다. 폭동에 불을 댕긴 것은 3월 12일에 판결된 헬프리히-에르츠베르거 재판 결과였다. 그것은 구 체제의 승리이자 공화국의 명백한 패배였다. 반동적인 세력에게는 좋은 작전도 없었고 준비도 잘 되어 있지 않았지만 당장에라도 정부를 뒤엎으러 뛰쳐나갈 기세만은 등등했다.

판결이 공표된 날 저녁, 뤼트비츠와 에르하르트는 되베리츠 병영에 있던 병사를 24마일(약 40킬로미터)* 떨어진 베를린을 향해 이동시켰다.

에버트 정부는 육군 참모총장 젝트 장군에게 도움을 요청하지만, "국방군이 국방군을 쏠 수는 없다"고 거절당한다. 젝트 장군의 공식 회고록에는 그러한 대답이 실려 있으나, 장군을 아는 사람들은 그가 그런 말을 했을 리 없다고 부정하기도 한다. 어쨌든 국방군이 '침략자'에 맞서 움직이지 않았음은 분명한 사실이다.

아무 보호도 받을 수 없는 상태에서 반란군에게 인질로 잡힐 것을 염려한 정부는 베를린에서 드레스덴으로 도망쳐 총파업을 도모했다.

3월 13일 아침, 일단의 반란군이 베를린 중심지인 관청가로 쳐들어왔

1920년 3월 17일.

Ufa Newsreel

폭도들의 마지막 소행. 4일 간에 걸친 카프 폭동의 마지막 날인 3월 17일, '국가인민당의 수상 카프'가 패배하고, 베를린에서 떠나라는 명령을 받고 철수를 시작한 에르하르트 여단은 브란덴부르크 문에서 그들을 조롱하던 군중을 향해 기관총을 들이대 아무 죄 없는 수십 명의 시민을 죽였다. 무의미한 학살로 폭동에 종지부를 찍은 것이다. 우익의 야망은 노동자들의 총파업으로 좌절되었다.

다. 뤼트비츠 장군 휘하 반란군은 별다른 저항 없이 수상 관저 및 여타 관청을 점령했다. 건물 벽마다 에버트의 사회민주당 정부는 해체되고 볼프강 카프 박사가 새로운 공화국 수상이 되었음을 알리는 포스터가 붙었다. 카프는 동프로이센 지방관료 출신으로 비교적 평범한 우익 정치인에 지나지 않았다.

반란군은 정부가 쓰러졌다는 공고를 믿었고; 그것으로 만족했다. 막연하게 국민의 지지를 기대했던 그들은 아무 계획도 세워 둔 것이 없었다. 그날은 토요일이었는데, 수상 관저에 타자수도 한 명 없어서 카프의 딸이 도착해 타자를 치기 전까지는 어떤 명령도 내릴 수 없었다. 게다가 관청 공무원들이 고무도장을 감춰 버려서 명령서에 도장조차 찍지 못했다. 국립은행에서는 공인된 서명이 없는 서류라는 이유로 새 정부에 돈을 내주지 않았다.

이러는 동안 에버트 정부가 요청한 총파업에 노동자들이 호응하고 나섰다. 노동조합이 힘을 발휘하자 도시의

일상생활이 마비되었다. 자동차는 달릴 수 없었고, 전기가 끊겨 전차는 운행을 멈췄으며, 베를린의 급수까지 중단되었다.

국방군이 투입되지는 않았지만 젝트 장군의 냉담한 태도는 반란군에게 좋은 징조일 수 없었다. 그리하여 총 한 방 쏘는 일 없이 폭동은 실패로 끝났다.

의용군이 베를린으로 들어온 지 4일 뒤인 17일 오후, "에르하르트 여단은 모든 것을 쳐부술 것이다. 조심해라, 개 같은 노동자 놈들아!"라고 노래하며 반란군은 되베리츠 병영으로 물러났다. 베를린을 떠나던 와중에 여단은 브란덴부르크 문에서 유혈 사태를 일으켰다. 젊은이들의 조롱에 화가 난 의용군이 군중에게 총을 쏴 길바닥에서 여러 사람이 사망한 것이다. 의용군은 시민들의 증오를 사며 철수 했고, 그 증오는 보복의 씨앗이 되었다. 반동적인 국수주의 군사 세력과 민주체제 지지자들 간의 원한은 공화국이 끝날 때까지 이어진다.

113

1920년 4월, 무장한 노동자들이 루르의 전장으로 이동하고 있다.

작센에서 공산주의 소비에트공화국을 선언하는 막스 횔츠.

총기 훈련 중인 루르 지역 의용군.

공산주의자의 역습

카프 폭동은 한때 루르와 작센 포그트란트까지 영향을 미쳤다. 무장한 노동자 무리는 예상되는 우익의 공격에 대비하는데 그치지 않고 급진적 혁명까지 노렸다. 루르의 몇몇 공업도시를 노동자들이 장악했고, 그러한 사태에 대한 보복으로 프랑스군이 독일로 치고 들어와 몇 개의 도시를 점령했다.

1920년 6월 6일의 총선에서 연립정부는 호된 패배를 당한다. 정부 지지표는 1900만에서 1100만 표로 줄고, 반면에 극우 정당 각파의 득표수는 560만 표에서 910만 표로 늘고, 공산당도 210만 표에서 530만 표로 늘었다. 수상 헤르만 뮐러는 바이마르연립정부가 의회 주도권을 잃음에 따라 사임에 앞서 새로운 내각을 제안했지만, 독립사회당이 협력을 거부하는 통에 내각 구성에는 실패한다. 그리하여 상당 기간 난국이 이어지다가 중앙당의 페렌바흐가 수상에 오른다.

우익으로 이동

국회에서 자신들의 대의원이 늘어날 것으로 기대한 우익 정당들은 새로 선거를 해야 한다고 주장했다. 실제로 무법 상태, 인플레, 실업 증가 등으로 인해 신생 공화국에 대한 환멸은 날로 증가하고 있었다.

경쟁적으로 붙은 정당들의 선전 포스터.

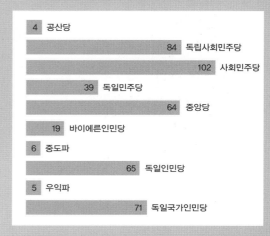

1920년 6월 6일 제1회 국회 선거 결과

의석수	정당
4	공산당
84	독립사회민주당
102	사회민주당
39	독일민주당
64	중앙당
19	바이에른인민당
6	중도파
65	독일인민당
5	우익파
71	독일국가인민당

배상 문제

강화조약 조인 1년 뒤, 독일의 무장 해제, 석탄 수송 및 관련 사항 등을 검토하기 위한 국제회의가 스파에서 열렸다. 여기에서는 독일도 비로소 프랑스 및 영국과 동등한 자격으로 앉을 수 있게 되었다.

회담은 의심 속에서 시작되었다. 독일 대표 젝트 장군과 국방장관 게슬러는 베르사유조약에 명시된 것보다 2배 많은 육군 20만을 허용해 달라고 요청했다. 이에 영국의 로이드 조지가 동의하지 않자 독일 대표는 다시 육군을 10만으로 줄이기 위해 추가로 15개월의 시간을 달라고 요구했다. 그러나 연합국은 독일이 정규군 외에 다수의 무장 의용군과 무장 경찰을 보유하고 있으니 앞서 정해진 바를 준수해야 한다고 반박했다.

또 다른 중요 의제인 독일 석탄의 프랑스 수송 문제에 대해서도 격렬한 논쟁이 벌어졌다. 독일의 유력 사업가로서 대표단에 참가한 후고 스티네스는 재치나 겸손과는 거리가 먼 인물로, 연합국 측을 "미친 정복자들"이라고 부르며 그들의 지나친 요구를 욕했다. 후고는 만약에 프랑스가 루르를 점령한다면 독일은 석탄 수송 일체를 즉각 중지하겠다고 경고했다. 그의 으름장에 의해 회담은 거의 결렬 상태에 빠져 버렸다. 화가 치민 프랑스와 영국은 자기 나라의 육군사령관인 포슈 원수와 윌슨 장군에게 스파로 와서 추가로 독일 영토를 점령할 계획을 세우도록 했다.

한편 독일에서는 외무장관 발터 지몬스가 스파 의정서를 받아들여야 한다고 주장하고 있었다. 하지만 국회의 우익들은 정부를 전면적으로 공격하면서 프랑스에 으름장을 놓은 스티네스에게 갈채를 보냈다. 스티네스의 허세가 실질적으로 아무 효과도 없었다는 사실에는 아랑곳하지 않았다. 독일인들은 여전히 꿈나라에 살고 있었고, 전쟁에 패망했다는 현실을 받아들이지 않고 있었던 것이다.

스파에서는 배상 문제를 정식 의제로 다루지 않았다. 베르사유조약에 따르면 독일의 정확한 배상금 액수는 10개월 후인 1921년 5월 1일에 공표하기로 되어 있었고, 그 이전에 우선 프랑스는 독일에서 200억 골드마르크에 상당하는 물자를 받기로 되어 있었다.

최종 금액을 결정하기에 앞서 분할 배상에 대한 논의는 활발히 오고 갔다. 프랑스 외무부 통상국 국장 세두는 향후 5년 동안 매년 30억 골드마르크를 지불하는 계획을 내놓았지만 더 많은 액수를 원했던 프랑스 정치가들 탓에 세두의 계획은 폐기 되었다. 1921년 1월 24일 파리에서는 영국과 프랑스끼리 앞으로 42년 동안 해마다 60억 골드마르크를 받겠다고 합의해 버리기도 했다. 배상금 지불에 대한 문제는 바이마르공화국 14년 내내 논의가 끊이지 않았다.

스파에서 열린 제1회 국제회의에 독일 대표단도 초대되었다.

1920년 7월 5~16일.
스파의 연합국 군 수뇌. 포슈 원수와 영국 총사령관 헨리 윌슨 경.

스파의 독일 대표단. 재무장관 비르트, 수상의 페렌바흐, 외무장관 지몬스.

1921년 3월.

북부 슐레지엔의 운명 : 독일에 살던 슐레지엔 태생의 많은 애국 시민들이 투표에 참가하기 위하여 고향을 향했다. 그들 중에는 유대인도 많았다.

원래 베르사유조약에서는 공업이 발달해 부유했던 이 지역을 폴란드에 주기로 되어 있었지만 독일이 반대하고 나서 국민투표에 부치게 된 것이다. 1921년 3월 21일의 투표에서 약 70만 명은 북부 슐레지엔의 독일 잔류를 원했으나 폴란드 지배 찬성도 47만 9000명이나 되었다. 북부 슐레지엔은 결국 분할되어서 독일에 심각한 타격을 안긴다.

슐레지엔 국민투표

북부 슐레지엔의 상황은 복잡했다. 폴란드는 그곳 광산을 탐냈지만 독일은 넘겨줄 마음이 없었다. 국민투표 결과, 다수가 독일에 남는 쪽을 선택했기에 독일 정부는 북부 슐레지엔 전체를 요구했다. 그런데 연합국의 국민투표위원회가 국경선을 설정하기 위하여 현지로 향한 뒤, 변호사 코르판티가 조직한 폴란드 의용군이 논쟁 지역을 침략했다. 독일도 지체 없이 그들에게 맞설 '의용군'을 보냈다. 독일 의용군은 폴란드에게 승리를 거두었지만 이 지역에 대한 최종 판단은 국제연맹에 맡겨졌고, 국제연맹은 국경선을 그리기 위해 4개 중립국─벨기에·브라질·중국·스페인으로 위원회를 만들었다.

이 문제는 5월 5일 연합국이 독일에게 배상금 지불, 무장 해제, 전범자 재판에 대해 확답을 내놓으라고 최후통첩을 하면서 더욱 복잡해졌다. 최후통첩에 대해 페렌바흐 정부가 퇴진하고 요제프 비르트가 새로운 정부를 구성하여 조항 이행을 약속했다.

그로부터 며칠 후, 독일과 폴란드는 북부 슐레지엔에 사는 모든 사람에게 향후 15년 간 완전한 시민권을 보장한다는 합의에 도달한다. 그 합의로 이 지역의 장래가 정해진 것이다.

1921년 11월 5일. 바이에른의 마지막 왕 루트비히와 왕비의 시신이 화려한 의식 속에 뮌헨에 이장되었다.

황후의 이장. 1921년 4월 19일에 황후 아우구스타 빅토리아의 시신이 포츠담의 묘지로 향했다. 황후의 아들들인 아이텔 프리드리히 왕자 부처, 아우구스트 빌헬름, 아달베르트, 오스카가 관을 따라갔다.

최고위 장군인 힌덴부르크와 루덴도르프, 폰 티르피츠 제독과 폰 헤링겐 장군도 영구차를 따랐던 황후의 장례 행렬은 공화국에 반대하는 대규모 국수주의 시위로 변했다.

이것이
공화국이란 말인가

관습은 쉽게 바뀌지 않는다. 공화국이 되었다고는 해도 독일 국민들의 마음과 정신에는 전제시대의 잔재가 박혀 있었다. 사람들은 흘러간 좋은 시절의 휘황찬란함과 거창한 의식과 과시적 사치를 그리워했다.

공화국의 첫 해는 물론이고 그 이후에도 한동안은 포츠담에서 프로이센 귀족들이 화려한 연회를 열었다. 빛나는 제복과 훈장 그리고 장식 매듭으로 단장한 구 황실 장교들은 서민들의 환호와 갈채를 받았다. 황실의 장례 행사라도 있을 때는 마치 공화정권에 대한 항의집회라도 열린 것 같은 분위기였다.

장례 행렬 속의 육군 원수 아우구스트 폰 막켄젠.

많은 애국 조직들, 특히 예복을 차려입은 학생 집단이 기치를 높이 들고 나와 황후의 마지막 길을 따랐다.

1920년 8월 7일.
1920년 여름 잘츠부르크에서 열린 오스트리아 국가사회주의자대회에는 바이에른나치당의 신예 지도자 31세의 아돌프 히틀러가 뮌헨 대표로 참석했다. 국가사회주의라는 명칭과 사상은 독일이 아니라 19세기 말부터 국수적 노동자 동맹들이 있던 오스트리아에서 비롯한 것이다. 잘츠부르크에서 '오스트리아 독일국가사회주의당'이라는 명칭이 채택되었는데, 히틀러는 이 운동의 시발이 오스트리아에 있음을 마음에 들어 하지 않았다. 정치적 경력에 있어 막 첫발을 내디딘 히틀러(X 표시)의 모습이 담긴 이 사진도 독일 내 나치의 간행물에는 실린 바 없다.

새로운 정당

뮌헨이 혁명의 와중에 있는 동안에도 히틀러 상병은 그저 막사에 머물러 있었다. 격변이 끝난 뒤 히틀러는 육군 교육계가 되어 군대 내부의 바람직하지 않은 그룹을 체크하는 업무를 맡았다. 그로부터 1년 뒤인 1919년 9월에는 독일노동자당의 작은 집회에 참석했는데, 얼마 지나지 않아서 그곳 당원이 되었다.

다음해 2월 24일, 국가사회주의독일노동자당으로 이름을 바꾸고 첫 전당대회를 열었을 때 히틀러는 비열한 인종차별, 극단적 국수주의, 악랄한 반유대주의, 경제적 환상 등으로 이루어진 25개 조의 국

가사회주의자 목표를 공표했다. 대회는 여러 곳에서 열렸고 참석자 수가 점차 늘었다.

히틀러는 거의 혼자 힘으로 당을 일궈냈다. 그의 선전 감각, 조직력, 연설 능력이 국가사회주의독일노동자당을 독일 정계의 한 세력으로 키워 놓는다. 〈푈키셔 베오바흐터〉 신문을 사들였고, 갈고리십자를 당의 휘장으로 디자인하고, 나중에 나치돌격대가 될 군대를 조직하고, "독일이여 깨어나라"는 구호를 채택하는 등, 색다른 선전기술을 구사했다.

가짜 제5번 당원증. 히틀러의 당원 번호는 555였는데 숫자 둘을 지워 5로 만든 것이다.

라테나우 피살

연합국의 최후통첩을 받은 새 수상 요제프 비르트는 요구를 그대로 이행할 생각이었다. 그는 '이행 정책'으로 독일의 정직한 의도를 세계에 보여주고, 골치 아픈 배상 문제를 대화로 풀어나갈 수 있기를 기대했다.

비르트는 발터 라테나우를 외무장관으로 임명했다. 자유주의 지식인이며, 독일의 제너럴일렉트릭이라 할 수 있는 AEG 창업자의 아들인 라테나우는 최고 수준의 정치사상가이기도 했다. 앞으로 해결해야 할 어려운 문제가 많다는 것을 잘 알았던 라테나우는 한동안 망설인 끝에 임명을 받아들였다. 국수주의자들은 그의 자유주의를 싫어했고, 지적 엘리트이며 유대인이라는 이유로 다른 많은 사람들도 임명에 반대했다.

내각에 들어가자마자 라테나우는 전쟁에서 피해를 입은 프랑스 민간인에게 현물로 피해 보상을 하기로 합의를 보았다. 비스바덴협정이라고 부르는 이 합의는 많은 비판을 샀지만 올바른 방향으로 나아가는 첫 걸음이었다.

독일의 경제적 곤란은 심각했다. 인플레 때문에 국가 배상금의 지불이 곤란할 정도였고, 연합국이 세계무역에서 독일을 제외한 탓에 외국환 거래가 어려웠다. 마르크와 달러의 차이는 날로 커져서 전쟁 전에 1달러 당 4.20마르크였던 환율이 1921년 가을에는 200마르크로 뛰어올랐다.

1921년 11월, 경제 상황을 조사하기 위해 배상위원회 전체가 베를린을 찾아왔다. 독일은 다음해 1월과 2월의 배상 지불을 연기해 줄 것을 요구하고, 연합국은 칸느에서 회의를 열어 엄격한 조건을 붙여 연기를 승인해 주었다.

여러 문제들을 냉정히 검토해서 해결책을 찾아야만 할 상황이었다. 프랑스와 영국은 제노아에서 경제회담을 열 것에 합의하고 전쟁에서 패한 독일과 러시아도 같은 자격으로 출석하라고 초청했다.

라테나우는 수상 비르트 및 다른 각료들과 함께 대표단으로 선정되었다. 회담은 4개의 협상 그룹으로 나뉘어 각각 하나의 의제에만 초점을 맞춰 논의하기로 했다. 그러나 회담에서는 공식 회합보다 개인적인 대화가 더 중요한 의미를 가졌다. 영국 수상 로이드 조지가 독일에 유해한

발터 라테나우.

협정을 러시아와 맺으려고 하자 라테나우는 러시아 외무장관 치체린과 사적으로 만났다. 러시아와 독일은 관계 회복을 모색해야 할 시기를 맞은 것 같아 보였고, 회담의 결실을 거둘 시기가 다가왔던 것이다.

부활절인 4월 16일 일요일에 러시아와 독일의 대표단은 이탈리아 리비에라에서 멀지 않은 라팔로에서 비밀리에 만나 몇 시간 만에 합의를 마쳐 버렸다. 그리하여 다음과 같은 내용의 라팔로조약이 조인된다.

1) 독일과 러시아는 서로에 대한 배상권을 포기한다.

2) 통상에서 상호 최혜국 대우를 한다. 3) 양국은 외교 관계를 수립한다.

이 사실이 제노아에 알려지자 프랑스와 영국의 대표단은 경악한다. 그러나 달리 손을 쓸 바도 없었다. 그들의 서툰 외교 정책이 독일과 러시아를 손잡게 만든 것이었다.

독일의 여론은 양분되었다. 우익 정당들은 공산주의자 동료는 필요 없다면서 조약에 반대 했고, 사회민주당의 태반도 같은 생각이었다.

어떤 인종차별주의 신문은 천박한 글로 수상 비르트와 라테나우 외무장관을 공격했다. 〈슈바르츠빌더 폴크스바하트〉 신문에 실린 이른바 '시'는 다음과 같았다.

"가서 요제프 비르트를 잡아,

그 목을 댕강 잘라라.

발터 라테나우를 죽이자,

빌어먹을 유대인의 암퇘지를."

비슷한 짓을 하는 것이 국수주의 신문들 간에는 일종의 유행이었다. 그들의 집요한 공격은 끝내 라팔로조약이 맺어진 두 달 후 라테나우가 베를린에서 암살되는 결과를 가져오고 만다. 그를 죽인 두 국수주의자는 사적으로 보자면 금발과 푸른 눈을 가진 매력적인 젊은이들이었다.

라테나우가 암살되자 대통령 힌덴부르크는 "공화국 보호를 위해" 헌법 제48조를 시행했고, 수상 비르트는 "살인과 강간, 독이 든 공기"를 씻어내자고 모든 독일인을 대상으로 호소했다. 국회에 선 비르트는 우익들의 자리에 시선을 두고 격앙된 어조로, "적은 거기에 있소. 적은 우측에 있음을 의심할 여지가 없소이다"라고 연설했다.

로마로 가는 행군

1922년 11월 1일.
로마를 향한 진군. 1922년 10월 30일, 베니토 무솔리니가 정부를 구성하면서 파시즘이 이탈리아에 자리 잡는다. 그의 독재는 1943년까지 21년 동안 이어진다.

로마의 무솔리니. 충성을 맹세하기 위해 비토리오 에마누엘레 국왕에게 가는 장면.

멕시코 혁명가 베니토 후아레스에서 이름을 따온 베니토 무솔리니는 1883년에 사회주의자인 대장장이의 아들로 태어났다. 가톨릭계 학교에 다녔던 그는 동료 학생을 칼로 찔러 퇴학을 당하기도 했다. 19세 때에는 병역을 피하기 위하여 스위스로 도망쳤는데, 로잔에서 구걸을 하다가 체포되기도 하고 여권 위조로 가는 곳마다 추방당했다. 더럽고 덥수룩한 외모에 무일푼의 무솔리니는 고픈 배를 안고 다리 밑에서 잤다.

결국 이탈리아로 돌아간 그는 병역을 마친 후 기자가 되었고, 사회주의당의 조직원이 되었다. 제1차 세계대전 중에는 사회주의당의 중립 정책에 반대한 탓에 당에서 제명되었지만, 오히려 그에 맞서 전쟁을 지지하는 '혁명행동대'를 조직했다.

전후 이탈리아에는 혁명 사상이 되살아나 볼셰비즘의 망령에 의한 파업과 공장 점거 등이 벌어졌다. 무솔리니의 부대는 사회주의자들의 집회 장소를 공격하고 정치적 적대자들을 살해하면서 지주나 사업가의 재산을 보호하고 나섰다. 그러자 대지주와 사업가들은 금고에서 돈을 꺼내 무솔리니에게 건넸고, 그 돈은 사회주의자들에게 타격을 가하는 데 이용되었다. 처음 파시스트에 대한 대중의 지지는 미약했다. 그러나 1919년 가을, 시인 단눈치오가 이끄는 군대가 피우메를 향해 진격하는 일이 생기면서 국수주의 분위기가 강해졌다.

자유주의적인 지올리티 정부는 처음에는 노동자들을 다루는데 무솔리니의 파시즘을 적절히 이용하면 되겠다고 생각했다. 그래서 선거에서 무솔리니를 비롯한 파시스트들이 여럿 선출되었는

1922년 11월 1일.
무명용사 묘역에서 국왕을 알현하는 새 수상 무솔리니.

데, 국회의원이 된 무솔리니는 이때부터 본색을 드러내기 시작했다. 그는 확고한 신념이 없는 기회주의자로서 때로는 가톨릭당을 지지했다가 때로는 자유당을 지지하기도 하는 식이었다.

그럼에도 불구하고 되풀이되는 파업과 시민들의 소요로 인해 무솔리니의 위치는 더욱 강화되었고, 반면 연립정부는 날로 약해져서 내각이 세 번이나 무너질 정도였다. 무솔리니는 급기야 "정부를 우리에게 맡겨라. 그렇지 않으면 로마로 치고 들어가 점령하겠다"고 나섰다.

연설을 잘 하던 그는 규율, 질서 그리고 통일에 대해 역설했고, 위대한 이탈리아를 위해서라면 폭력도 도덕적으로 정당화될 수 있다고 주장했다.

결국 내란으로 왕위를 잃을 것을 두려워한 왕 비토리오 에마누엘레는 무솔리니에게 새로운 정부를 맡아달라고 요청하기에 이른다. 그때 이미 무솔리니의 검은 셔츠단은 로마를 향해 진군하는 중이었다. 다만 로마까지 행군하라고 시킨 무솔리니 본인은 그들과 함께 걷지 않고 안락한 침대차로 이동했다.

무솔리니의 정부가 처음 구성될 때만 해도 파시스트가 아닌 인물도 대폭 기용한 온건한 정부였다. 나라의 질서는 이내 회복되었고, 거리의 소란이 진압되고, 기차도 정상적으로 운행하게 되었다. 윈스턴 처칠마저도 이탈리아의 변화에 감명을 받을 정도였다. 그러나 잔인하고 권위주의적이며 독재적인 파시즘의 본색이 점차 드러나기 시작했고, 1925년 1월 3일에는 무솔리니가 스스로 독재자임을 선언한다.

뮌헨에 있던 아돌프 히틀러는 이탈리아 독재자의 선례를 흉내 내어 그의 몸짓과 파시스트식 경례를 베꼈는데, 다만 셔츠는 검은색이 아니라 갈색으로 입었다. 그렇게 무솔리니가 로마를 향해 진군하고 있을 때 히틀러는 지지자들을 이끌고 베를린으로 행진할 날을 고대하고 있었던 것이다.

1921년 1월.
프랑스와 벨기에 병력의 루르 점령에 대해 독일 국민들은 이전에 없던 단결된 모습으로 시위에 나섰다.

프랑스의 루르 점령

영국과 미국은 프랑스에게 너그러운 마음으로 독일의 배상금을 줄여 주라고 충고했다. 그러면서도 두 나라는 자기들이 프랑스한테서 받아야 할 빚은 줄여주려 하지 않았고, 이에 프랑스는 독일한테서 전부 받아내겠다고 고집을 피웠다.

그리하여 영국과 프랑스 외교관들의 사이는 멀어졌고, 1922년 12월 말에 이르러서는 배상위원회가 독일이 석탄과 목재 수송을 제대로 하지 않는다고 선언하게 된다. 그

것은 프랑스가 독일에 제재를 가할 명분이 되었다. 여러 경고가 있었음에도 그것들을 무시하고 프랑스와 벨기에의 군대가 1923년 1월 11일 루르로 진군했다. 파멸적인 결정이었다.

루르 점령 소식은 모든 독일인들을 하나로 만들었다. 바로 소극적 저항 정책이 개시되어 루르 지방의 생산과 운송이 사실상 마비되었다. 독일인 노동자들은 프랑스의 지시를 도무지 따르려 들지 않았고, 독일 게릴라들은 태

오는 자 : 1923년 1월 11일, 마인츠 시로 들어오는 프랑스군.

가는 자 : 프랑스에 대한 협력을 거부한 독일 철도 노동자들은 집을 떠나 점령지 밖으로 가라
는 명령을 받는다. 철도원들의 소극적 저항에 의해 고장과 사고가 늘어 열차의 운행 일정은
엉망이 되었다.

업을 일으키고 열차를 폭파시키고
공장을 파괴했다.

전쟁 중에 적으로 대립했던 프랑
스와 독일은 의견 차이를 평화롭게
풀어나가지 못했고, 애초에 그럴 뜻
조차 없었다. 두 나라는 재앙으로 치
닫고 있었다.

프랑스군을 담은 독일의 선전선동용 사진.

뮌헨의 나치 시위. 프랑스와 벨기에가 루르를 점령한 1923년 1월 28일에서 2주가 지난 뒤 아돌프 히틀러는 국가사회주의노동당 당원에게 새로 디자인한 제복을 입고 새로 만든 당기를 든 채 마르스펠트에서 행진하라고 명령했다. 프랑스에 맞서 단합하자는 쿠노 수상의 간청을 비웃으며 히틀러는 외쳤다. "아니! 프랑스 타도가 아니다. 조국의 배신자를 타도해야 한다. 11월의 배신자들을 타도하겠다!"

첫 당대회

1923년 1월 28일.
나치의 갈고리십자 문장이 처음으로 모습을 보였다.

무솔리니가 로마로 행군한 것처럼 히틀러 또한 베를린으로 진군하고 싶었다. 당대회 형식으로는 처음 열린 집회에서 히틀러는 그 첫걸음을 내디뎠다.

처음에 뮌헨 당국은 나치와 사회당의 충돌을 우려해 시위를 허락해주지 않았다. 그러나 히틀러가 어떻게든 시위를 하겠다고 반발하자 공표된 집회 12회를 6회로 줄이고 실내에서만 여는 조건으로 경찰이 양보를 해주었다.

하지만 히틀러는 그런 경찰의 명령마저 무시하고 6000여 명의 돌격대원들에게 야외에 모여 깃발을 들고 있으라고 지시했고, 춥고 눈보라치는 1월에 대원들은 그대로 따랐다.

Photo by Riese

당신은 찬성, 아니면 반대?

베를린 빌데 뷔네 카바레의 깡마른 스타 마르고 리온이 노래했다. "당신은 찬성, 아니면 반대? 당신은 반대, 아니면 찬성? 그러면 당신은 왜 반대하고 당신은 왜 찬성하나요?" 청중들은 그 노래의 의미를 알 수 있었다.

나치주의 철학자

인종차별주의, 반동적 민족주의, 야만적인 반유대주의, 독일 신화 등으로 이루어진 나치 이론의 주요 내용은 17세기 사상가들에게서 끌어온 것이다. 피히테는 독일 민족의 우월성을 설교했고, 헤겔은 개인보다 국가가 우선한다고 주장했고, 트라이치케는 전쟁의 이론적 필요를 말했으며, 니체는 초인 사상, 바그너는 독일 전설 속 영웅의 신비주의를 내세웠다.

히틀러가 맹신한 인종이론은 프랑스인 고비노가 틀을 만들고 영국인 H. S. 체임벌린이 도입하여 독일인 에카르트와 오스트리아인 외르크 란츠 폰 리벤펠스가 대중화시킨 것이다. 히틀러는 금발에다 푸른 눈을 한 아리아인의 우월성을 다룬 간행물 〈오스타라〉를 즐겨 읽었다.

디트리히 에카르트(1863~1923)는 국가사회주의의 정신적 설립자 중 한 사람이다. 언론인, 시인, 극작가, 대단한 달변가, 대단한 대식가, 대단한 술꾼으로, 유대인과 공산주의자와 자유주의자를 미워하는 전형적인 바이에른인이었다. 1920년 초부터 히틀러와 안면을 튼 그는 막 싹을 피우기 시작한 젊은 정치인 히틀러의 선생, 멘토, 보호자가 되었다.

리하르트 바그너(1813~1833)는 히틀러의 우상이었다. 히틀러가 "국가사회주의의 사상을 파악하려면 우선 바그너를 알아야만 한다"고 말할 정도였다.

휴스턴 스튜어트 체임벌린(1855~1927)은 국가사회주의의 수호자라고 할 만한 사람으로, 영국에서 태어났지만 독일인이 된 인물이다. 머리 좋은 신경증적 사이코패스인 그는 프랑스 외교관 고비노의 제자로서, 고비노의 저서 《인종의 불평등에 관한 에세이》에 담긴 인종차별주의 이론을 깊이 받아들였다.

1899년에 발간된 《19세기의 기반》에서 체임벌린은 인종적으로 탁월한 게르만인, 특히 독일인이 세계의 주인이 되어야 한다고 선언했다. 독일에서 굉장한 성공을 거둔 이 책은 비열한 반유대주의를 극찬하고, 예수가 유대인이 아니라 아리아인일 것이라는 등의 내용이 담겨 있다. 빌헬름 황제는 체임벌린을 친구로 삼아 때때로 그의 조언을 받기도 했다.

1882년, 27세였을 때 바그너 부부를 만난 체임벌린은 그들의 매력에 푹 빠졌다. 그로부터 27년 뒤에는 바그너의 딸 에바와 결혼하기 위해 첫 번째 부인과 이혼했을 정도이고, 이후 바이로이트에서 살았다. 그가 히틀러를 만난 것은 1923년으로, 독일 국민을 이끌기 위해 신이 선택한 사람이라고 느꼈다고 한다. 그러나 이 영국인 변절자는 나치가 권력을 잡기 6년 전에 죽는다. 그의 인종차별주의 및 반유대 이론은 나중에 나치 독일의 근본 교리이자 기본 철학이 된다.

인플레이션

믿기 어려운 그 시대의 상황을 어떻게 표현하면 좋을까? 아침에는 5만 마르크였던 신문이 저녁에는 10만 마르크로 올랐다. 불과 2~3주 전에는 가게의 모든 상품과 함께 상점 전체를 살 수 있을 액수가 오늘은 구두끈 밖에 살 수 없는 돈에 불과한 상황이 벌어졌다. 거지는 아무것도 살 수 없다면서 10만 마르크를 내팽개쳤다.

처음에 서서히 진행되던 인플레는 라테나우가 살해된 후부터 속도가 빨라졌다. 1922년 6월에는 1달러가 350마

가치가 떨어진 지폐가 사방을 채웠다.

달러 환율이? : 1923년 여름, 최신 환율이 걸린 베를린의 한 은행 광경. 그해 초 달러 당 7525마르크 가치였던 것이 8월에는 100만 마르크 이상이 되었고, 10월 첫 주에는 2억 5000마르크로 올랐다. 11월에는 6000억 마르크로, 12월에는 4조 2105억 마르크라는 천문학적 환율이 되었다. 이에 대하여 새로운 화폐 렌텐마르크가 발행되었다. 구 마르크는 평가절하 되어서 1조 마르크가 1렌텐마르크가 되었고, 달러 당 4.2렌텐마르크로 환율이 바뀌었다.

1923년 11월에는 1조 마르크가 미국화폐 25센트 가치에 불과했기에 버터 1파운드도 살 수 없었다.

월급날에는 회사의 배달꾼들이 나와 돈이 담긴 큰 자루를 메고 옮겼다.

르크로 환전되었지만 3개월 뒤에는 1300마르크, 그해 말에는 7000마르크로 뛰었다.

루르 지역의 소극적 저항을 지원하기 위해 독일 정부는 하루에 4000만 골드마르크를 썼다. 그런데 그런 거금은 세금을 늘인다고 한들 만들어 낼 도리가 없었고 다른 곳에서 짜낼 수도 없었다. 결국 정부는 돈을 찍어내는 수밖에 없었고, 1923년 8월에는 국가은행에서 매일 46조 마르크의 지폐를 찍어냈다.

소극적 저항이 이어지는 가운데 결국 마르크의 가치는 제로를 향해 곤두박질쳤다. 1923년 1월에는 1달러 대 7500마르크, 11월에는 무려 4조 2000억 마르크 비율이 되었다.

어떤 베를린 은행 앞. 광주리, 여행가방, 자루, 책가방 등 돈을 담아 옮기기 위해 온갖 것들이 동원되었다.

국민의 고통

인플레가 태풍처럼 전국을 휩쓸어 폐허만 남았다. 마르크 가치가 급락한 1923년은 악몽과도 같았다. 빵 한 조각, 우유 한 병이 수십 억 마르크나 되었다. 임금은 하늘 높이 치솟는 물가를 쫓아갈 수가 없었다. 1조 마르크를 급료로 받아봤자 연명하기에 필요한 최저 필수품도 살 수 없는 상황이었다.

노동자, 급여생활자는 임금이나 급여를 주 2~3회 간격으로 달라고 요구했다. 지불일이 되면 부인들이 공장 문 앞이나 사무실 바깥에서 대기하고 있다가 남편이 번 돈을 받자마자 가까이 있는 가게로 달려가 필요하든 말든 아무 물건이나 일단 사들였다. 물건의 가치는 통화만큼 빠르게 떨어지지 않으므로 나중에 팔면 큰 손해를 보지 않을 수 있기 때문이었다.

도무지 이해할 수 없는 엉망진창의 세상이었다. 저축은 아무 가치가 없었고, 연금은 쓸모없는 것이 되어 갔다. 투자자들은 무일푼이 되었다. 나이든 사람들로서는 황당할 따름이었다. 그들은 이제까지 고생해서 저축한 돈을 어떻게 지켜야 할지 알 수가 없었고, 가보마저 빵이나 버터로 바꾸는 집안들이 많았다.

나는 그때가 생생히 기억난다. 1주일에 2회 현금으로 급료를 받았는데, 받자마자 은행으로 달려가서 노르트도이처 로이드나 하파크 같은 해운회사, 또는 다른 공업회사 주식을 사들였다. 몇 십억 또는 몇 조 마르크를 내고 1달러를 사기도 했다. 그것이 내 수입을 지킬 수 있는 현명한 방법이라고 믿었다. 인플레가 지나가고 마르크가 안정되었을 때 내 저축은 103달러였다. 수중에 한 푼도 없는 사람이 많았던 와중에 나는 그래도 행운아였다.

그런 가운데에서 돈을 번 투기꾼도 있었다. 물건을 사다가 상당한 마진을 붙여 판 사람, 식품을 취급한 사람, 부동산을 거래한 사람, 그리고 나중을 보고 시간에 투자한 사람들이었다. 독일로 흘러들어온 외국인들은 달러 몇 장을 가지고 마치 왕족처럼 지냈다. 나이트클럽, 카바레, 극장에는 사람들로 가득했다. 암상인이나 투기꾼 외에도 삶의 의미를 잃고 절망한 사람과 하룻밤의 즐거움을 위하여 가진 것을 모두 써버리겠다는 사람도 많았다. 어차피 돈의 가치가 바닥인데 그것으로 몇 시간의 즐거움을 산다고 한들 뭐가 문제겠는가. 양갓집 아가씨가 한 끼니를 위해 몸을 팔았고, 젊은이들이 코카인과 모르핀에 빠졌다.

반정부 인사들은 유대인이 인플레의 원흉이라고 비난했지만, 인플레로 엄청난 이익을 챙긴 사람은 유대인이 아니라 독일에서 가장 유명한

거지로 추락한 시민.

살림을 위해 한 푼이라도 벌어 보려고 중산층 부인들까지 깡통을 모아 팔았다.

사업자 후고 스티네스였다. 그는 광
산, 공장, 부동산을 사들여서 급기야
국가산업 중 약 25%를 자신의 부로
축적했다. 한때 1000개 이상의 기업
을 소유했을 정도이다.

1924년이 되어서야 독일은 정상
상태로 되돌아오기는 했으나 대중의
가난과 고생은 믿을 수 없을 정도로
심각했다. 그리하여 공산당과 급진
우파의 숫자는 날로 늘어났다.

고기를 사기 위해 전날부터 줄을 섰다.

프로이센 군국주의의 대체품과 같은 틸러걸의 군사적 정확성은 관객의 열광적인 반응을 이끌어냈다.

수 세기에 걸친 프로이센의 군국주의는 독일인의 정신과 마음 그리고 몸에 배어 국민성의 일부가 되었다. 독일인에게 군국주의란 자신의 야심과 욕망을 대신하는 것으로서, 그것을 통해 남과 다르다고 생각했고 우월감과 힘을 느꼈다. 공화국이 과시적 요소—각종 퍼레이드, 각종 행사, 각종 군악, 각종 제복을 폐지하자 사람들의 삶은 건조하고 공허해 보이게 되었다.

칙칙하고 무질서한 시민들의 현실은 군악대에 맞추어 행진하던 왕년의 시대를 그리워하게 만들었다. 그러한 사람들의 추억에 맞춘 것인지 아닌지는 확정할 수 없지만, 버라이어티쇼에서는 똑같은 옷을 입은 24명, 30명 또는 36명의 젊은 여성 집단이 군사적 정확함을 가지고 일제히

무대 위의 군국주의

다리를 차올리는 춤을 선보였다.
틸러걸(Tiller Girls)로 불린 그녀들
의 활달한 모습에서 이제는 잃어버
린 왕년의 화려함, 질서와 정확함
을 느낄 수 있었던 관객은 환호와
박수를 보냈다.

뉘른베르크의 집회

1871년 스당 전투에서의 독일 승전을 기념하는 9월 2일, 국수주의 조직들이 뉘른베르크 행사장에 모여 공화국에 반대하는 대대적인 시위를 벌였다.

　이른바 애국 단체들을 대표하는 대규모 집단이 중세의 도시 뉘른베르크에서 퍼레이드를 벌인 것인데, 그 중 가장 크고 가장 군사적인 대표단을 보낸 것은 국가사회주의노동자당이었다. 그들은 군국주의적 정연함에 있어서도 뛰어났다. 망명지에서 돌아온 루덴도르프 장군이 완전한 예복을 갖추고 참석했고, 나치의 젊은 지도자 아돌프 히틀러는 트렌치코트에 단장을 짚고 나와 있었다.

　그 바이에른의 준군사 조직은 공화국 정부 타도와 베르사유조약의 파기를

1923년 9월 2일.

레인코트를 입은 젊은이 : 뮌헨에 본부를 두고 빠르게 세력을 넓히던 국가사회주의노동자당의 지도자인 34세의 아돌프 히틀러가 퍼레이드를 보고 있다. 경력이 미비했던 당시의 히틀러는 나이든 보수주의자들의 지지를 바라고 있었다.

선언했다. 그들의 군사 지도자는 헤르만 크리벨이었고, 히틀러는 정치 부문 지도자였다. 회합에서 히틀러는 "주사위는 던져졌다. 세계대전보다 더 대단한 일이 오늘 이루어질 것이다"라고 머지않아 있을 전국적 반란을 두고 은근히 위협했다. 검은 예복에 훈장을 단 퇴역 군인들과 제정 시대의 화려한 제복을 입은 장교들은 계획된 날이 다가왔다고 연설하는 그 젊은 선동가들에게 갈채를 보냈다.

스당에서 프랑스를 이긴 것을 기념하는 53회 전승기념식에 뉘른베르크에 모인 우익 조직들.

제1차 세계대전에서 독일의 패배를 가져온 루덴도르프 장군. 혁명이 일어나자 변장을 하고 스웨덴으로 도망쳤던 그가 독일로 돌아오자마자 나치의 영웅이 되었다.

나치돌격대의 행진을 보는 고위 간부들. 아돌프 히틀러의 옆에 서 있는 사람은 유대인 비방 출판물 〈데어 슈투르머〉의 편집자로, 반유대주의자 율리우스 슈트라이허이다.

슈트레제만의 국면 전환

독일국가인민당의 당수 쿠노 폰 베스타르프 백작은 프랑스에 대한 저항을 중지한다는 결정에 반대했다.

항상 소심했던 수상 빌헬름 쿠노는 루르 점령, 소극적 저항, 인플레, 실업 같은 국가의 대형 문제를 다룰 수 있을 만한 인물이 아니었다. 독일은 보다 강력한 지도자를 찾았는데, 그것이 바로 슈트레제만이었다.

베를린의 여관 주인 아들인 그는 베를린 시민다운 센스와 유머를 지니고, 인생의 아이러니를 알고, 자조적 웃음을 지을 줄 아는 인물이었다.

원래 열렬한 제정 지지자였다가 전쟁 중에 국민자유당의 당수가 되었는데, 철두철미한 국수주의자이자 영토 합병론자인 그는 전임자 에른스트 바세르만이 말한 "독일인의 피가 한 방울이라도 흐른 곳이라면 우리는 그 자리를 지켜야 한다"는 격언을 신봉했다. 게다가 슈트레제만은 식민주의와 터무니없는 브레스트-리토프스크 조약을 지지하는 인물이었다.

그러나 패전 이후 슈트레제만은 제정을 부활시킬 수 없음을 깨달았고, 황태자와 가깝게 지내면서도 자신의 현실주의적 감각에 따라 공화국 체제에서 일하게 된다. 비판자들은 기회주의자라고 불렀지만, 언제나 실용주의자였던 그는 바이마르공

구스타프 슈트레제만(1878~1929)은 1923년 8월에 바이마르연합 내각을 구성했고, 라인란트의 소극적 저항을 마무리하고 프랑스와의 화해를 도모했다.

화국에서 특출한 정치가로 우뚝 섰다.

1923년 8월에 수상이 된 그는 소극적 저항 정책이 독일의 재정을 탈진시키고 있음을 깨달았다. 세입은 늘릴 방도가 없는데 지출할 돈이 필요하니 국가은행에서 점점 더 많은 지폐를 찍어내야만 했던 것이다. 방대한 양의 지폐가 시중에 돌아다니니 마르크의 가치가 바닥에 떨어질 수밖에 없었다.

슈트레제만은 별 도움이 되지 않는 정책을 중지하기로 결심한다. 1923년 9월 23일, 그는 "국민과 국가의 목숨을 지키기 위해 우리의 투쟁을 중단해야 할 쓰디쓴 필요성에 직면했다"고 하며 소극적인 저항을 끝낸다고 선언했다. 그로부터 몇 주 뒤에 렌텐마르크가 도입되고 통화가 안정되었다.

그러나 정치적 가마솥은 터질 듯 끓어오르고 있었다. 슈트레제만의 선언이 있기 하루 전, 바이에른은 비상사태를 선언했다. 이에 베를린의 연방정부는 전 독일에 비상사태를 선포하고, 국방장관 오토 게슬러에게 사태 수습을 명령하는 것으로 대응했다. 바이에른에서 히틀러와 나치가 정치적 폭풍을 조성하는 동안에 작센과 튀링겐에서는 좌익이 봉기를 일으켰다.

좌우 양파에 대한 슈트레제만의 태도는 분명했다. 그는 구 바이마르 연합처럼 사회민주당에서부터 자기가 이끄는 독일인민당까지 전체를 아우르는 내각을 구성할 생각이었다. 이전의 적대자들과도 화합하는 새로운 노선을 걷고자 했던 것이다.

앞날은 밝아 보였다. 프랑스에서는 복수할 기회만 노리던 푸앵카레가 퇴진하고 자유주의적인 에리오와 브리앙이 뒤를 이었고, 영국에서는 노동당 세력이 커져서 평화로운 시대가 되돌아올 희망이 보였다.

1923년 12월.
베를린의 노동자 거주 지역에서 일어난 소요사태 이후 물락스트라세에서 사람들을 몰아낸 경찰들.

넘치는 문제들

1923년은 바이마르공화국에 있어서 슬픈 한 해였다. 라인란트에서는 소극적 저항과 분리주의 운동이 이어졌고, 작센과 튀링겐에는 공산 정권이 들어섰으며, 바이에른에서는 국수주의자가 주정부 수상이 되는 등 사방이 문젯거리였다. 게다가 수많은 국민들은 인플레와 실업으로 고통 받는 와중이었다.

국가조직이 조각조각 찢어지고 혼돈에 빠져 있었다. 그 와중에도 정부는 여러 전선에서 동시에 싸워야만 하는 처지였다.

아돌프 히틀러와 그의 지지자들로서는 자신의 주장을 펼칠 비옥한 토지가 마련된 셈이었다. 히틀러는 1년 전 무솔리니와 그의 파시스트들이 로마에서 한 것처럼 "마르크스주의자와 유대인이 차지한 베를린"을 점거하겠다는 꿈을 꾸고 있었다.

병사에게 쫓기는 프라이부르크의 도둑.

1923년 11월 9일.
방어울타리 뒤의 모습. 나중에 뮌헨 경찰청장, 친위대와 게슈타포의 수장이 되는 하인리히 힘러
(X 표시)가 뮌헨 국방부 앞에서 동료들과 함께 서 있다.

히틀러의 돌격대. 초기 지지자들은
나치당에 준군사 조직을 만들었다.

전투가 끝난 오데온 광장의 창 든 기마경찰들. 뮌헨의 대중이 나치에 공감하지 않았기 때문에
질서는 이내 회복되었다.

펠트헤른할레에서 시위대와 경
찰 부대가 충돌, 경찰의 발포로
나치 16명이 사망했다.

쿠데타
시도

뮌헨 맥주홀 폭동은 히틀러의 크나큰 실패라고 부르지만 사실 그의 정치 경력
에는 확실히 도움이 되는 사건이었다. 또한 그 패배를 통해 배운 바가 많았던
히틀러는 이후 같은 실수를 저지르지 않을 수 있었다.

1923년 10월, 히틀러는 바이에른정부를 점거하고 베를린으로 진군할 때가
왔다고 생각했다.

폭동은 10월 8일에 일어났다. 그날 저녁 나치는 뷔르거브로이켈러에서 열린
정치 회합에 쳐들어갔다. "전국적 혁명이 시작됐다!"고 히틀러가 외쳤다. 그

...헨 폭동이 실패한 뒤에는 그들이 친위
...(S.S.)와 돌격대(S.A.)의 핵심이 된다.

시청 앞 마리엔 광장에서 한 나치가 사람들에게 시위에 참여하라고 연설하고 있다. 청중 중 나치
에 동조한 일부는 시위 대열에 합류했다.

그 시위대에 루덴도르프 장군
(중앙)도 있었다.

갈고리십자를 그린 깃발과 완장을 갖추고 행진하는 오베르란트의 분대. 뮌헨 폭동은 진압되었지
만 나치 운동이 전 독일의 주목을 끄는 계기가 된다.

자리에 있던 정부 인사들에게는 새로운 내각에 들어오겠
다는 약속을 강요했다. "내 권총에는 4발의 총알이 들어
있다. 3발은 협력자가 나를 배신하면 쓸 것이고, 나머지
1발은 나를 위한 것이다"라고 히틀러는 소리쳤다.

장내의 혼란을 틈타 탈출한 바이에른의 수상 카르는 집
무실로 돌아가자마자 "야심에 찬 악당들의 배반과 속임
수"에 맞서 즉각 행동을 취하겠다고 공언했다. 베를린 정

부에서는 바이에른의 상황을 해결하라고 젝트 장군에게
맡겼다.

바이에른의 합법적 주정부 및 베를린 연방정부, 그리고
국방군이 저항에 나서자 히틀러의 폭동은 기회를 잡을 겨
를이 없었다. 그럼에도 불구하고 다음날 아침 히틀러는
뮌헨 중심부로 자기 부대를 진군시켰다. 그에 맞서 경찰
이 발포하여 16명이 목숨을 잃었다.

개정. 1924년 2월 26일 뮌헨의 브루텐부르크 거리의 구 보병학교의 대형 홀에서 시작된 재판은 3월 27일까지 이어졌다. 지방재판소 소장 게오르크 나이트하르트가 재판장으로, 그 옆에 조수와 3명의 시민참심원이 자리했다.

뮌헨 재판

3명의 시민참심원과 교대 요원. 보험조사원 크리티안 짐머만, 보험회사 직원 필립 헤르만, 담배상인 막스 브라우네이스(교대 요원), 상인 레온하르트 베크.

피고들. 하인츠 페르네트 중위, 프리드리히 베버 박사, 빌헬름 프리크, 헤르만 크리벨 중령, 루덴도르프 장군, 히틀러, 빌헬름 부뤼크너 중위, 에른스트 룀 대위, 로베르트 바그너 중위.

1924년 2월 말, 히틀러와 9명의 피고가 뮌헨 인민재판소에 섰다. 정부에 대한 폭동을 조직하고 조장한 죄였다. 24일 간의 재판에서 히틀러는 재판 과정을 휘어잡고 법정을 선전장으로 바꾸어 놓았다. 폭동을 선동했음을 인정한 그는 그것이 비난 받을 일이 아니라 자랑스러운 일이라고 말했다. 그는 자기 군대가 빠르게 성장하는 조직으로서, "흩어진 무리는 대대로, 대대는 연대로, 연대는 사단이 될 것이다"라며 엄포를 놓았다. 사건 진술 때는 "군모의 낡은 계급장은 오물 속에서 구출될 것이고, 낡은 깃발은 또다시 휘날릴 것이다"라고 외쳤다. 간단히 말해, 구 체제를 부활시켜 1918년의 패배에 복수하기 위해 프랑스와 전쟁을 일으키겠다는 얘기였다.

히틀러와는 달리 다른 피고들은 별 볼일 없었다. 루덴도르프 장군은 초라한 꼴로 "국제적 유대인의 음모"와 가톨릭교회에 대해 호통을 쳤다.

판결은 이례적으로 가벼운 형으로 내려졌다. 히틀러, 크리벨, 푀너, 베버는 6개월 후 집행유예 자격을 주는 조건으로 금고 5년, 나머지 5명―부뤼크너, 룀, 페르네트, 바그너, 프리크는 1년 반의 집행유예였고, 루덴도르프는 석방되었다.

재판 중 잠시 휴식을 취하는 주요 피고들. 화려한 정복을 갖춰 입은 루덴도르프 장군(왼편)이 프리드리히 베버 박사와 대화하는 것에 히틀러와 장군의 의붓아들 하인츠 페르네트 중위가 귀 기울이고 있다. 오른편에 훈장을 달고 서 있는 사람은 나치의 준군사 조직을 이끌던 빌헬름 부뤼크너 중위이다. 부뤼크너는 히틀러의 가까운 친구이자 경호원이 되어 정권이 끝날 때까지 함께 했다.

건물 밖에서 피고 중 한 사람인 에른스트 푀너가 루덴도르프 장군과 그 변호사에게 인사를 하고 있다. 오른편 문서를 든 사람은 루덴도르프의 의붓아들 페르네트 중위이다.

무죄 방면. 1924년 4월 1일, 예복을 차려 입은 루덴도르프 장군이 무죄 판결을 받고 법원 건물을 나서고 있다. 법정은 장군에게 반역죄를 선고하지 않았다.

영화-새로운 예술형태

전쟁 이후 10년 동안은 무성영화의 황금기였다. 베를린 교외의 스튜디오는 밤낮없이 돌아갔다. "독일 영화의 단순성은 창조적 이미지와 손재주, 예술성과 지성을 보여주는 것이었고, 작품 생산에 필수적인 통합된 예술작업이 노이바벨스베르크와 스타켄에서 가능했다"라고 폴 로타는 그의 전기에 쓴 바 있다.

외화가 필요했던 독일 정부는 법과 돈으로 영화산업을 장려했다. 할당법에 따라 영화배급업자가 미국 영화를 수입하려면 독일 영화를 의무적으로 1편 만들어야만 했다.

영화 제작 붐은 전쟁이 끝나자마자 시작되었다. 1919년 에른스트 루비치는 《마담 뒤바리》, 1년 뒤에 《안나 볼레인》을 감독했다. 두 작품은 대규모 군중 장면이 나오는 스펙터클 영화였다. 거의 같은 시기에 로베르트 비네가 표현주의적 작품 《칼리가리 박사의 밀실》을 완성했다.

《마담 뒤바리》에서 큰 성공을 거둔 폴라 네그리는 루비치 영화사의 《주무룬》과 《불꽃》의 주연도 맡았다. 파울 베게너는 유대 민간전승 속 인물 《골렘》을 재창작하여 잊을 수 없는 인상을 안겨 주었다. 오토 게뷔어는 존경받는 프로이센의 왕 《프리드리히 대왕》을 연기했고, 《마담 뒤바리》와 《안나 볼레인》에서 주연 남우를 맡았던 에밀 야닝스는 프리드리히 W. 무르나우가 감독한 《최후의 웃음》과 3각 관계를 다룬 파울 크

루비체의 유쾌한 코미디 《콜히젤의 딸들》에서 헤니 포르텐은 1인 2역으로 두 딸을 모두 연기했다.

프리츠 랑이 1923~1924년에 찍은 《니벨룽의 노래》에는 파울 리히터가 지크프리트로 출연했다.

베르너 크라우스와 콘라트 파이트가 공연한 선구적인 표현주의 영화 《칼리가리 박사의 밀실》은 큰 인기를 얻었다. 칼 마이어와 한스 야노비츠의 대본을 바탕으로 1920년에 로베르트 비네가 감독한 작품이다.

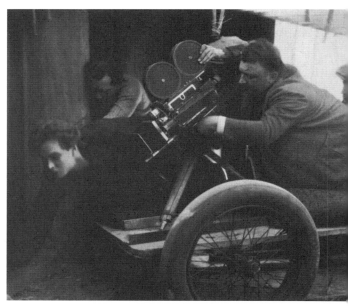

1926년 《메트로폴리스》를 찍는데 플루이드(fluid) 카메라 기법이 사용되었다. 움직이는 촬영대에서 촬영기사 카를 프로인트가 프리츠 랑(촬영기사 뒤)의 지시에 따라 구스타프 프륄리히(왼쪽)를 찍고 있다. 프로인트와 랑은 나중에 미국으로 망명한다.

1925년에 획기적인 성공을 거둔 UFA 영화사의 《강하고 아름다워지는 법》의 한 장면. 1920년대 중반에 영화제작은 그 절정에 달했다. 1925년에 에밀 야닝스가 출연한 《타르튀프》가 나왔고, 아직 무명이었던 젊은 그레타 가르보는 파브스트의 《기쁨 없는 거리》에서 조연을 맡았으며, 콘라트 파이트 주연의 《오를락크의 손》이 나왔다. 같은 해에 세르게이 예이젠시테인의 《전함 포템킨》, 찰리 채플린의 《황금광 시대》, E. A. 듀퐁의 《버라이어티》가 선을 보였다.

지너 감독의 《Nju》에서 엘리자베트 베르그너, 콘라트 파이트와 공연했다.

1923년에는 프리츠 랑이 《니벨룽의 노래》를 찍기 시작했고, 루트비히 베르거가 《신데렐라》, 카를 그루네가 《거리》를 만들었다.

《칼리가리 박사의 밀실》의 공동 극본가이자 자막 없이 스토리를 이끌어 가는 시도를 한 카를 마이어는 초기 위대한 극본가 중 한 사람이라 할 수 있다. 그가 쓴 《최후의 웃음》, 《타르튀프》, 《뒷계단》 등은 새로운 예술형태의 뛰어난 본보기이며, 그의 산뜻하고 간결한 문장은 새로운 스타일의 문을 열었다.

1920년대 중반에 G. W. 파브스트는 그레타 가르보가 처음으로 출연한 독일 영화 《기쁨 없는 거리》(베르너 크라우스와 아스타 닐센 출연)를 감독했고, E. A. 듀퐁은 《버라이어티》(에밀 야닝스와 리아 데 푸티 출연)를 제작했으며, 프리츠 랑은 기념비적인 작품 《메트로폴리스》(브리지트 헬름과 구스타브 프뢸리히 출연)를, 하인리히 갈렌은 《프라하의 학생》(콘라트 파이트와 엘리차 라 포르타 출연)을 내놓았다.

G. W. 파브스트가 후일 소비에트러시아의 수석 선전관이 되는 일리야 에렌브루크의 소설을 바탕으로 만든 프랑스혁명에 관한 고전적 이야기 《잔느 네이의 사랑》을 1927년에 내놓았고, 같은 해에 발터 루트만은 카를 마이어가 각본을 쓴 다큐멘터리영화 《베를린─대도시의 교향곡》으로 등장한다. 그로부터 2년 뒤인 1929년에는 오스트리아계 미국인 요제프 폰 스턴버그가 《탄식의 천사》를 제작했다.

그러나 정신없이 내달리던 예술 활동은 나치의 집권에 의해 제동이 걸렸고, 배우와 감독은 삶과 작업을 위해 외국으로 떠나버렸다.

제2대 독일연방의회 총선

1924년 1월 말 미국 장군 찰스 도스를 의장으로 하는 경제 전문가 위원회가 파리에서 열렸다. 배상 문제에 있어서 채권국과 채무국 쌍방이 받아들일 수 있는 해결책을 찾아 배상위원회에 제시하기 위함이었다. 그들은 정치적이 아니라 경제적 측면에서 해결책을 찾았는데, '독일의 재정 및 경제 통합의 회복'을 바탕에 두고 방안을 검토했다. 다시 말해서 연합국의 루르 점령을 끝내야 한다는 뜻이었다.

도스의 위원회는 기본적으로 채권자가 빚을 회수할 수 있을 것이라고 확신할 수 있도록 '생산적 보장'을 하는데 기초를 두었다. 도스는 독일의 철도를 정부에서 민간기업으로 전환하고, 독일의 산업공장과 재산을 1순위로 저당 잡고, 국가은행을 정부로부터 독립시킬 것을 우선 제안했다. 이에 독일은 관세 수입과 4대 세금 수입을 내놓겠다고 서약하고, 연합국은 그 계획의 실행을 감독하기로 하기에 이른다.

지불에 대해서는 첫 해에 10억 마르크를 내고 4년에 걸쳐 해마다 증액시켜 25억 마르크까지 내는 식으로 독일의 부담을 덜어 주기로 했다. 위원회의 전문가들은 최종적이고 정확한 배상금 총액은 미정으로 남겨 두었는데, 그 부분은 독일 경제의 부흥 정도에 맞추기로 했다.

첫 배상액을 지불하기 위해 독일은 8

선거운동 기간 중의 운터 덴 린덴에서 시위자들을 쫓는 경찰.

억 골드마르크를 국제차관(사실상 미국의 차관)으로 들여왔고, 그 돈은 마르크화를 안정시키는데 큰 도움이 되었다.

도스 위원회는 4월 9일에 여러 관계 정부에 권고사항을 제출했는데, 그때 이미 독일 의회는 해산된 상태였다. 사회민주당이 조항 수정을 긴급 요구했지만 정부가 그 요구에 응하지 않고 투표로 결정하자고 고집했기 때문이다. 그것은 결국 실책이었다. 사실 정부 또한 새로 선거를 해봐야 도움 될 바가 없음을 알고 있었을 것이다.

도스 플랜은 선거의 주요 쟁점이 되었다. 국수주의자와 사회주의자, 양쪽 모두 격렬하게 정부를 공격했다. 주로 독일의 자주권 간섭이라는 이유에서였다. 그들은 "새로운 베르사유조약"이라고 하면서 "독일 국민의 노예화"에 맞서야 한다고 열변을 토했다.

선거 1주일을 앞두고 마르크스-슈트레제만 정부는 도스 위원회의 권고안이 평화적인 해결책이므로 원칙적으로 받아들이겠다고 발표한다. 정부는 "라인과 루르의 동포를 해방시킬 수 있고", "경제적 이유를 근거로 한 원리와 주장이 위압적인 군사력을 대신할 것"이라며 호소했다.

선거에 23개 정당에서 후보를 냈다. 중간층의 분열로 극좌와 극우가 유리해졌다. 과도기에 들어간 독립 사회당의 표를 얻은 공산당은 62석(첫 선거에서는 4석)을 얻었고, 나치(국가사회주의독일노동자당)는 32석을 차지했다. 나치가 독일 의회 선거에 나선 것은 이때가 처음이었다. 나치는 선거기간 중에도 활동 금지 상태였기 때문에 나치 후보자들은 다른 당의 꼬리표를 달고 나와 선거운동을 해야 했다.

선거 결과는 중간 정당의 몰락을 보여 주는 것이었다. 첫 의회에서 171석이던 사회민주당은 71석을 잃어 100석으로 떨어졌고, 슈트레제만의 독일인민당은 20석을 잃었으며, 민주당도 11석을 잃었다.

5월 4일 개표 무렵, 히틀러는 무산된 뮌헨폭동 때문에 유죄 판결을 받고 란츠베르크 성에서 복역 중이었다.

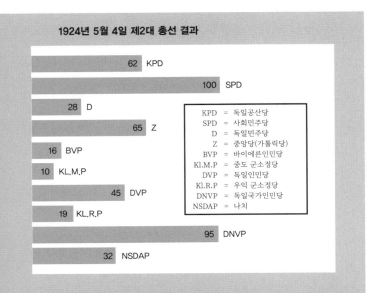

1924년 5월 4일 제2대 총선 결과

의석 수	정당
62	KPD
100	SPD
28	D
65	Z
16	BVP
10	Kl.M.P
45	DVP
19	Kl.R.P
95	DNVP
32	NSDAP

KPD = 독일공산당
SPD = 사회민주당
D = 독일민주당
Z = 중앙당(가톨릭당)
BVP = 바이에른인민당
Kl.M.P = 중도 군소정당
DVP = 독일인민당
Kl.R.P = 우익 군소정당
DNVP = 독일국가인민당
NSDAP = 나치

1924년 12월 7일.

수도 베를린의 투표소 앞 선거일 모습.

제3대 독일연방의회 총선

도스 보고서의 권고는 사실 아무 법적 구속력도 없는 것이었다. 때문에 그것을 조약으로 만들기 위해 1924년 7월 중순 런던에서 국제회의를 열게 된다.

수상 마르크스와 외무장관 슈트레제만이 런던 시민들의 우정 어린 환영을 받으며 영국의 수도에 도착한 8월 5일에는 벌써 본격적인 토의가 시작된 상태였다.

급진파의 당수인 프랑스 수상 에리오는 이번에 독일의 자유주의자들과 합의를 이뤄내지 못하면 독일의 보수반동파가 다시 권력을 잡을 것이고, 그러면 마르크스-슈트레제만 정부와 교섭하는 것보다 훨씬 어려운 상황이 될 것임을 잘 알고 있었다. 그리하여 독일 외무장관과 비밀리에 개인적인 대화를 나눈 끝에 에리오 수상은 루르 점령을 끝내는 데 동의했다. 모든 프랑스 병력을 1년 안에 철수시키기로 했고, 도르트문트는 즉시 해방을 맞았다.

8월 중순에는 각국 대표들이 의견 일치를 이루었고, 같은 달 16일에 슈트레제만이 합의서에 서명을 했다. 그러나 법안을 제출하고 국회의 승인을 받아야 한다는 어려운 과제가 앞에 놓여 있었다.

법안 심의 중에 국가인민당은 슈트레제만을 매국노라고 비난하면서 법안 통과에 앞서 베르사유조약에서 독일을 전쟁범죄자로 지적한 조항을 무효화해야 한다고 주장하는 얄팍한 정략을 들고 나왔다. 그들은 슈트레제만이 제안한 법안이 독일로서는 최선임을 받아들이지 못했고, 책임을 나눠 질 생각도 없이 그저 정략적 이익만 챙기려 들었다. 법안이 결국 표결에 들어갔을 때, 국가인민당의 반은 정부를 지지하고 반은 반대했다. 그러한 정략적 술책으로 법안을 통과시킴으로써 루르 지역 해방이라는 법안의 실익까지 막았다는 책임을 피해 가려 했던 것이다.

표결 후 수상 마르크스는 정치적 기반을 넓혀 의회에서 다수당의 위치를 얻고자 했다. 그러나 국가인민당이 연립을 거절했고, 이에 마르크스는 국회를 해산한다.

새로운 총선을 하기로 한 1924년 12월 7일, 도스 플랜의 효과가 나타나기 시작하면서 국내 상황이 나아지고 있었다. 그로 인해 극우와 극좌 정당, 즉 나치와 공산당은 앞서 선거 때와는 달리 많은 지지자를 잃게 된다. 나치는 18석을 잃고 공산당은 17석을 잃었다. 과격 정당들이 패배를 맛본 반면 중도 성향 정당은 눈에 띄는 성과를 거두었다. 사회민주당은 31석, 독일인민당은 5석, 민주당은 4석을 늘렸다. 고작 14석 밖에 얻지 못한 나치는 한계에 달한 것처럼 보였다.

승리에 도취한 새 정부는 히틀러를 풀어주었다. 독일 안팎의 영민한 정치인들도 히틀러는 이제 한물갔다고 보았다. 석방된 히틀러는 란츠베르크를 떠나 집에서 성탄절을 보냈다.

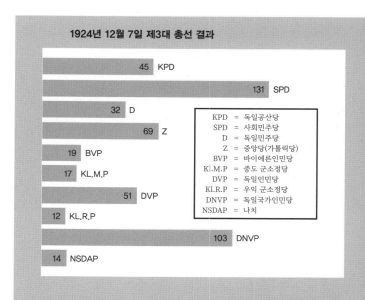

1924년 12월 7일 제3대 총선 결과

45 KPD
131 SPD
32 D
69 Z
19 BVP
17 Kl.M.P
51 DVP
12 Kl.R.P
103 DNVP
14 NSDAP

KPD = 독일공산당
SPD = 사회민주당
D = 독일민주당
Z = 중앙당(가톨릭당)
BVP = 바이에른인민당
Kl.M.P = 중도 군소정당
DVP = 독일인민당
Kl.R.P = 우익 군소정당
DNVP = 독일국가인민당
NSDAP = 나치

란츠베르크 성의 죄수 히틀러. 5년 형을 받았지만 실제 복역 기간은 8개월 반에 불과했다.

교도소의 히틀러

히틀러에게 란츠베르크 성에 갇혀 있던 264일은 그리 힘든 시간이 아니었다. 그는 교도소 1층의 안락하고 해가 잘 드는 독방을 받아 죄수복도 입지 않고 지냈다. 바이에른식 셔츠에 티롤식 재킷이나 상하가 붙은 작업복을 입고 지냈는데, 신문 구독은 물론이고 손님이 찾아오면 맞아들일 수도 있었다. 과자나 음식, 꽃과 선물이 끊임없이 들어왔다. 히틀러의 여성 숭배자인 비니프레트 바그너는 엄청난 꽃다발을 보냈고, 벡스타인 부인은 제철 별미를 보내 그를 위로했다. 35세 생일을 맞은 그의 독방은 마치 꽃집 같아 보일 정도였다. 수천 통의 편지와 카드도 날아왔다. 매일을 즐겁게 보내고 있었던 것이다.

그렇게 지내던 히틀러는 어느 날부터 자신의 생각을 구술하기 시작했다. 처음에는 충실한 당번병 에밀 마우리체가 받아썼고 나중에는 오스트리아로 도주했다가 자신의 형기를 채우겠다고 제발로 되돌아온 루돌프 헤스가 그 역할을 맡았다. 그렇게 《나의 투쟁》이 모습을 갖추기 시작한 것이다.

히틀러의 35세 생일 사진.

Photographs by Heinrich Hoffmann

1924년 여름.
히틀러는 수용소의 안락한 독방에서 지냈다. 벽에는 몇 점의 그림과 월계관이 장식되어 있었다. 방문객을 맞아들일 수도 있고, 친구들과 얘기를 나눌 수도 있으며, 회상록도 구술할 수 있었다.
히틀러 옆에 앉은 사람은 무장단체 지도자 헤르만 크리벨 중령, 뒤에 서 있는 사람은 히틀러의 비서이자 하인인 에밀 마우리체이다.

누드와 재즈

성경의 '대탕녀 바빌론'이라는 묘사가 연상될 정도로 당시 베를린은 환락의 도가니에 빠져 있었다. 도덕적 양심은 땅에 떨어졌고 성적 장벽은 낮아졌다. 복장도착은 패션이고, 문란함은 사교적으로 필요한 것이며, 환각제나 코카인에 취하는 것은 당연한 일이었다. "나는 한 사람하고만 자지 않아, 나는 온갖 뱃놈들과 자. 왜냐하면 요즘은 다들 그렇거든" 하고 일제 보이스는 노래하기도 했다.

쿠르퓌르스텐담에서는 매춘부들이 퍼레이드를 벌이고, 열다섯 살짜리가 행인들을 상대로 당당히 몸을 팔고, 중년 주부가 젊은 남자를 자기 방으로 끌어들였다. 비참과 공허에서 탈출하기 위해 사람들은 육체와 감각이 주는 쾌락에 빠졌다.

뮌헨의 카바레에 출연한 작가 베르톨트 브레히트. 유명 코미디언 카를 발렌틴(브레히트 옆에 중절모를 쓰고 앉은 사람)의 촌극에서 피리를 불었다. 실크해트를 쓴 남장 여성은 발렌틴의 영원한 파트너 리즐 카를슈타트이다.

스캔들이 많았던 아니타 베르버.

할러 레뷔의 재즈.

베를린 스칼라 극장의 쇼.

대통령 사망

프리드리히 에버트는 쾌활하고 품위 있으며 정직한 사람이었다. 1871년에 가톨릭 신자인 재단사의 아들로 태어난 그는 안장 행상인으로 시작해 나중에는 브레멘 안장업자조합의 조합장까지 올라갔다. 사회주의 이론보다 당조직을 중요시한 온건한 조합원이었던 에버트는 주변 사람들이 모두 좋아하는 인물이었다. 30세도 되기 전에 브레멘 시 시의원으로 선출되었고 사회민주당의 지도자에 올랐으며, 그로부터 빠르게 정계에서 두각을 나타냈다.

1904년에는 당대회 부의장을 맡았고, 그 1년 뒤에 베를린의 사회민주당 중앙위원회 서기로 임명되었다. 이때부터 당 구조를 재구축하여 1912년 선거에서는 사회민주당 의석이 43석에서 110석으로 늘어났다. 그 결과 같은 해 국회의원이 된 에버트의 위신 또한 날로 높아졌다.

1차 세계대전 기간 중 마지막 해에는 국회에서 정치적 영향력이 큰 자리 중 하나인 중앙위원회의 위원장이 되었다. 1918년 11월 9일 다수당의 당수였던 그는 수상이 되었고, 1919년 2월 11일에는 바이마르에서 열린 국민의회에서 대통령으로 선출되었다.

독일의 첫 대통령이 된 에버트는 모든 사람들의 이해관계를 충족시켜 보려 노력했다. 타협을 신조로 하는 조정자였던 그는 취임 초기부터 사방에서 공격을 받았다. 카프폭동 초기에 노동자 측에 군대를 투입시킨 탓에 자기가 이끄는 당내 좌파의 지지를 잃었고, 국방군이 카프폭동을 진압한 뒤에는 국수주의 그룹이 공격을 가했다.

황제의 화려한 제복에 익숙한 국민들은 국가 최고 우두머리가 민간인이라는 사실에 잘 적응하지 못했다. "독일인들은 실크해트의 대통령을 원하지 않는다"라고 베를린 주재의 영국 대사 데버넌 자작은 글로 남겼다. "그는 제복을 입고 가슴 가득 훈장을 달아야 했다. 이웃집 사람 같은 외모에 실크해트를 쓴 지도자를 본 사람들은 '나도 대통령 하겠네'라고 생각했다."

에버트의 적들은 그를 '안장집 견습생'이라 부르면서 그가 죽을 때까지 공격했다. 에버트는 1922년 뮌헨을 방문했을 때 자기를 반역자라고 부른 사람을 고소하기도 했으나 바이에른 법정에서의 굴욕적인 반대심문을 앞두고 고소를 취하해 버렸고, 그로 인해 그의 적들은 더욱 공격의 기세를 올렸다. 어느 지방 신문의 국수주의자 기자는 "자, 에버트 씨. 정말로 반역자가 아니란 것을 증명해 보시지"라고 쓰기도 했다. 이에 에버트는 기자를 고소하는데, 그것은 그의 생애 중 150회나 제기했던 고소 중 하나였다. 그 재판의 결과는 참담했다. 1924년 12월 마그데부르크의 판사가 1918년 파업자들을 지지하며 오히려

사회민주당의 지도자. 제1차대전이 벌어지기 며칠 전, 프리드리히 에버트(왼쪽)와 필리프 샤이데만(오른쪽)이 정략을 짜고 있다.

대통령. 1922년 의장대를 사열하는 프리드리히 에버트. 그의 뒤에 있는 사람은 젝트 장군과 요제프 뷔르트 수상.

1925년 2월 마지막 날에 사망한 에버트. 그의 유해는 하이델베르크에 묻혔다. 불과 54세로, 6년 간 대통령으로 재직했다. 그는 죽은 뒤에도 공산당의 격렬한 공격을 받았다. 대기업 편에 서서 기업가들이 자기 이익을 위해 노동자와 정부를 이용하는 행위를 용납했다는 이유였다.

에버트가 반역죄를 저질렀다고 판결한 것이다. 전제시대 때부터 재직해 온 국수주의자 판사가 공화국의 대통령을 반역자라고 선언하는 부조리한 일이 당시 공화국에서는 일어날 수 있었고, 실제로 일어나 버렸다. 애국자로서 전쟁에 두 아들까지 바친 에버트는 그 '판결'에 크게 상심했다.

마그데부르크의 판결이 날 무렵 바르맛 스캔들이 터졌다. 사회민주당 소속 의원이 재정적 비행을 저지른 이 사건으로 인해 에버트의 위상은 더욱 약해졌다.

네덜란드에 사는 러시아계 유대인 율리우스 바르맛은 사업가로서 전쟁 중 물자가 귀했던 시기에 대량의 식량을 독일에 팔았다. 공화국 초기에도 사업을 이어간 그는 자기 회사를 더욱 확대, 다각화시켰다. 그러나 인플레가 끝나자 도를 넘은 그의 제국은 붕괴하고 만다. 1924년의 마지막 날, 바르맛과 그의 동료들이 체포되었다. 그때 그의 채무는 거의 1000만 마르크나 되었는데, 사실 그리 엄청난 금액은 아니었다. 그런데 바르맛은 유대인이었으며 친구인 사회민주당 의원의 도움으로 대출을 받았던 것이

다. 국수주의자들은 이것을 정치적 밑천으로 삼았다. 그들은 바르맛이 독일에 영주할 수 있도록 비자를 내준 자가 에버트라고 비난했고, 그 외에도 대통령으로서 다른 비리에 연루되어 있을 거라는 식으로 계속 공격했다. 그때 에버트는 중병에 걸린 상태였다. 그러면서도 조사위원회에서 증언을 요구해 오면 출석해야 한다고 병원 입원을 거절하고 있었다. 나중에 입원했을 때는 이미 늦은 상황이었다. 맹장이 터져 복막염을 일으킨 탓에 며칠 뒤에 숨을 거두고 만다. 치졸한 고발 탓에 말 그대로 죽음에 내몰렸던 것이다.

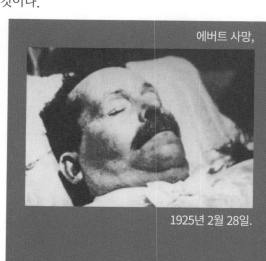

에버트 사망, 1925년 2월 28일.

대통령 선거

독일에서 처음으로 대통령 선거가 실시되었다. 초대 대통령 프리드리히 에버트는 국민투표가 아니고 국민의회 의원에 의해 선출된 것이었으므로 직접 선출은 처음이었다.

1925년 3월 19일.
대통령 선거 후 시내를 청소하는 모습. 베를린 거리를 덮은 각 정당의 선전 전단지를 쓸어내고 있다.

모든 주요 정당이 후보자를 냈다. 사회민주당은 프로이센의 수상 오토 브라운을 선택했고, 전 수상 빌헬름 마르크스는 중앙당의 깃발 아래서 뛰었다. 전 두이스부르크 시장으로 각료 경험이 있는 카를 야레스 박사는 국가인민당으로 입후보했고, 바이에른의 수상 하인리히 헬트는 바이에른인민당, 에리히 루덴도르프 장군은 나치당으로 나왔다. 민주당은 바덴 주 대통령 빌리 후고 헬파흐 박사, 공산당은 소속 국회의원 에른스트 툍만을 각각 내세웠다.

1925년 3월 29일에 치러진 투표 결과, 7명의 후보 중 아무도 과반수를 얻지 못했다. 1070만 표를 얻은 야레스가 1위를 하고 780만 표를 얻은 브라운이 2위였다. 마르크스의 득표는 400만 표 미만, 툍만 180만 표, 헬파흐 150만 표, 헬트 100만 표 미만, 루덴도르프 장군은 불과 20만 표밖에 얻지 못했다. 그리하여 과반 득표를 위해 다시 선거를 실시하게 되었다.

빌헬름 마르크스의 선거운동원.

공산당 지도자 툍만의 선거운동.

국가인민당 힌덴부르크의 선거운동.

육군원수 파울 폰 힌덴부르크는 모든 우익 정당의 지지로 1465만 5766표를 얻어 대통령이 된다.

빌헬름 마르크스는 중앙당, 민주당, 사회민주당의 지지를 받았지만 1375만 1615표에 그쳤다.

다음 선거를 위해 국가인민당과 두 중도 정당은 확실히 이길 수 있는 강력한 인물을 찾아 나섰다. 중도 정당들은 오랜 의논 끝에 빌헬름 마르크스로 단일화하여 우파에서 선택한 77세의 늙은 전쟁영웅 힌덴부르크 장군에 맞서기로 했다. 힌덴부르크는 그때까지 정계에 나선 적이 없었는데, 보수파와 국가인민당의 승리를 위하여 후보자로 나서달라는 오랜 친구 티르피츠 제독의 설득에 넘어갔던 것이다.

전쟁이 끝난 지 고작 6년 밖에 안 되었는데 황제 휘하의 가장 유명한 장군 중 한 사람이 대통령 후보로 나왔다는 사실에 세계는 불안해했다. '전쟁에서 독일인은

공산당의 에른스트 튈만은 193만 1151표를 얻었다. 공산당이 마르크스를 지지했다면 힌덴부르크는 패배했을 것이다.

아무 교훈도 얻지 못했단 말인가?' 하고 프랑스는 낭패감에 빠졌다.

예상대로 2차 투표에서 1450만 표 이상을 얻어 힌덴부르크가 승리를 거두었다. 마르크스는 약 1370만 표, 튈만은 약 190만 표였다. 만약 바이에른인민당도 마르크스를 지지했다면, 혹은 공산당이 독자 후보를 내세우지 않았다면 힌덴부르크는 대통령이 되지 못했을 것이다.

그의 당선은 군주제 지지자, 국수주의자, 군국주의자의 승리를 의미했다. 그의 거구는 공화국에 큰 그림자를 드리웠다. 그가 과연 그 우려를 씻어낼 수 있을지는 의심스러웠다.

155

새로운 대통령

힌덴부르크—파울 루트비히 한스 폰 베네켄도르프 운트 폰 힌덴부르크는 13세기까지 거슬러 올라가는 전통 있는 군인 가문에서 태어났다.

1947년에 탄생한 그는 스무 살이 되기 전에 오스트리아와의 전쟁에 참전하고, 40년의 군 생활 뒤인 1911년에 "전쟁의 징후가 엿보이지 않으므로" 장군으로서 퇴역했다. 그러나 3년 뒤에 전쟁이 일어났고, 그는 동프로이센의 8군단 지휘를 맡았는데, 이때는 러시아의 2개 군단이 독일의 심장부를 향해 이동 중이었다. 대규모 전투 끝에 러시아가 패배, 1410년에 독일인의 선조인 튜턴기사단이 폴란드에 의해 쫓겨났던 땅인 탄넨베르크에서 독일의 승

전보가 나왔다. 사실 힌덴부르크는 작전 계획에 손도 대지 않았지만 승리를 이끈 인물이 되었다. 1916년에는 참모총장이 되어 루덴도르프 군수총사령관을 휘하에 두고 국내의 정치가들과 서부 전선의 부대를 지휘했다.

그러나 1차대전에서 패전하면서 힌덴부르크의 경력에도 막이 내리는 것 같았다. 그는 하노버로 은퇴하여 회고록을 썼는데, 거기에도 독일은 전장에서 진 것이 아니라 '등을 찔린 것이다'라는 주장을 되풀이했다.

상황 판단이 빠르고 야심만만하며, 전제주의자이자 군국주의자였던 그가 민주공화국의 국민 선출 대통령으로서 권력의 자리에 돌아온 것이다.

1925년 여름.
대통령 궁 정원에서 많은 사진사들 앞에 선 힌덴부르크.

독일의 권력자 힌덴부르크 대통령.

어떤 책의 출간

1924년에 처음으로 나온 광고를 보면 《거짓과 어리석음, 비겁에 맞선 4년 반의 투쟁》이라는 긴 제목이 붙어 있다. 그런데 히틀러의 전우이며 당의 출판 부문을 맡은 막스 아만이 그것을 두 단어로 줄인다 : 《Mein Kampf》(나의 투쟁).

1925년 여름.
란츠베르크에 수감되어 있던 히틀러는 책 전반은 에밀 모리스에게, 후반은 루돌프 헤스에게 받아쓰게 했다. 석방 뒤에는 반유대주의자 신부 베른하르트 슈템플에 더하여 언론인 요제프 체르니까지 참여해 글을 고치고 재편집을 했다. 그렇게 히틀러의 장광설을 가지치기 한 끝에 책

신랄한 문예비평가 안톤 쿠와 〈뮌히너 일루스트리에르테 프레세〉의 편집장 스테판 로란트가 카페 헤크의 테이블에서 논평을 나누고 있다.

히틀러는 작가가 아니었다. 그의 문장 스타일은 지루하고, 주장은 설득력이 없으며, 논리는 모호했다. 그의 생각은 신문이나 홍보책자, 인종차별주의 잡지 같은데서 얻은 것들이고 그의 문구는 연극이나 오페라에서 따온 것이었다. 히틀러는 책도 많

Photograph by Heinrich Hoffmann

에 담긴 생각이 명확해지고 독자가 읽기 쉽게 만들어진 것이다.

덕분에 뮌헨 시민이 사랑하는 카페 헤크의 영국식 정원에서 많은 사람들이 이 책에 대해 토론하게 되었는데, 책의 주요 목적은 히틀러가 국가사회주의운동(나치 운동)의 유일한 창시자이며 육성자임을 세계에 납득시키려는 데 있었다. 당을 일으키는데 필수적인 역할을 한 에른스트 룀, 헤르만 에서, 율리우스 슈트라이허, 그레고어 슈트라서 등에 대해서는 전혀 언급하지 않았다. 책은 최종적으로 《나의 투쟁》이라는 제목으로 1925년 가을에 발간되었다. 이때는 크게 주목 받는 일 없이 겨우 9473부가 팔렸다. 그리고 판매부수가 자꾸 떨어져서 다음 해는 6913부, 1927년에는 5607부 밖에 팔리지 않았다. 그러나 히틀러의 지위가 올라감에 따라 판매부수도 올라가서 수상이 된 1933년 이후에는 수천만 부가 팔렸다.

이 읽지 않았는데, 몇 천 장이나 되는 그의 사진 중에 책과 함께 한 것이 한 점도 없을 정도이다. "나는 소설을 한 편도 읽은 적이 없다. 그런 독서는 나를 짜증나게 만든다"라고 말한 바도 있다. 그는 젊었을 때나 그 이후에나 서재를 가진 적이 없었다. 저속한 품성의 교양 없는 자가 고문처럼 끝날 줄 모르는 글을 쓴 것인데, 그럼에도 불구하고 그의 책은 수백만 명의 삶에 영향을 미친다.

《나의 투쟁》은 자전적인 방식으로 시작하여 "국가와 민족", "철학과 정당", "민족국가의 개념" 등 설익은 이론으로 내용이 바뀌어간다. 그 중 "선전과 조직" 부분은 그나마 돋보이는 챕터라고 할 수 있다.

책이 출간 된 당시에는 일반인의 관심을 전혀 끌지 못했다. 히틀러의 열광적 숭배자들조차 읽기 어렵고 따분하다고 말할 정도였다.

1925년.
1925년 10월 16일에 열린 제1회 로카르노회담에서 독일, 프랑스, 벨기에, 영국, 베르사유조약에 의해서 국경 확정을 보장받은 이탈리아까지 조약 초안에 서명했다. 독일로서는 알자스－로렌을 최종적으로 잃게 됨을 의미하는 것이었다.
회담 테이블 앞에 앉은 사람은, 독일 대표 한스 루터 수상·슈트레제만 외무장관·국무부 해외사무국의 카를 폰 슈베르트. 독일 대표 왼편은 이탈리아 대표들로서, 디노 그란디 백작(짧은 턱수염)·베니토 무솔리니. 그 옆은 영국 대표를 이끄는 외무장관 오스틴 체임벌린 경(외눈안경). 독일 측 맞은편은 프랑스 대표로 아리스티드 브리앙 외무장관(가운데). 그 오른쪽은 체코슬로바키아의 에드바르트 베네시, 벨기에의 에밀 반데르벨데, 폴란드의 그랍스키 수상.

평화를 위한 노력

슈트레제만은 프랑스 및 다른 나라와 합의를 이루어 정치적 화해를 모색해야 하고, 그래야 독일이 평화적 발전을 할 수 있다고 생각했다. 그의 노력은 결실을 맺어 로카르노에서 열린 7개국 회담에서 상호안전조약과 유럽의 긴장 완화를 이끌어낼 수 있었다. 독일은 자국의 서부 국경(라인 지역은 비무장지대로 설정)을 추후 변경하지 않는다는 조건을 걸어 동부의 국경 문제도 연합국의 조정에 맡기는데 동의했다.

"수 세기 동안 적대하던 두 나라가 화해하여 평화를 위한 공동작업에 나섰다"라는 에리히 에이크의 말이 보여주는 것처럼 로카르노의 정신은 상호 신뢰였다. 그에 따라 독일도 국제연맹 가입이 허가되었다.

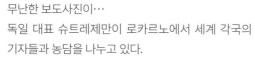
무난한 보도사진이…
독일 대표 슈트레제만이 로카르노에서 세계 각국의 기자들과 농담을 나누고 있다.

…악질적인 그림으로.
독일 화가 프로네는 그림으로 외무장관에게 비열한 공격을 가했다.

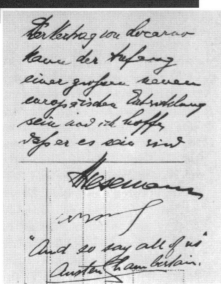

주요 대표들의 사인이 담긴 로카르노의 엽서. "로카르노조약은 위대하고 새로운 유럽 발전의 시작이 될 것입니다. 나는 그렇게 희망하고 있으며 또한 그렇게 될 것입니다"라고 슈트레제만은 썼다. 브리앙이 거기에 서명을 더했고, 체임벌린은 제일 아래에 "또한 우리 모두의 생각이기도 합니다"라고 써 넣었다.

런던에서의 로카르노조약 체결.
오스틴 체임벌린의 67회 생일이기도 한 10월 16일에 열린 로카르노회담에서 가조약이 만들어졌다. 11월 22일 힌덴부르크 대통령은 베를린 국민의회가 비준한 로카르노조약에 서명을 더했고, 다음날 수상 루터와 외무장관 슈트레제만이 정식 조인을 위해 영국 외무부가 있는 런던으로 떠났다.

군주의 재산몰수 지지 운동. 공산당과 사회민주당은 군주의 재산을 아무 보상 없이 몰수해야
한다고 시위를 벌였다. 그러나 국회에서는 이 법안이 거부되었고, 이에 법안 청원에 필요한
유권자 10%의 3배나 되는 1250만 명의 서명이 국회에 제출되었다. 그럼에도 불구하고 국회
에서는 1926년 5월 6일, 236 대 142로 청원이 통과되지 못 했다. 이에 공산당과 사회민주당
은 국민투표에 부치겠다며 준비에 들어갔다. 만일 4000만 유권자 중 반 이상이 그들의 제안
에 찬성표를 던진다면 무조건 몰수가 법으로 정해질 터였다. 6월 20일에 국민투표가 실시되
었지만 사회주의 정당들이 얻은 표는 1445만 5184표로, 450만 표가 부족했다.

Drawing by Lynne Foy

1926년 5월 5일, 힌덴부르크 대통령이 국기에 대해 명령을 내렸다. 그것은 커다란 정치적 실
책으로서 루터 수상과 내각을 몰락시키는 위기를 불러왔다.
공화국의 국기는 타협을 통해 정해진 것이었다. 흑·적·금색의 새로운 국기를 정식 국기로
하고, 제정시대의 흑·백·적 깃발도 상선에 거는 기로서 남겨 놓았던 것이다.
그런데 제정시대의 깃발에 충성을 바치던 사람, 특히 외국에 사는 독일인 등이 정부에 강력
한 압력을 넣었다. 그러자 자신 또한 제정시대 깃발에 충성하던 힌덴부르크 대통령이 모든
독일의 공관과 영사관에 흑·백·적 깃발도 함께 걸라고 지시하고 나섰던 것이다.

흔들리는
공화국

1926년 봄, 두 가지 문제가 분노를
일으켰고 그로 인해 독일은 더욱 분
열되었다. 하나는 군주의 재산을 몰
수하는 건이고, 하나는 국기의 색이
었다. 국가인민당은 재산 몰수 반대
운동에 나섰지만, 군주의 재산은 원
래 국민의 것이므로 국민에게 돌려
주는 것이 당연하다면서 사회민주당
과 공산당은 재산 몰수에 찬성했다.
군주들의 반발도 당연한 것이었다.
남부 일부 주에서는 새로운 정부와
합의를 했지만 프로이센처럼 그렇
지 못한 곳도 있었다. 국회가 재산몰
수법 통과를 거부하자 국민투표에도
부쳐보았지만 찬성표가 모자랐다.
보수적인 국가인민당의 승리이자 공
화국의 패배였다.

거의 비슷한 시기에 터진 또 다른
문제는 국기에 관한 대통령의 지시
였다. 황제의 깃발 아래서 성장했고
충성해온 힌덴부르크는 공화국의 국
기를 좋아하지 않았다. 그랬던 그가
국가인민당과 외국에 사는 독일인의
지지를 빌려 독일 공사관이나 영사
관에 독일의 공식 국기와 나란히 제
정시대에 애용하던 흑·백·적 깃발
도 걸라고 명령한 것이다. 그 명령은
정치적 분노를 일으켰고 결국 내각
사퇴까지 야기했다. 수상 루터는 이
러한 작은 문제 때문에 내각이 무너
지는 상황을 이해할 수가 없었다. 왜
냐하면 그 자신은 흑·적·금색 국
기가 공화국의 상징이라고 생각도
하지 않았던 것이다.

1923년 9월 9일.
국제연맹의 독일. 독일 외무장관 구스타프 슈트레제만은 연맹 가입을 받아들이면서 "평화의 가장 안전한 기초는 국가 간 상호 이해와 상호 존중 정책에 있다"고 말했다. 브리앙은 "잔혹함, 폭력과 피로는 우리 문제를 해결할 수 없다"고 대답했다. 평화로운 세계에 대한 밝은 희망이 보인 것이다.

제네바

로카르노조약으로 독일도 국제연맹에 가입할 수 있게 되었다. 1926년 2월 10일, 슈트레제만은 국제연맹 사무총장에게 독일 가입을 신청했다. 독일의 요청은 회의장을 벌집 쑤셔놓은 것처럼 만들었다. 독일이 상임이사국이 될 수 있다면 자기 나라도 그 자리에 앉을 만한 힘이 있다고 여러 나라들이 나선 것이다.

오랜 토의 끝에 독일 가입이 승인되었다. 9월 9일, 슈트레제만이 연맹에서 연설을 하고, 그에 대해 프랑스의 브리앙이 인상적인 연설로 화답했다. 독일과 프랑스가 우호적인 얘기를 주고받은 것이다.

휴식. 국제연맹 총회 후 정치가와 기자가 만나는 장소로 유명한 제네바의 카페 바바리아에서 음료를 마시는 슈트레제만.

뮌헨 셸링 거리 50번지의 당 사무소에서 연설하는 히틀러. 연설자 테이블의 인물들은 왼쪽에서부터, 당 부서기장 필리프 부흘러, 아르투르 지글러, 알프레트 로젠베르크, 당 중재위원회 의장 발터 부흐, 당 재무담당 프란츠 자비에르 슈바르츠, 아돌프 히틀러, 그레고어

1925년 2월 27일 석방 후 처음으로 히틀러가 연설을 했다. 포스터에는 "유대인 입장 금지"라는 공지가 실려 있다.

조직 재건

히틀러가 복역하는 동안 나치당의 당권을 두고 국수주의자와 종족민족주의 정치가들이 싸움을 벌였다. 그러나 풀려난 히틀러는 바로 고삐를 낚아챘다. 맥주홀 뷔르거브로이캘러에서 "독일의 미래와 우리의 운동"이라는 제목으로 연설을 하면서, "나 혼자 이 운동을 끌고 갈 것이다. 그 누구도 나에게 도움을 줄 수 없다"고 선언했다. 바이에른은 히틀러에게 연설 내용이 정도를 넘었다면서 그로부터 2년 간 공개 장소에서 연설하는 것을 금지시켰고, 다른 주에서도 바이에른의 사례를 참고하여 히틀러의 공개 연설에 빗장을 걸었다. 그 침

중요 참모와 함께 한 나치당 당수 :

오토 슈트라서는 히틀러의 초기 지지자인 그레고어 형제와 함께 대형 기업과 대형 토지의 국유화를 선동했다. 후에 형제는 히틀러에게 도전한 탓에 당에서 밀려나는데, 오토는 살아남지만 그레고어는 1934년에 살해된다.

율리우스 슈트라이허는 저속하고 음란한 호색한에 반유대주의자로, 나치 초기에 프랑켄 지역의 친구들을 끌어들였다. 그에 대해 히틀러는 죽는 날까지 고마워했다. 뉘른베르크 전범재판에서 슈트라이허는 교수형 판결을 받는다.

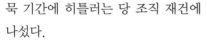

슈트라서, 하인리히 힘러, 그리고 테이블 끝에 카를 피흘러.
히틀러는 석방되자마자 당의 재조직에 착수하여 이례적인 성공을 거두었다.

묵 기간에 히틀러는 당 조직 재건에 나섰다.
금지령이 해제되자마자 히틀러는 원래 자기 자리로 돌아왔다. 1927년 8월, 2만 명의 나치들이 절대적이고 위대한 그들의 지도자를 만나기 위해 뉘른베르크에 모이게 된다.

뮌헨 호프부로이하우스에서 맥주를 앞에 두고 열린 나치 수뇌회의. 좌에서 우로 그레고어 슈트라서, 크리스티안 베버, 히틀러, 프란츠 자비에르 슈바르츠, 막스 아만, 울리히 그라프. 카메라를 등진 사람은 카를 피흘러와 율리우스 샤우프이다.

제4대 독일연방의회 총선

인민당, 국가인민당, 가톨릭중앙당으로 이루어진 슈트레제만의 우익 연립정부는 불안정한 연합이었다. 슈트레제만의 외교 정책을 맹렬히 공격하던 국가인민당은 정부를 떠날 태세였다. 그러나 연합이 깨진 실제 원인은 국내 문제에 있었다. 공립 초등학교의 교육지도를 종교에 따라 할 것이냐 아니면 종교와 관계없이 할 것이냐는 문제였다. 합의를 이끌어내지 못한 수상 마르크스는 국회를 해산하고 새로 선거를 하기로 했다.

이어진 선거운동에서 사회민주당은 정부가 소형 무장 순양함 건조에 900만 마르크를 요청한 것을 문제 삼았다. 시작은 국방부의 재정 스캔들, 특히 파산한 피버스 영화사에 국방부 자금을 투자한 건 때문에 국방장관 오토 게슬러가 사임하고 후임으로 빌헬름 그뢰너가 임명된 데에 있었다. 그는 소형 무장 순양함 건조를 위한 자금을 필요로 했는데, 이에 대해 사회민주당이 '무장 순양함보다 아이들의 음식이 필요하다'고 반박하고 나섰던 것이다.

선거는 사회민주당의 승리로 끝나서 131석에서 153석으로 늘어났다. 반면 국가인민당과 독일인민당은 의석을 잃었다. 국가인민당은 103석에서 73석으로, 독일인민당은 51석에서 45석으로 줄었다. 주목할 부분은 나치가 10만 표나 잃었다는 것이다.

새 내각에서는 사회민주당의 헤르만 뮐러가 수상으로 올라 또 다시 대연합 내각을 구성하면서 혼란이 끝날지도 모른다는 희망을 품게 한다.

1928년 5월 20일.
무장 순양함 건조 문제가 5월 선거의 핵심이 되었다.

국가인민당의 포스터는 대통령의 권력 강화를 호소했다.

1928년 5월 20일 제4대 총선 결과

의석	정당
54	KPD
153	SPD
25	D
62	Z
16	BVP
31	KL.M.P
45	DVP
20	KL.R.P
73	DNVP
12	NSDAP

도표 약칭
KPD (Kommunistische Partei Deutschlands) = 독일공산당
SPD (Socialdemokratische Partei Deutschlands) = 사회민주당
D (Demokratische Partei) = 독일민주당
Z (Zentrum) = 중앙당(가톨릭당)
BVP (Bayrische Volks Partei) = 바이에른인민당
Kl. MP (Kleine Mittel Parteien) = 중도 군소정당
DVP (Deutsche Volks Partei) = 독일인민당
Kl. RP (Kleine Rechts Parteien) = 우익 군소정당
DNVP (Deutschnationale Volks Partei) = 독일국가인민당
NSDAP (National Socialistische Deutsche Arbeiter Partei) = 나치당

공산당의 포스터들.

베를린에서 가장 현대적이고 우아한 호텔의 하나인 호텔 에스플라나데의 5시 티타임.

무도회

돈을 가진 사람이나 유흥을 위해 베를린에 온 여행자들에게는 '황금의 20년대'였다. 호텔은 호화롭고 식사는 훌륭했으며 공연과 영화는 더할 나위 없이 좋았다. 아가씨들은 아름답고, 남성들은 우아했다. 금지된 것은 하나도 없었다. 어떤 즐거움이든 살 수 있었다. 그러나 대부분의 독일인은 그런 사치를 즐기기는커녕 끼니도 제대로 먹기 힘든 상황이었다. 그런 상황 속에서 히틀러는 기회를 기다렸다. 그의 예상은 들어맞고 있었다.

모두가 춤을 : 20년대는 춤에 열광하던 시대였다. 베를린의 호텔 아들론에서 벌어지는 오후의 댄스 모임은 국제적으로 유명해서 춤을 추러 온 베를린의 사교계 사람이나 외국 방문객으로 항상 넘쳐났다. 무도장 가운데에서 카메라를 보는 사람은 호텔의 소유주로 유명한 루이스 아들론과 그의 부인 헤다이다.

가죽바지를 입은 히틀러. 하인리히 호프만의 1928년 사진.

"바이에른인"

바이에른 신사. 20년대의 히틀러는 바이에른 사람처럼 보이고 싶어 저러한 복장을 했다.

Photographs by Heinrich Hoffmann

가죽 반바지를 입은 그레고어 슈트라서, 에른스트 룀, 헤르만 괴링, 빌헬름 브뢰크너. 히틀러만 비즈니스 정장을 입었다.

오스트리아인으로 태어난 히틀러는 바이에른인으로 보이기를 간절히 원했다. 뮌헨에서 살 때와 바이에른인인 전우와 전선에 있던 동안에 히틀러는 바이에른 사투리를 익혔고 복장이나 태도도 바이에른 사람으로 보이려고 노력했다.

진짜 바이에른인은 달리 찾아보기 힘든 독특한 인종이다. "그 친구 조심해. 우리를 동물이 아니라 사람하고 비교하더라고. 뭔가 속셈이 있는 거야!"라고 바이에른 사람들끼리 농담을 주고받기도 했다. 바이에른 사투리는 알아듣기 어려워서 중국어처럼 외부인들은 정말 이해하기 힘들 정도이다. 바이에른의 말투는 촌스럽고 표현은 거칠지만 그 이야기나 이야기를 풀어나가는 방법은 재미있다. 바이에른에 이러한 농담이 있다. "비 엄청 오네"라고 뮌헨의 어떤 맥주 애호인이 말했다. 그러자 동료가 대꾸했다. "밖에?"

바이에른인의 세계는 일, 가족, 맥주 그리고 소시지로 얽혀 있다(순서는 다를지도 모르겠다). 바이에른이 예술가의 고장은 아닐 거라고 생각하는 사람도 있으나 실제

로는 작가(루트비히 토마스, 막스 할베, 오스카 마리아 그라프), 작곡가(리하르트 슈트라우스, 한스 피츠너), 코미디언(카를 발렌틴, 바이스 페르들)을 비롯한 여러 화가, 건축가, 시인을 낳은 바 있다. 토마스 만, 리온 포이흐트방거, 부르노 발터 등은 모두 뮌헨에서 살며 활동했고, 〈짐플리치시무스〉에 만화를 그리던 올라프 굴브란손, 토마스 테오도어 하이네, 카를 아르놀트 등도 그러했다.

바이에른인의 사고방식은 아르놀트의 만화에 나오는 맥주 마시는 사내(눈꺼풀에 갈고리십자가 그려져 있다)의 4행시에 잘 나타나 있다.

"나는 평화와 혁명을 원하네.

우리에겐 질서와 유대인 몰살이 필요해.

그리고 사바 강 일대까지 보여줄 독재자가 필요해.

어떻게 하면 우리 독일을 다시 세울 수 있을까."

히틀러는 바이에른의 가죽바지를 입을 때나 입고 있지 않을 때나 진심으로 바이에른인이 되고 싶어 했다.

Courtesy : Carl Zuckmayer

카를 추크마이어(1896~1977). 《즐거운 포도산》(1925), 《신더한네스》(1927), 《쾨펜닉의 하우프트만》(1931) 등 여러 성공적인 희곡을 쓴 극작가로 《탄식의 천사》 또한 그의 작품인데, 주연을 맡은 에밀 야닝스와 친구이기도 하다. 제2차대전 중에는 미국에서 살았다.

바이에른공화국의 시대는 작가의 시대였다. 구세대—게르하르트 하우프트만, 헤르만 헤세, 아르놀트와 슈테

Courtesy : Liesl Frank Lustig

에밀 루트비히(1881~1948). 괴테, 비스마르크, 빌헬름 2세, 나폴레옹, 링컨, 프랭클린 루즈벨트, 프로이트의 전기를 썼다.

Author's collection

에른스트 톨러(1893~1939). 극작가 겸 시인으로서 1919년에 바이에른소비에트공화국의 수반을 며칠 맡은 탓에 이후 5년 간 감옥에서 지냈는데, 이 기간에 희곡과 시집을 썼다. 사진은 친구 스테판 로란트(오른쪽)와 함께 있는 장면.

Courtesy : Mary Tucholsky

쿠르트 투홀스키(1890~1935). 정치 평론가. 대표적 자유주의 저널리스트이자 시인으로서 여러 필명으로 글을 썼다. 히틀러 치하의 독일에 실망한 나머지 스웨덴에서 자살했다. (사진 오른쪽)

작가와 시인

판 츠바이크–에 젊고 재능 있는 아르놀트 브론넨, 발터 하젠클레버, 게오르크 카이저, 알프레트 되블린, 한스 팔라다 등이 더해졌다.

Courtesy : Frances Thanash

에리히 마리아 레마르크(1898~1970)와 그의 아내. 베를린에 사는 31세의 편집자였던 그는 1929년에 반전 소설 《서부 전선 이상 없다》로 유명해졌다.

Courtesy : Liesl Frank Lustig

토마스 만(1875~1955)과 그의 아내 카티아. 이 사진은 《마의 산》이 발간된 1924년에 찍은 것으로, 이미 그는 유명 작가였다. 그는 20세기 초 자기 집안의 연대기를 담은 《부덴브로크스》로 이름을 알리기 시작했고, 1929년에는 노벨문학상을 받았다. 그는 1933년 독일에서 도망쳐 나왔다.

Courtesy : Liesl Frank Lustig

클라분트(1890~1928)와 브루노 프랑크 (1887~1945). 시인, 극작가, 소설가, 영화 각본가인 그가 1925년 휴가 중에 찍은 사진. 가수 프리치 마사리의 사위인 프랑크는 만년을 미국에서 보냈다.

Courtesy : Helene Weigel-Brecht

베르톨트 브레히트(1898~1956). 쿠르트 베일의 작곡으로 《서푼짜리 오페라》가 초연된 1928년에 베를린의 자택에서 찍은 사진. 그의 명성은 10년 전인 1918년에 발표하여 클라이스트 상까지 받은 《바르》로 이미 확고해져 있었다.

1928년.
켈로그 평화조약 비준. 서명하는 쿨리지 미국 대통령. 그의 옆은 국무장관 프랭크 B. 켈로그와 재무장관 앤드류 멜론.

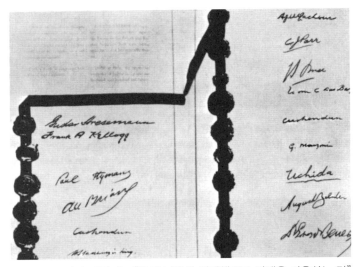

켈로그-브리앙 의정서는 "국제 분쟁의 해결책으로 전쟁을 이용하는 것"을 규탄했다.

1929년 2월.
영 플랜을 검토하는 파리 배상회의. 왼쪽에서 오른쪽으로 미국의 오언 D. 영, J. P. 모건과 영국의 조시아 스탬프 경.

배상금 조정

슈트레제만의 외교 정책 중 2대 목표는 라인란트 철군과 배상금 삭감이었다. 독일은 런던협정에 조인함으로써 베르사유조약에서 정한 사항을 이행해야만 하고, 대신에 라인란트를 점령한 병력은 물러나야만 한다는 것이 슈트레제만의 신념이었다. 그리고 두 번째 목표를 이루기 위해 프랑스와 영국을 설득했고, 수긍할 수 있는 수준의 배상을 논의하기 위해 관계국이 각 2명의 전문가를 대표로 보내 위원회를 만들자는 데까지 이끌어 냈다.

이 전문가 회의는 미국의 오언 D. 영을 의장으로 삼아 1929년 2월 19일 파리에서 열렸다(또 다른 미국 대표는 은행가 J. P. 모건이었다). 독일 대표는 극우 기업가 할마르 샤다트와 알베르트 푀글러로, 독일 산업계를 이끌던 루트비히 카스틀과 함부르크의 은행가 카를 멜히오어도 동행했다.

독일은 두 가지 조건이 받아들여진다면 해마다 16억 마르크를 지불하겠다고 제안했다. 하나는 독일이 원자재를 식민지에서 조달할 수 있게 하는 것이고, 또 하나는 전쟁 중에 잃은 동부의 농업 생산물에 대해 보상을 해달라는 것이었다. 직설적으로 식민지의 반환과 폴란드 회랑의 폐지를 요구한 것이다. 이들 문제는 경제적이라기보다는 정치적인 것이어서 위원회에서 토의될 건이 아니었다. 두 국수적인 독일 대표의 요구 탓에 위원회는 난파할 뻔 했지만 의장 영이 타협안을 내놓아 위기에서 벗어날 수 있었다.

많은 협상 끝에 전문가들은 1929년 6월 7일에 합의서에 서명했다. 이에 따라 독일은 향후 37년에 걸쳐서 해마다 평균 19억 9000마르크를 지불하고, 그 후 22년 동안 연합국 내의 전시 차관에 해당하는 금액을 지불하기로 한다. 연간 지불액은 두 부분으로 나뉘었는데, 무조건 지불할 부분(6억

6000마르크)과 연기가 가능한 부분으로 구성되었다.

이는 이전의 도스 플랜보다 덜 엄격한 것이었다. 외국의 조정도 따르지 않으므로 독일의 주권에 대한 간섭도 없었다. 배상위원회도 없고, 생계비지수 걱정도 없고, 경제적 불안정도 없어질 것이었다. 이로써 독일의 부담은 많이 가벼워졌다.

그럼에도 불구하고 영 플랜의 조항이 공식화되자 국수주의자 측 신문들은 슈트레제만을 격렬하게 공격하며 그의 정책을 비난했다. 자신의 신문을 이용해 공격의 선봉에 선 후겐베르크는 이렇게 연설했다. "자기 나라 국민을 이용해 외국자본의 앞잡이 노릇을 하고 혜택을 받으려는 자가 있다면 자유를 위한 투쟁의 순간이 올 때까지 독일 국민 모두가 프롤레타리아로 사는 게 낫다." 사실 그가 무슨 말을 하려는 것인지도 명확하지 않았지만, 그럼에도 불구하고 국가인민당은 그의 고함소리에 진심으로 환호성을 보냈다.

영 플랜이 토의되는 동안 슈트레제만에 대한 불신임안은 모두 독일 의회에서 부결되고, 독일은 영 플랜을 법제화하기 위해 헤이그에서 열릴 국제회의에 참가할 수 있게 되었다.

헤이그회의는 슈트레제만의 승리로 끝났다. 절망적인 병에 걸려 있었으면서도 그는 조국에 보다 유리한 조건을 얻어냈다. 그리고 모든 힘을 다 쓴 그는 두 달 후인 1929년 10월 3일 세상을 떠난다.

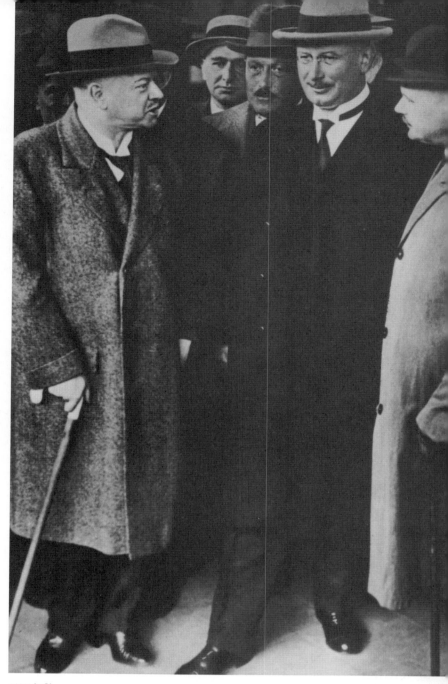

1929년 8월.
병에 걸린 슈트레제만이 헤이그에서 네덜란드 외무장관 반 브록크란트와 함께 서 있다. 오랜 토의 끝에 프랑스·벨기에·영국은 라인란트 철수 및 이 지역에 대한 독일의 전면적인 주권 회복을 약속했다.

영 플랜의 수락은 한때 적이었던 나라와 정상적인 관계로 되돌아가기 위한 노력으로 간주되었다. 만일 배상금 지불을 둘러싼 쩨쩨한 논쟁이 나중에 민주 정부를 공격하는 나치의 최대 선전 무기가 될 것임을 알았다면 정치가들의 행동도 필시 달랐을 것이다. 배상 문제가 원만하게 풀렸다면 유럽은 분명 평화롭게 발전했을 것이며, 많은 어려움도 피할 수 있었을 터이다. 그러나 양보할 줄 모르고 멀리 볼 줄 몰랐던 승전국의 태도는 독일 우익 세력에 힘을 보태주었고, 이후 몇 년 동안 불평분자와 실업자를 결속시킨 우익은 '노예화' 반대 투쟁에 나섰다. 1933년, 히틀러가 정권을 잡았을 때 독일의 배상 부채는 당초의 1320억 마르크에서 고작 3억 마르크 밖에 줄지 않은 상태였다.

구스타프 슈트레제만, 1929년 10월 3일 사망.

영 플랜에 대한 저항

1930년 1월.

Photographs by Dr. Erich Salomon

헤이그회의는 해가 바뀐 1930년이 된 뒤에도 계속 이어졌다. 슈트레제만의 후임으로 독일 외무장관에 취임한 율리우스 쿠르티우스(가운데 시가를 문 인물)가 프랑스의 정치가들과 토의하는 모습. 안예마 레스토랑에서 한밤중에 열린 이 회의 참석자는 왼쪽부터, 독일 재무장관 파울 몰덴하우어, 프랑스 각료 루이 루셰르, 프랑스 수상 앙드레 타르드외, 프랑스 각료 앙리 쉐롱이다.

새벽이 되자 기진맥진한 대표단.

재무 전문가들의 제안을 법률로 정하기 위한 헤이그회의가 시작되기도 전에 베를린에서는 벌써 영 플랜을 국민투표에 붙이자고 나선 전국위원회가 조직되었다. 위원회의 위원장은 후겐베르크였고, 우익 준군사단체 철모단의 단장 젤테와 국수주의 단체 범독일연맹의 클래스가 돕고 나섰다. 그들은 모든 우익 세력을 결집시켜 영 플랜에 대한 반대 집회를 열고자 했다.

이제까지 나치와 적당히 거리를 두고 있던 국가인민당이 히틀러에게 투쟁에 동참할 것을 요청했고, 히틀러는 그 기회를 움켜잡았다. 국가인민당과 연합함으로써 그의 신뢰도와 언론 주목도가 올라갔다. 후겐베르크가 소유한 신문들, 후겐베르크가 소유한 유선 통신망, 후겐베르크가 소유한 우파의 뉴스영화 등이 나치 지도자의 연설과 사진을 실어 주었다. 이제까지 들도 보도 못한 존재였던 히틀러가 거의 하룻밤 사이에 수백만에 이르는 사람들에게 알려졌다. 그는 전국을 돌아다니며 집회를 열고 연설을 하면서 영 플랜에 대한 분노를 부채질했다. 스포트라이트는 그에게 쏠렸다. 반대 운동이 진행됨에 따라 후겐베르크보다는 히틀러가 '독일 국민투표 전국위원회'의 추진력이 되어 갔다.

이 위원회가 작성한 '자유법'은 베르사유조약 231조(전쟁범죄 조항)와 429조 및 430조(연합국의 독일 점령 관련)의 폐지를 제안하는 것이었다. 또한 연방정부가 새로운 채무를 떠

1929년 7월 9일.
영 플랜에 반대한 알프레트 후겐베르크는 국민투표에 부치자고 주장했다. 그는 대중을 선동하기 위하여 히틀러의 참여를 요청했다. 후겐베르크는 자기 소유 신문들에 히틀러의 반대운동과 선전을 실어 주었는데, 덕분에 히틀러는 바라 마지않던 대중의 존경심을 얻을 수 있었고 그의 이름이 독일 전역에 알려지게 되었다.

안거나 '외국 세력과의 조약'에 서명하는 것을 금지하는 내용도 있었다.

헌법에 따르면 전체 유권자 중 10분의 1의 청원이 있으면 국민투표를 실시할 수 있었는데, 후겐베르크와 히틀러는 손쉽게 필요한 서명을 모을 수 있었다.

그런데 막상 "독일 국민의 노예화에 반대하는" 법 제정이 투표에 부쳐지자 찬성표는 고작 600만에 지나지 않았다. 법률로 정하기 위해서는 유권자 과반수에 상당하는 2100만 표가 필요했다. 전국위원회의 제안이 보기 좋게 배척된 것이다. 독일 국민 대부분은 후겐베르크와 히틀러의 선동에 넘어가지 않았다.

1929년 10월 25일.
미국에서 주가 대폭락이 터진 '검은 목요일'의 다음날, 히틀러는 뮌헨의 서커스 크로네에서 영 플랜 반대 연설을 했다. 그러나 영 플랜 수락을 취소하는데 필요한 표는 모을 수 없었고, 영 플랜은 국회 승인을 거쳐 힌덴부르크 대통령의 서명을 받는다.

히틀러는 방방곡곡을 다니면서 국가사회주의에 대해 말했다. 사진은 뮌헨의 뷔르거브로이.

떠오르는 선동가

끝없는 에너지를 지닌 히틀러는 타고난 조직력에 청중의 불평, 불만, 억울함을 대신 표현할 수 있는 선동가였다. 군중심리 조종의 달인인 그는 욕설을 퍼붓고, 신경질적으로 소리치고, 주먹으로 테이블을 두드

히틀러의 청중은 대부분 인플레 때문에 돈을 잃은 중산계급 사람들이었다.

려 가면서 집회를 휘어잡았다.

그가 말하는 것은 언제나 비슷한 내용으로, '11월의 범죄자들'과 베르사유조약과 유대인에 대한 공격이 전부였다. 유대인이 "독일인을 비참하게 만든 책임자"라고 비난했는데, 그의 초기 연설 중 하나에서도 전형적인 사례를 볼 수 있다. "유대인은 결코 가난한 법이 없습니다. 그들은 살만 찐단 말입니다. 내 말을 못 믿겠으면 우리나라의 휴양지에 가보시오. 거기 가면 두 종류를 볼 수 있을 겁니다. 신선한 공기를 마시고 고된 노동에서 체력을 회복하기 위해 온 독일 사람과 살 빼러 온 유대인이 그것입니다. 산에 가보시오. 갈색 가죽 등산화에 새 배낭을 짊어진 유대인 밖에 보이지 않을 겁니다. 그들은 시체에 꼬이는 파리처럼 기차가 실어다 준 그 자리에 그대로 앉아 있기나 하죠."

빈약한 어휘력 밖에 없었던 그의 말은 뒤죽박죽이었고 혼란스러웠으며 진부했다. 그러나 그는 자신의 흥분을 군중에게 전달할 수 있었다. 그의 목소리는 가늘어서 듣기 좋은 것이 아니었지만 멀리까지 잘 들렸다.

그는 자기 시대에 있어서는 최고의 웅변가라고 할 수 있을 것이다. 알란 불록은 "그에게는 거리낌이나 자제심 같은 것이 없었다"라고 그의 성격을 규정했다. "그는 뿌리가 없는 사람으로, 집도 가족도 없었다. 충성심도 없었고 전통에 얽매이지 않았으며 인간은 물론이고 신에 대해서도 존경심을 갖고 있지 않았다."

스타 탄생

마리아 막달레나 디트리히는 프로이센 기병장교의 딸로 1901년 12월 27일 베를린에서 태어났다. 황제보다 41세, 아돌프 히틀러보다 12세 어린 그녀는 빌헬름시대의 말기를 보냈다. 전쟁이 끝났을 무렵의 그녀는 17세로, 바이올리니스트가 되기 위해 공부해 왔지만 무대를 향한 불타는 야심을 억누를 길이 없었다.

디트리히는 단역이라도 구하려고 온갖 극장과 영화사를 돌아다녔다. 그녀가 20세 때, 처음으로 영화 관련 작가 앞에서 필름테스트를

《탄식의 천사》 감독 슈테른베르크와 의논 중인 마를레네.

베를린코뫼디에서 공연한 풍자극 《ES LIEGT IN DER LUFT》(IT IS IN THE AIR)의 무대에서 "가장 친한 친구를 데리고 가장 친한 친구와 만났을 때…"라고 노래하는 마르고 리온과 젊은 신예 배우 마를레네 디트리히.

《탄식의 천사》 출연 배우들에게 장면을 설명하는 감독. 쿠르트 게론과 에밀 야닝스 사이에 마를레네 디트리히가 있다.

1930년 4월 1일.
할리우드로 떠나는 마를레네. 《탄식의 천사》로 새로운 스타가 된 그녀가 미국으로 떠나는 것을 배웅하기 위해 수많은 친구와 팬이 베를린 레흐테르 역으로 몰려왔다. 40년 전에 비스마르크가 베를린을 떠날 때 기차에 올랐던 그 역이다(35p. 참조).

받았고, 오래지 않아 무대와 영화에서 작은 배역을 맡게 된다. 1924년에는 건장한 영화 조감독 루돌프 지버와 결혼하여 1년 후에 딸을 낳았다. 자신을 돋보이게 해 줄 수 없는 그저 그런 영화에 몇 편 출연한 마를레네(나중에 개명)는 현실에 굴복하지 않고 풍자극에서 노래를 부르는 등, 배우로서의 경력을 쌓아 나아갔다. 그러다가 1929년에 《탄식의 천사》에서 롤라로 나오면서 주목을 받기 시작한다. 그 영화의 성공 덕분에 할리우드가 접촉해 왔고, 마를레네 디트리히는 할리우드의 대표적 영화스타로서 전설을 일구어낸다.

Photographs from the author's collection

독일의 시련

Photograph by Eric Andres

함부르크의 직업안내소 앞에 긴 줄을 만든 실업자들.

1928~29년의 혹독한 겨울, 실업자 수는 250만을 넘었다. 2년 전 설립된 실업보험 전국사무소는 이러한 상황을 감당할 도리가 없었다. 정부 자체도 재정적 곤경에 처해 있었으므로 원조를 하려 해도 재원이 없었다. 경비를 억제하고 지출을 줄이는 한편 세금은 늘려야 했다. 수상 브뤼닝이 나서서 내핍생활을 호소했다. 그러나 국민들로서는 대체 얼마나 더 궁핍하게 살라는 것인지 알 수가 없는 상태였다. 1931년 초에는 직업 없는 사람의 수가 거의 500만 명이나 되었다. 이쯤 되니 브뤼닝마저도 "국민들에게 강요할 수 있는 내핍의 한계에 달했다"고 인정해야 했다.

수입이 없는 사람들은 전당포에 물건을 저당 잡히는 방법 밖에 없었다. 가족 간 유대는 오히려 강해져서

무료급식소 바깥에서 점심을 먹는 모습 – 독일 수천 군데에서 반복되는 장면이었다.

1929년 여름 베를린.
가진 것을 돈으로 바꾸려고 전당포 앞에 선 긴 줄.

시골에 사는 사람들은 도시의 친척들에게 음식을 보내주기도 했다.

나는 1930년 8월의 어느 일요일 아침, 베를린의 빈민구호 교회를 방문한 적이 있다. 일요일 나들이옷을 입은 남자들이 '서비스'를 받으려고 줄 지어 서 있었는데, 교회 안에 들어오면 커피와 빵을 받아 몇 개의 큰 테이블에 앉을 수 있었다. 아무 말 없이 음식을 먹는 그들은 어둡고 힘들어 보였다. 어떤 남자의 얼굴에서 한 방울 눈물이 떨어지는 것을 본 나는 도울 수 있는 게 없느냐고 물었다. 그러자 그는 "우리는 아무도 필요치 않소. 우리는 우리 스스로 도울 거요"라고 퉁명스럽게 대꾸했다. 그러고서는 세웠던 옷깃을 다시 돌려놓자, 나치를 상징하는 갈고리십자 배지가 붙어 있는 것이 보였다.

1931년.
세계 경제위기는 독일에 더욱 큰 타격을 가해서 1930년이 되자 실업자 수는 총 500만 명으로 늘었다. 이제껏 일을 해 온 건장한 남자들이 더 이상 아무것도 할 수 없게 되었다. 그들의 좌절감은 상황을 바꾸겠다고 약속한 히틀러에게 방향을 틀게 만들었다.

"법과 질서를 – Recht und Gesetz!" 패전과 혁명이 가져온 상황에 지치고, 규율의 결여와 끊임없는 가두 투쟁에 지친 대중들은 보다 평화로운 시대가 오기를 갈망했다. 그들은 격변이 아니라 질서를 원했다. 그러한 그들은 결국 획일화와 통제를 얻게 된다.

법과 질서에 대한 요구

사람들은 가두 투쟁, 나치와 공산당원의 끊임없는 싸움에 지쳐 있었다. 노동자 시위, 암시장 상인에 대한 경찰의 급습, 파업과 공장 폐쇄 등이 지긋지긋했다. 사람들은 해야 할 일을 지시해 줄 어떤 종류의 권위를 갈망하고 있었다. 그들은 소리 높여 법과 질서를 요구했다. 그들에게 질서란 일률적인 삶을 의미하는 것이었고, 법이란 그 일률적인 틀에서 벗어난 자를 벌하는 것이었다. 그들의 좌절감을 알아챈 아돌프 히틀러는 어떻게 하면 그들을 설득

옷을 강탈 당한 사람.

암시장 상인 체포.

얼마 지나지 않아 그들은 '법과 질서' – 나치의 통제를 얻는다.

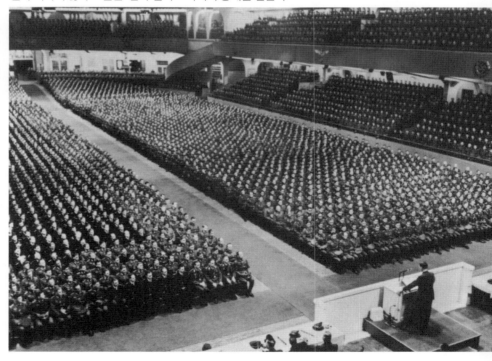

할지, 그들에게 무엇을 주면 좋을지를 알고 있었다. 그것은 강력한 리더십과 법과 질서에 대한 존중이었다.

Photograph by Dr. Erich Salomon

1930년, 어느 더운 여름 날 수상 관저 뜰에서 열린 브뤼닝 내각의 회의. 왼쪽에서 오른쪽으로, 재무부 차관 박스만 박사, 식량부 장관 쉴레, 내무부 장관 요제프 비르트. 가운데는 부수상 겸 재무부 장관 헤르만 디트리히, 그의 옆에 수상 하인리히 브뤼닝과 총리비서실장 헤르만 퓐더. 디트리히의 맞은 편에서 등을 보이고 있는 사람은 프로이센의 보건부 장관 하인리히 히르트지퍼.

브뤼닝의 고투

바이마르연합은 결국 깨지고 만다. 직접적인 원인은 실업보험에 대한 노동자의 부담을 늘리는데 대해 각 당이 합의를 이루지 못한 데 있었다. 인민당은 보험 부담률을 더 높이고 사회복지를 줄이자고 했지만, 사회민주당은 그렇게 하면 노동자계급의 부담이 커진다고 반대했다.

연합의 세 번째 정당인 중앙당의 지도자 하인리히 브뤼닝 박사가 타협안을 내놓았지만 그의 노력은 받아들여지지 않았고, 뮐러 내각은 총사퇴하게 되었다.

그러자 힌덴부르크 대통령은 브뤼닝에게 새로운 내각 구성을 요청했고, 브뤼닝은 의회에서 과반수를 차지한 상태가 아니더라도 비상포고령에 의거하여 정치를 할 수 있을 것으로 인식하고 임명을 받아들였다.

브뤼닝이 수상에 올랐을 때, 실업자 수는 300만에 달했고 정부는 심각한 재정위기에 직면한 상황이었다. 새 수상 브뤼닝은 경제적 폭풍에 대비하기 위해 새로운 내핍 조치를 내놓았다.

1931년.
'가난 수상' 브뤼닝이 1931년 2월 국회에서 내핍 예산을 설명하고 있다.

1930년.   Photo : Heinrich Hoffmann
떠오르는 지도자. 국가사회주의자들의 우상 아돌프 히틀러는 그의 열렬한 지지
자들을 균질한 정치세력으로 묶어 냈다.

제5대 독일연방의회 총선

브뤼닝 수상은 자신의 의도를 굳이 숨기지 않았다. 1930년 3월 30일에 취임한 그는 연방의회에서 자신이 지지를 얻지 못한다면 대통령 긴급령에 의거하여 통치하겠다고 밝혔다. 대통령 힌덴부르크에게 헌법 48조의 발동을 요청하면 될 일이었다.

48조는 "공공의 안전과 질서가 방해되거나 위태로울 때" 대통령이 헌법의 일부 조항—114조(개인의 자유와 개성에 관한 조항), 115조(가정의 불가침성), 117조(우편과 통신의 비밀에 관한 조항), 118조(언론 자유), 123조(집회의 자유), 124조(결사의 자유), 153조(사유재산 보호) 등을 일시적으로 제한할 수 있게 한 법이다.

처음에 국회는 브뤼닝이 내놓은 제안들을 받아들였다. 사회민주당은 지지하지 않는 정부 정책이라도 투표에 참가하지 않는 단순한 방법으로 '용인'하는 소극적 지지를 보냈다. 그러나 막대한 재정적자를 안은 브뤼닝이 날로 악화되는 경제위기에 대처하기 위하여 더욱 강력한 정책을 제안하자 급기야 사회민주당이 가로막고 나섰다. 사회민주당은 실업보험 가입자의 부담률을 3.5%에서 4.5%로 올리는 방안에 반대하고, 소득과 임금에 대한 추가적 세금에 저항하겠다고 발표했다. 자신의 정책이 국회의 지지를 얻지 못하자 브뤼닝은 대통령 긴급령 선포를 요청했다.

1930년.
바이마르 전당대회에서 히틀러는 정책적 지지를 얻어낸다.

사회민주당은 바로 긴급령 무효를 발의(단순 과반수로 가능)하며 맞섰고, 24시간 뒤에 그 발의에 대한 투표가 벌어졌다. 사회민주당과 공산당, 국가인민당과 나치가 협력하는 희한한 정치적 조합이 이루어진 끝에 브뤼닝은 완패하고 만다. 의회의 지지를 잃고 긴급령에 의한 통치도 가로막힌 브뤼닝은 국회 해산을 선언, 60일 뒤를 투표일로 정한다. 브뤼닝은 남은 두 달 동안 유권자에게 자신이 내놓은 정책의 온당함을 설득시킬 수 있으리라는 희망을 품었고, 국민들이 자신과 자신의 당에게 표를 던져 기존 의회의 다수당을 뒤흔들어 줄 것이라고 기대했다.

선거운동이 시작되자 좌우 양측의 급진파—공산당과 나치는 불평분자들을 끌어들이고자 많은 노력을 기울였다. 나치는 '비참함과 굶주림'을 주요 문제로 내세웠다. 그들은 "모든 사람에게 빵과 일자리"를 줄 것이며, 볼셰비즘과 전면적으로 싸우겠다고 약속했다. 나치의 선전원, 특히 히틀러는 사회민주당을 전승국이 독일을 억압하는 데에 도움을 준 반역자라고 비난하고, 유대인을 "국민의 재앙거리"라고 공격했다. 그러나 그런 공약이나 공격에 맞서야 할 중도 정당들의 반응은 무기력했다.

결국 선거에서 히틀러와 그의 지지자들은 큰 승리를 거둔다. 12석에서 107석으로 의석을 늘린 나치는 원내 제2당으로 올라섰다. 공산당도 잘 싸워서 4대 국회 때보다 23석이 늘었다.

베를린 슈포르츠팔라스트(스포츠궁)*에서 열린 나치 대회에서 리츠만 장군이 연설하고 있다. 갈색 셔츠 제복은 정부가 금지했기 때문에 나치들은 무늬 없는 흰색 셔츠를 입고 있다.

라이벌 정당의 포스터. 왼쪽은 사회민주당의 포스터. 가운데는 나치의 포스터, 오른쪽은 공산당의 포스터이다. 선거에서 승리한 나치는 107석을 차지하여 독일에서 두 번째로 큰 정당이 된다.

1930년 10월 12일.
선거 승리 후의 나치. 국회의원에 선출된 나치당원 107명이 지도자 히틀러에게 충성을 맹세하기 위하여 호텔 카이저호프에 모였다.
주빈석에 앉은 히틀러 양쪽에는 그레고어 슈트라서와 빌헬름 프리크. 서 있는 사람은 (오른쪽에서 왼쪽으로) 바이에른 출신 나치 동조자 프란츠 폰 엡프 장군(사복 차림), 나치 인종차별주의 철학자이자 나치당 기관지 〈푈키셔 베오바흐터〉의 편집장 알프레트 로젠베르크, 뉘른베르크 법정에서 최후를 맞게 되는 법률가 한스 프랑크.

1930년 10월 13일.
갈색 셔츠를 입고 국회에 출석한 나치 의원들.

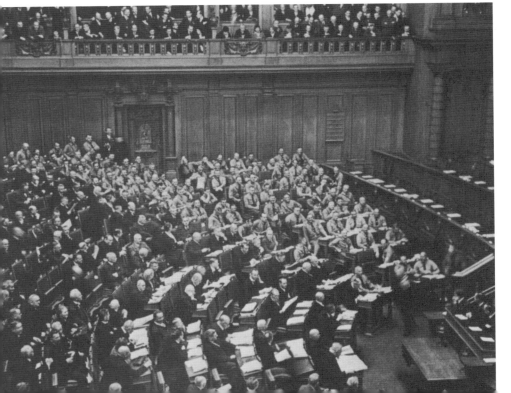

1930년 12월.
국회의사당의 나치들이 의사진행을 방해하려고 연설자에게 등을 돌리고 있다. 두 번째

　대패를 당한 것은 우익 보수당들이었다. 국가인민당은 32석, 인민당은 15석을 잃었다. 사회민주당은 10석을 잃는데 그쳤다. 브뤼닝의 중앙당은 의석을 늘리기는 했지만 고작 6석에 불과했다.

Photograph by Dr. Erich Salomon

통로 쪽 자리에서 손을 머리에 대고 있는 사람은 당 선전원 요제프 괴벨스로, 자신의 신문 〈데어 안그리프〉의 기사를 쓰는 중인 것처럼 보인다.

새 국회의 개회일, 똑같이 갈색 셔츠를 입은 나치 의원 107명이 의사당을 채우자 다른 의원들이 재미있어 하며 웃었다. 유니폼을 입은 나치당 의원들의 의사당 행진은 우스꽝스러운 광경이었지만, 사실 그것은 전날 밤 개인적으로 충성 서약을 한 나치들이 자신의 지도자 히틀러를 대신하여 행한 역사적 행위였다. 이로써 독일 정계는 새로운 시대로 접어든다.

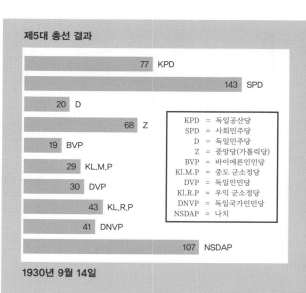

제5대 총선 결과

77	KPD
143	SPD
20	D
68	Z
19	BVP
29	KL.M.P
30	DVP
43	KL.R.P
41	DNVP
107	NSDAP

KPD = 독일공산당
SPD = 사회민주당
D = 독일민주당
Z = 중앙당(가톨릭당)
BVP = 바이에른인민당
Kl.M.P = 중도 군소정당
DVP = 독일인민당
Kl.R.P = 우익 군소정당
DNVP = 독일국가인민당
NSDAP = 나치

1930년 9월 14일

1930년 9월 25일.
육군에서 나치의 선전 활동을 했다는 이유로 기소된 3명의 장교에 대한 재판에서 주요 증인으로 나선 히틀러. 히틀러는 법정에서 자신의 정당은 혁명적 수단이 아니라 의회를 통해 권력을 잡을 것이라고 말했다. 그의 증언에 국방군은 화가 누그러졌고 장교들은 히틀러를 믿었다. 그 이후 히틀러를 비난하는 사람들은 '합법적 아돌프'라는 별명으로 불렸다.

히틀러의 증언

대법원 법정에 선 3인의 장교 – 셰링거, 루딘, 벤트. X 표시가 히틀러(제일 앞줄 오른쪽).

울름 수비대 소속 중위 3명이 복무 중 나치를 선전했다는 이유로 대법원에서 재판을 받게 되었다. 그러자 히틀러가 그들을 위한 증인으로 출석하여 나치돌격대가 육군의 위협이 되는 상황은 벌어지지 않을 것이며, 나치는 무력이 아니라 오로지 합법적인 수단으로 국가정권을 쟁취할 것임을 밝혔다. 아울러 정규군의 비정치적 입장을 격렬하게 공격한 히틀러는 장교의 나치 입당을 허락해야 한다고 주장했다.

히틀러의
무비스타

1930년.
그레타 가르보

1925년 독일을 떠나서 미국으로 건너가 세계적인 스타가 되었다. 《급류》, 《요부》, 《육체와 악마》, 《안나 카레니나》, 《신성한 여인》, 《신비로운 여인》, 《녹색 모자》, 《야생난》, 《싱글 스탠다드》, 《키스》 등 가르보의 영화라면 빠뜨리지 않고, 또한 거듭해서 본 히틀러는 그녀의 초기 작품에 대해서는 전문가라고 할 정도였다. 제2차대전 중에도 그녀의 영화는 총통을 위해 상영되었다.

1929년.
레니 리펜슈탈

히틀러가 각별히 좋아한 배우. 여러 해에 걸쳐서 산악 영화를 만들었고, 히틀러가 권력을 잡은 후에는 사람들의 기억에 남을 2편의 영화 – 나치 전당대회를 담은 《의지의 승리》와 1936년 베를린 올림픽을 담은 《올림피아》를 만들었다.

1929년.
올가 체코바

러시아 작가 안톤 체호프의 아내이자 배우인 올가 크니페르 체코바의 조카딸. 타고난 배우라고 할 수는 없지만 매력적인 사람으로서 히틀러의 친구가 되었다.

1930년.
레나테 뮐러

스테판 로란트와 스키 챔피언 하네스 슈나이더와 함께 찍은 사진. 히틀러의 애인이라는 소문이 돈 여배우로 나중에 자살하고 만다.

Photographs by Dr. Erich Salomon

1931년 7월 20일.
회담 : 독일 및 프랑스의 대표단은 런던에서 개최되는 7개국 회담에 참석하기 위해 함께 특별 열차를 탔다. 왼쪽에서 오른쪽으로 프랑스 외무차관 필리프 베르틀로, 독일 수상 브뤼닝, 벨기에 외무장관 파울 하이만스, 독일 외무장관 율리우스 쿠르티우스, 프랑스의 아리스티드 브리앙, 프랑스 수상 피에르 라발, 라발 내각의 수석장관 앙드레 프랑수아퐁세.

히틀러의 득세

히틀러가 이끄는 나치는 경이로운 비율로 성장한다. 히틀러가 처음 참석한 1919년 당대회 때 나온 사람은 고작 46명이었지만 그로부터 2년 뒤에는 당원이 6000명으로 불었다. 1925년 말 당원수는 2만 7117명이었으며, 1년 뒤에는 4만 9573명이 되었고, 1930년의 총선 때는 640만 9600명이 나치에 투표했다.

나치가 성공한 주요 원인은 경제 위기의 악화와 무능한 연립내각의 정당들이 건설적인 계획에 합의하지 못한 데 있었다. 독일은 500만이나 되는 실업자를 안고 있었고, 해외 각국은 독일에 대한 차관을 끊어 버렸다. 이에 1931년 6월 미국의 후버 대통령은 독일의 모든 배상금을 1년 동안 유예해 주자고 제안한다. 그로부터 한 달 뒤 브뤼닝 수상은 파리로, 다시 파리에서 런던으로 가서 설득에 나섰고, 유럽 각국은 미국 대통령의 제안을 받아들이게 된다.

브뤼닝 정부에 대한 반대 운동에 히틀러는 현대의 모든 선전선동 방법을 이용했다. 히틀러는 선전용으

런던회담 참가자 : 왼쪽에서 오른쪽으로 이탈리아의 그란디, 독일의 쿠르티우스와 브뤼닝, 영국의 맥도날드, 프랑스의 브리앙, 라발, 플란당.

1931년 7월 20일.
금융위기 : 오스트리아 최대 은행 크레디탄슈탈트가 부도를 낸 뒤 다름슈타트 은행과 국립은행이 파산했다.

베를린회담 : 쿠르티우스, 브뤼닝, 라발, 브리앙, 트레비라누스.

1931년 10월.
브라운슈바이크 당대회에서 히틀러와 친위대 대장 에른스트 룀에 대한 열광이 고조되었다. 경제위기, 실업, 분열된 정부, 거리의 폭력, 공산주의의 위협과 불안 등이 나치 집단을 비약적으로 크게 부풀렸고, 사람들은 히틀러가 그러한 문제에 대한 대책을 가지고 있으리라고 기대했다.

로 만든 영화나 레코드를 통해 유권자에게 접근했으며, 라디오로 얘기하고 끊임없이 전단을 나눠 주었다. 그의 당은 미친 듯이 커져갔다.

1931년 8월 20일.
금융위기 : 은행제도의 붕괴를 두려워한 베를린의 예금자들이 은행에서 예금을 인출하려고 몰려들었다.

처음으로 대통령을 만나러 가는 히틀러. 1931년 10월, 사랑하던 조카딸 겔리 라우발이 자살한 지 얼마 지나지 않아 히틀러는 힌덴부르크와 회담을 갖게 된다.

우익의 반대

국가인민당 지도자 알프레트 후겐베르크는 튀링겐의 리조트타운 바트 하르츠부르크에서 집회를 개최하면서 우익 정당들과 조직을 초청하여 자신의 힘을 과시했다.

집회는 잘 조직되어 있었고 우익 및 반동 보수 세력의 주요 인물도 많이 참석했다. 황제의 두 아들—철모단 단원 아이텔 프리드리히 왕자와 나치의 고위직을 맡은 아우구스트 빌헬름 왕자도 모습을 나타냈다. 전

우익의 전 국민적 반대 집회가 1931년 10월 11일에 바트 하르츠부르크에서 개최되었다. 국가인민당, 철모단, 나치가 한데 모

국방장관 젝트 장군, 전 국가은행 총재 얄마르 샤흐트도 출석했다. 독일은행 은행장 에밀 슈트라우스, 연합 철강 회장 빌헬름 포에스겐, 그 외 유명한 기업가 및 산업과 금융계 인물도 빠지지 않았다.

개회사에서 후겐베르크는 말했다. "새로운 세상이 오고 있다 … 우리는

히틀러와 손을 잡은 알프레트 후겐베르크가 의회에서 연설하고 있다.

나치 부대 사열. 에른스트 룀과 헤르만 괴링 등을 대동한 히틀러가 경례를 하고 있다. 그러나 히틀러와 그 지지자들은 철모단의 대열이 사열대에 오기도 전에 자리를 떠나버려 철모단의 지도자를 화나게 만들었다.

인 자리에서 연설을 한 히틀러는 정부에 맞서는 국민전선 구축에 나섰다.
히틀러를 중심으로 사진 오른편은 국가인민당 당수 후겐베르크, 이어서 하노버의 국회의원 슈미트, 철모단의 지도자 뒤스터베르크. 후겐베르크의 뒤에 앉은 사람은 샤흐트 박사, 사진 왼편은 슈퇴르와 프리크.

연립정당에게 외친다. 우리는 더 이상 너희에게 바라는 바가 없다." 그는 "독일 문화에 스며드는 볼셰비즘"에 반대하고, "우익 세력을 의도적으로 배제하는 정부"에도 반대했다. 그는 수상 브뤼닝의 사임, 국회 해산과 새로운 총선을 요구했다.

　마지못해 하르츠부르크에 오기는 했지만 히틀러는 우울한 상태였다. 사랑하는 조카딸 겔리가 자살한지 3주 밖에 지나지 않았고, 잘 풀리지 않았던 힌덴부르크 대통령과의 첫 회견 다음 날에 집회가 개최된 것이었다. 보수 반동가들, 훈장을 단 장군들, 작위를 가진 귀족들, 정장을 차려 입은 기업가들 속에서 히

틀러는 편하지 않았다. 그들이 자신의 정치적 입장을 유리하게 만들기 위해 국가사회주의 운동에 재갈을 물릴 것임을 알고 있었기 때문이다. 그런 속셈을 빤히 알면서도 하르츠부르크에 온 히틀러 또한 우익 조직들을 자신의 야망을 이루기 위한 도구로 밖에 보지 않았다. 그는 일시적으로 연합을 맺은 그들을 비웃고 조롱했다. 철모단의 행렬이 도착하기도 전에 사열대를 떠나버려서 그 지도자를 적으로 돌리는 일도 생겼다.

　하르츠부르크 집회는 국가인민당의 신문에서야 높이 평가했지만 사실 성공적이라고 할 수는 없었다. 집회의 주요 목적인 하인리히 브뤼닝의 연방정부와 오트 브라운의 프로이센 사회민주당 정부의 몰락을 이끌어내지 못했기 때문이다.

　실제로 이틀 후에 개회된 국회에서 하르츠부르크에 모였던 정당의 의원들이 브뤼닝 내각에 대한 불신임안을 제출했으나 296 대 270로 부결되고 만다. 브뤼닝 수상은 내각을 재구성했고, 후겐베르크와 히틀러가 '통합'하여 나선 '전 국민적 저항'은 얼마 지나지 않아 난장판이 된다. 물과 기름이 섞이지 않는 것처럼 후겐베르크와 히틀러도 그러했다.

철모단의 사열. 범독일연맹의 골츠 백작과 철모단의 수뇌 젤테, 뒤스터베르크, 바그너.

집회를 조직한 알프레트 후겐베르크와 황제 빌헬름 2세의 아들 중 하나인 아이텔 프리드리히 왕자.

1932년 3월.
대통령 선거를 앞두고 베를린 거리에 힌덴부르크와 대립 후보의 대형 포스터가 붙었다.

1932년 3월.　　나치 포스터.　　　　국가인민당 포스터.　　　　　　공산당 포스터.　　　　　사회민주당 포스터.

대통령 선거

1932년 6월 3일.
독일 국민이 된 히틀러. 선서를 마치고 새롭게 독일인이 된 히틀러가 부관 율리우스 샤우프와 빌헬름 브뤼크너, 총통 대리 루돌프 헤스와 함께 브라운슈바이크 공사관에서 나오는 모습.
브라운슈바이크에서 고문관으로 임명해 줌으로써 히틀러는 독일 국민이 되었고, 대통령 선거에 나갈 수 있었다.

빌헬름 황제의 손자. 포츠담의 투표소 앞에서 나치 투표참관인과 얘기를 나누는 후베르투스 왕자.

힌덴부르크의 7년 임기가 끝난 1932년 4월, 수상 브뤼닝은 헌법 개정을 통해 84세나 된 늙은 장군의 임기를 늘려 보려고 했다. 그러나 히틀러와 후겐베르크의 지지를 얻지 못한 탓에 선거를 할 수 밖에 없었다.

나치의 히틀러, 국가인민당의 뒤스터베르크, 공산당의 튈만, 이렇게 3명이 힌덴부르크에 맞서 후보로 나섰다. 중도 정당들은 히틀러를 낙선시키기 위하여 마지못해 힌덴부르크를 지지할 수밖에 없었다. 그런데도 늙은 장군에게 던진 표가 과반수에 미달했기 때문에 재차 투표를 실시해야 했다. 그 투표에서 힌덴부르크 53%, 히틀러 35%, 튈만은 10.2%의 표를 얻었다. 이는 히틀러의 지지자의 수가 놀랍게도 1150만 명에 이르렀다는 뜻으로, 유권자의 3분의 1이 그에게 투표한 것이었다.

1932년 4월.　　　　나치 포스터.　　　　　　　　　　반나치 포스터.

1932년 7월 12일, 스위스 로잔에서 열린 군비축소에 관한 최종 회의에서 배상금이 감액되었다. 왼쪽에서 오른쪽으로, 서 있는 사람은 독일 재무장관 슈베린 크로지크 백작, 테이블에 벨기에 수상 쥘 렝킨, 이탈리아 외무장관 디노 그란디, 독일 외무장관 콘스탄틴 폰 노이라트, 독일 수상 프란츠 폰 파펜, 프랑스 수상 에두아르 에리오, 영국 대사관의 던칸 샌디스, 프랑스 각료 조르주 보네, 영국 수상 램지 맥도날드, 프랑스 재무

거듭된
배상금 조정

1921년 4월 27일, 배상위원회가 전쟁에 대한 피해보상으로 독일에게 1320억 골드마르크를 지불하라고 한 이후 배상금에 대한 논쟁은 계속 이어졌다.

1922년 10월에는 현금 배상금 지불을 유예해 달라는 독일의 요청에 따라 영국의 존 메이너드 케인스와 로버트 H. 브

렌드, 스웨덴에서 온 구스타프 카셀 등이 베를린에 모여 재정 전문가 국제위원회를 열었다. 여기서 위원회는 일시 지불유예와 통화 안정을 제안했다.

같은 해 12월, 이번에는 독일 정부가 물납 배상의 기한 연장을 요청했다. 이를 거부한 프랑스는 벨기에와 함께 '담보 보호'를 명분으로 루르 지방에 진군했고, 독일은 이른바 소극적인 저항으로 그에 대응했다. 이 상황은 독일에 인플레를 가속시켰고 마르크의 가치는 거의 제로에 가깝게 떨어졌다.

소극적 저항을 그치고 마르크가 안정된 1924년 1월, 이번에는 미국의 찰스 도스를 위원장으로 하는 국제 전문가들이 파리에 모였다. 그들의 제안은 런던 회의를 통해 영국, 프랑스, 독일에 승인되었고 여기서 독일의 국제연맹 가입도 확약되었다.

1932년 7월.
괴벨스가 로잔회의의 결정에 반대해야 한다고 지지자를 선동하고 있다.

1929년, 또다시 배상금 조정에 대한 의논이 필요하게 되었다. 미국의 오언 D. 영을 위원장으로 하는 위원회가 파리에서 독일의 부채를 대폭 줄여주는 방향으로 초안을 만들어 내놓았다. 이 안은 헤이그회의에서 승인되기는 했지만 그 가을에 터진 세계적인 경제위기로 말미암아 합의사항은 크게 어긋나 버린다.

브뤼닝 수상이 퇴진하고 파펜이 취임한 후인 1932년 6월 16일, 이번에는 로잔에서 회의가 열렸다. 전임자인 브뤼닝과 마찬가지로 파펜 수상도 모든 배상금의 무효화를 요구했다. 이에 7월 9일에 합의에 이른 바는, 영 플랜을 무효화하고 유럽 재건을 위해 일반기금으로 독일이 30억 마르크를 지불한다는 것이었다. 그러나 6개월 후에 히틀러가 수상이 되자 이마저도 무시되었다. 이렇게 배상문제가 '해결된' 것이다. 나치 독일은 결국 한 푼도 지불하지 않았다.

Photograph by Dr. Erich Salomon
장관 제르맹 – 마르탱, 벨기에의 재무장관 에밀 프랑크, 오른쪽에 서 있는 사람은 모리스 헨키 경.

로잔조약 반대 시위에 하얀 셔츠를 입고 참석한 나치 당원들.

1932년 4월 4일.
정부를 공격하는 히틀러. 베를린 루스트가르텐에 모인 수만 명 앞에서 연설하는 장면이다. 1932년 내내 히틀러는 선동적 연설을 통해 국민들에게는 정부에 맞서라고 하고, 자신의 지지자들에게는 공산당과 맞서라고 부추겼다. 왼쪽에 서 있는 사람은 헬도르프 백작과 히틀러의 부관 브뤼크너, 마이크 뒤는 괴벨스 박사이다.

평화로운 시대였다면 나치는 존재할 수 없었을 것이다. 나치가 필요로 한 것은 사회 불안과 국민들의 빈곤이었다. 거리의 폭력사태가 그들의 지지자를 불려주었다. 거기에 괴벨스, 괴링, 룀, 힘러 등이 나서서 정치의 도가니를 계속 끓어오르게 만들었다. 나치 대원들은 거리 곳곳에서 적과 싸우면서 노동자들의 집회를 방해했다. 그들은 적이라고 여겨지는 사람이 보이면 사사건건 뭇매를 가했다. 힌덴부르크가 대통령에 재선되고 수상 브뤼닝이 물러난 1932년, 독일의 민주적 제도는 급격하게 와해된다. 공화국 존재 자체가 심각한 위기에 처한 상황이었다. 공화국 옹호자들은 비합법적 행동에 나서기를 주저하면서 무능에 빠졌지만 나치에게는 그러한 거리낌이 없었다. 그들

은 목적만 달성할 수 있다면 비합법 비도덕은 물론 살인도 주저하지 않았다.

여러 차례 내각이 바뀌고 수상이 바뀌었다. 브뤼닝에 이어 파펜이 수상이 되고, 파펜에 이어 슐라이허 장군이 수상이 되었지만 실제로 변한 것은 별로 없었다. 수상들은 의회에서 다수파를 구성하지 못했고, 히틀러가 불같은 선동을 일으키는 데 맞서 사회질서를 회복시킬 수단도 없었다.

큰 도시에서는 나치가 공산당원을 죽이고, 공산당원이 그 보복으로 나치를 죽이는 날들이 거의 매일 이어졌다. 부패한 지도자들 아래 많은 사람들이 법을 무시하는 상황이었으니, 공화국이 과연 얼마나 더 지탱될 수 있었겠는가.

끝장 투쟁

1932년.
집회의 결말. 사진 속 장면은 당시 독일 곳곳에서 한없이 되풀이되는 흔한 광경이었다. 베를린 하센하이드에서 그랬던 것처럼 나치 대원들은 공산당 집회마다 쳐들어가 참가자를 공격하고 기물을 부수어 난장판을 만들어 놓고서야 철수했다.

1932년.
무질서 : 노이쾰른에서 노동자들을 구타하는 경찰.

1932년.
질서 : 바이마르에서 히틀러에게 경례하는 나치.

노이데크의 지주들

과거 힌덴부르크 가문의 재산이었던 노이데크의 저택이 힌덴부르크 대통령의 80세 생일 선물로 주어졌다. 지역 지주, 라인 지방의 기업가, 군수품 제조업자들이 매입 대금을 냈다.

1932년 8월 31일.
바이마르공화국의 무덤을 판 사람들인 프란츠 폰 파펜, 오스카 폰 힌덴부르크, 쿠르트 폰 슐라이허 장군, 오토 마이스너 박사 등이 힌덴부르크의 노이데크 저택에 모인 모습.

Photographs taken for the Münchner Illustrierte Presse by Helmuth Kurth

내무장관 빌헬름 폰 게일.

노이데크로 가는 길 :
수상 프란츠 폰 파펜.

국방장관 폰 슐라이허 장군.

대통령의 측근들. 파펜을 프로이센의 국가판무관에 임명한지 몇 주 지난 8월 말의 어느 날, 노이데크 저택 테라스에 정치적으로 가까운 사람들과 함께 있는 힌덴부르크의 모습. 조급한 성격의 파펜은 슐라이허와 게일의 도움을 얻어 사회민주당 세력을 무너뜨리고 프로이센의 사회주의 정부를 밀어냈다.

힌덴부르크는 통일 독일의 명목상 최고위자였으나 정치적 지도자는 아니었다. 나이를 먹음에 따라 노망이 심해져서 아들 오스카, 비서실장 마이스너 박사, 슐라이허 장군, 파펜 등이 그저 대통령 측근이라는 이유로 막강한 권력을 휘둘렀다. 그들의 결정과 모의에 따라 정부가 구성되기도 하고 해산되기도 했다.

심지어 힌덴부르크의 이웃인 엘베 강 동쪽의 지주들까지도 '노신사'에게 커다란 영향을 미칠 정도였다. 대통령의 친구 올덴부르크 야누샤우가 힌덴부르크 가문이 잃어버린 노이데크의 토지를 되사서 80세 생일 선물로 주자는 아이디어를 냈고, 부유한 지주와 기업가들이 토지 매입에 돈을 내는 일도 생겼다. 거기에 감사한 대통령은 그들의 이익을 충실하게 옹호해 주었고, 결국 돈을 낸 사람들은 충분한 보상을 얻어낼 수 있었다.

며느리와 마이스너 박사와 함께 있는 힌덴부르크.

나치의
과반 득표

독일인민당은 제6회 국회 선거운동의 포스터에 지난날의 재상 비스마르크를 이용했다.

제6회 선거에서 나치는 지난 선거에 비해 2배 이상의 표를 얻어 국회 제1당이 되었다. 새로 선출된 230명의 의원은 자기들의 지도자 아돌프 히틀러에게 충성을 맹세하기 위하여 호텔 카이저호프에 모였다.

철의 전선에 호소.

각 정당의 포스터.

국민인민당의 포스터.

"1932년 5월 30일 힌덴부르크가 브뤼닝을 사퇴시킨 일은 유례를 볼 수 없는 배신이며, 독일공화국에 대한 살인일 뿐 아니라, 유럽 전체의 평화까지 죽인 것이다"라고 자유주의 역사가 에리히 아이크는 쓴 바 있다. 늙은 대통령은 브뤼닝에게 긴급령에 의거한 통치를 허락해주지 않았다. 오히려 힌덴부르크는 "나는 우측으로 움직이고 싶다 … 그런데 당신은 언제나 그쪽에 대해 반대한다"고 말

하면서 브뤼닝 수상을 해임해 버렸다.

브뤼닝 축출은 슐라이허 장군의 주동으로 이루어졌는데, 그는 옥좌의 뒤에서 권력을 휘두르고 싶었던 음모가였다. 슐라이허는 힌덴부르크의 아들 오스카와 대통령 비서실장 마이스너 박사와 함께 브뤼닝 대신 머리가 텅 빈 기병장교 출신 파펜을 앉히자고 대통령을 설득했다. 또한 슐라이허는 나치를 정부에 참가시켜

일정한 책임을 부여함과 동시에 중앙당과 사회민주당의 연대를 깨겠다는 생각을 품고 있었다.

파펜은 수상에 임명되기 전 히틀러를 만났는데, 거기서 히틀러는 두 가지 요구를 내밀었다. S. A.(돌격대)의 활동금지를 해제하고 국회 해산 후 총선거를 실시하라는 것이었다. 파펜은 두 요구를 모두 받아들이겠다고 약속해 주었다.

새 내각은 지역의 유력 지주들과

1932년 8월 29일.
국회 개회의 전야. 230명의 새 의원들은 호텔 카이저호프에 모여 나치 지도자들의 연설을 들었다. 정면의 테이블 왼쪽에서 오른쪽으로 하인리히 힘러, 헤르만 괴링, 빌헬름 프리크, 히틀러, 그레고어 슈트라서.

기업가로 변신한 귀족들로 구성되어서 사람들은 "남작 내각"이라고 불렀다. 영국 대사의 말을 빌리자면 '상호 기만 내각'이었다. 내각은 2류 인물들의 집합이었고, 대부분은 군주제 신봉자였다. 그들은 정적의 전화를 도청하고 모든 행동을 미행하는 등의 불법행위도 마다하지 않았다.

그럼에도 불구하고 의회의 다수를 제어할 수 없었던 새 수상은 의회를 해산하고 또 선거를 공표했다. 그러면서 히틀러에게 약속한 대로 돌격대의 활동 금지를 해제해 주었다.

또다시 거리는 갈색 셔츠를 입은 자들로 인해 소란스러워졌다. 한 달 만에 거리에서 일어난 소동 탓에 99명이나 죽고 1125명이 다쳤다. 선거 2주 전, 나치는 알토나를 행진했다. 공산당은 그것을 도발로 간주했고, 결국 유혈사태가 벌어져 17명이 죽었다.

그에 대한 보복으로 파펜은 광역 베를린과 브란덴부르크 주에 국가긴급사태를 선포하고 쿠데타를 일으켜 사회민주당 당원인 프로이센 주정부 수상 및 내무장관을 몰

아내고, 사회민주당에 우호적이던 베를린 경찰총장과 부총장을 체포했다. 그러고서는 파펜은 스스로를 프로이센 주지사로 임명했다.

선거는 나치의 압도적인 승리였다. 123석을 늘려 230석이나 차지한 나치는 국회에서 가장 큰 정당이 되었다. 그러나 새 의회에서도 파펜은 고작 44석 밖에 잡을 수 없었다.

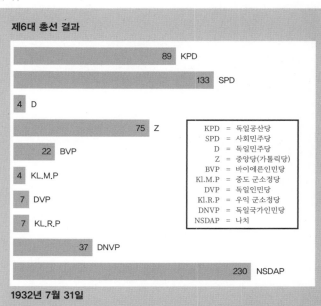

제6대 총선 결과

89	KPD
133	SPD
4	D
75	Z
22	BVP
4	Kl.M.P
7	DVP
7	Kl.R.P
37	DNVP
230	NSDAP

KPD = 독일공산당
SPD = 사회민주당
D = 독일민주당
Z = 중앙당(가톨릭당)
BVP = 바이에른인민당
Kl.M.P = 중도 군소정당
DVP = 독일인민당
Kl.R.P = 우익 군소정당
DNVP = 독일국가인민당
NSDAP = 나치

1932년 7월 31일

1932년 9월 12일.

국회에서의 대결. 수상 프란츠 폰 파펜이 주의를 끌기 위해 자리에서 일어나 있는데도 국회의장 헤르만 괴링은 다른 곳을 보고 있다. 공산당 당수인 에른스트 토글러는 '경제부흥을 위해' 대통령 긴급령 철회 결의안 및 정부 불신임안 투표를 요구했다.

이에 국가인민당이 침묵을 지켰기에 파펜은 불신임안의 표결 전에 국회를 해산하려 했다. 그러나 그는 해산 명령을 발표할 기회를 놓쳤고, 괴링은 수상을 무시하고 불신임 투표 시작을 공표해 버렸다. 512 대 42로 불신임안이 가결된 뒤에야 괴링은 의회 해산 명령이 나왔음을 알아차렸다.

대통령의 국회 해산 명령서.

국회 해산

새 국회에서도 수상 파펜의 '남작 내각'은 겨우 44석의 지지 밖에 얻지 못했다. 230석의 나치, 133석의 사회민주당, 89석의 공산당이 모두 반대파였다. 그러나 파펜은 의회의 다수를 차지할 필요가 없었다. 힌덴부르크의 지지가 있는 한 대통령령에 의해 통치할 수 있었기 때문이다.

국회 회기가 시작되자마자 공산당은 '경제 부흥을 위해' 정부가 최근 발동한 긴급령의 폐지를 요구하면서 정부 불신임안을 제출했다. 그들의 발의에 대해 준비된 바가 없었던 파펜은 대통령을 설득해 국회 해산명령서에 서명하게 했다. 그런데 파펜은 명령서를 챙겨 오지 않은 상태였다. 다행히도 나치가 30분 휴회를 요청했다.

회의가 속개되었을 때에는 비스마르크 이래 역대 수상이 사용해온 유서 깊은 빨간색 송달함이 파펜의 책상 위에 올라올 수 있었다. 그는 격식을 차려 명령서를 꺼내어 읽으려 했다. 그러나 나치가 의회 제1당이 되면서 국회의장에 오른 헤르만 괴링은 수상의 그런 행동에 주의를 기울여 주지 않았다. 그는 보란 듯이 파펜을 무시하고 공산당의 발의에 관한 절차를 진행시켰고, 의원들은 불신임안에 대해 투표를 시작했다. 언제든 국회에서 연설할 권리를 가진 수상은 화가 치밀어 붉으락푸르락 하면서 괴링의 코앞에 해산 명령서를 흔들어댔지만 의장은 꿈쩍도 하지 않았다.

투표 결과는 수상에게 굴욕을 안겼다. 그를 지지한 의원은 고작 42명으로, 512명이나 불신임에 찬성했던 것이다.

회의 뒤에도 수상과 국회의장의 다툼은 계속되었다. 해산 명령이 테이블에 올라온 이상 괴링은 투표를 진행할 권리가 없다고 파펜은 주장했고, 그에 맞서 괴링은 불신임안이 발의되어 투표가 시작된 이상 의회를 해산시킬 수 없다고 응수했다.

어느 쪽이 맞든 간에 국회는 결국 해산되었고, 투표일은 1923년 11월 6일로 정해졌다. 그리하여 내각은 두 달쯤 더 연명할 수 있게 되었고, 파펜도 그 기간 동안 수상 관저에 머물면서 정세가 자기에게 유리하게 바뀌기를 기대해 볼 수 있었다. 그는 국회 정당의 동의 없이도 통치할 수 있는 권리를 보장받도록 헌법을 바꿀 계획이었다. 바꿔 말해서 독재적인 권력을 갖고자 한 것이다.

국회에서 엄청난 패배를 맛본 처지에 어떻게 그런 계획이 성공할 것이라는 기대를 품었는지는 미스터리한 일이라고 할 수 있는데, 사실 파펜은 그리 현명한 인물은 아니었다.

국회의장 괴링이 수상 파펜을 무시하자 각료들이 퇴장해 버렸고, 투표는 각료들이 자리를 비운 상태에서 진행되었다.

1932년 11월.
선거, 선거, 선거. 새로운 총선이 1932년 11월 6일로 결정되었다. 괴벨스는 의기양양해 있었다. 더 많은 지지자, 특히 하층계급의 지지자를 늘릴 수 있으리라고 기대한 그는 "선거, 선거, 또 선거"를 바랐다.
베를린 쾨페니커 거리의 허물어질 듯한 건물에 사는 사람들이 집세 지불을 거부하고 나서자 나치와 공산당 모두 그들의 불만을 부추겼다. 그 또한 코앞으로 다가온 선거를 위한 행동이었다.

제7대 독일연방의회 총선

"입은 것도 없으면서 새 모자 유행에 신경 쓴다." 〈짐플리치시무스〉에 실린 카를 아르놀트의 정당 관련 논평.

그 해 5번째 선거가 치러질 참이었다. 이미 2번의 대통령 선거, 프로이센 의회 선거, 연방의회 선거가 있었다. "선거, 선거, 선거"라고 외쳤던 괴벨스 박사의 선전기관 입장에서도 선거가 너무 많았다. 거기에 파펜이 라인란트와 동프로이센의 기업가 및 은행가 친구들에게 더 이상 나치에 헌금하지 말 것을 설득하고 나선 뒤에는 나치의 금고가 텅 비어 버린 상태였다.

자신의 정치적 미래에 대해 불안감을 느낀 히틀러는 괴벨스와 3개의 가능성에 대해 의논했다. 대통령내각에 대한 힌덴부르크의 지지를 얻는 방안, 국민당 및 중앙당과의 연립정부, 또는 그들과의 대립이 그것이었는데, 어느

방안도 마음에 들지 않았다.

선거일 며칠 전, 나치는 임금을 삭감하려는 시영 베를린교통회사에 반대하여 공산주의 경향의 운수 노동자들이 일으킨 파업에 가담했다. 사회민주당 경향의 노동조합은 일자리를 잃은 노동자가 수백만인 판국에 그러한 파업은 헛일이라고 생각하여 반대 입장을 취하고 있었다. 그러나 나치는 사태를 부추기고 나섰다. 괴벨스는 의기양양해서 이렇게 썼다. "전차든 지하철이든 간에 베를린에는 지금 1량도 다니지 않는다. 대중은 노동자와 감탄스러울 정도의 연대감을 가지고 사태를 지켜보고 있다. 공산당 기관지는 우리에게 맞설 모든 선동 도구를 빼앗겼다."

1932년 11월.
각지로 날아다닌 히틀러. 선거운동 기간 중 히틀러는 쉬지 않고 움직이며 청중들 앞에서 연설하며 표를 얻으려 애썼다. 그는 하루에 여러 도시에서 연설하기 위해 비행기를 이용했다. 현대 선전기법의 달인이었던 것이다. 히틀러와 함께 있는 사람은 조종사 한스 바우어와 '풋치(Putzi)' 한프슈탱글.

투표용지. 나치가 제1당으로 제일 위에 실렸고, 그들은 이후에도 그 자리를 지킬 것으로 여겨졌다. 그러나 결과는 실망스러운 것이었다. 나치의 의석수는 230에서 196으로 줄고 말았다. 나치즘은 전성기를 지난 것처럼 보였고, 독일 국민은 나치에 질린 것 같았다.

선거 결과, 공산당은 70만 표나 얻었다. 그러자 나치는 재빨리 베를린 운수 노동자 파업 지지를 중단해 버렸다.

나치의 득표가 상당히 줄었다는 것도 놀라운 사실이었다. 대승을 거둔 직전 선거에서 고작 넉 달 밖에 지나지 않았는데도 200만이나 되는 지지자가 떠난 것이다. 196석을 차지하여 여전히 국회 제1당으로 남기는 했지만 단기간에 34석이나 잃었다는 것은 나치의 미래가 어둡다는 것을 보여주는 사실이었다.

가톨릭계 정당인 중앙당과 바이에른인민당도 득표수가 떨어졌다. 중앙당은 30만 표, 바이에른인민당은 10만 표를 잃었다.

흥미롭게도 파펜 정부를 지지한 두 정당의 득표수는 늘어서 국가인민당은 90만, 인민당은 20만 넘는 표를 얻었다.

그래봤자 파펜 수상이 의원 다수를 거머쥘 수 있는 숫자는 아니었다. 584명의 의원 중에서 그를 지지하는 사람은 겨우 62명으로 더 이상 희망이 없는 소수파였다. 그럼에도 불구하고 독일 주재 프랑스 대사의 표현을 빌리면,

"얄팍하고 어리벙벙하며 미덥지 않은 생각이나 하는 사람인데다, 허영심 많고 야심적이며 교활한 음모가"인 파펜은 긴급령으로 통치할 수 있으리라는 기대를 버리지 못했고, 힌덴부르크 대통령이 자신을 위해 긴급령 발동에 서명을 해줄 것임을 바라고 있었다. 파펜은 대통령의 승인에 희망을 걸고 있었지만 그의 노력은 슐라이허와 히틀러의 그림자에 덮이고 있었다.

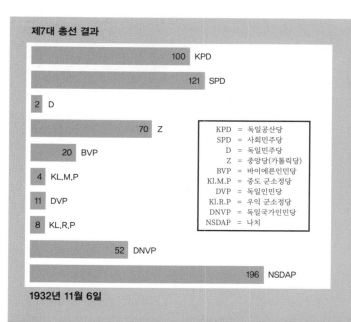

제7대 총선 결과

정당	의석수
KPD	100
SPD	121
D	2
Z	70
BVP	20
Kl.M.P	4
DVP	11
Kl.R.P	8
DNVP	52
NSDAP	196

KPD = 독일공산당
SPD = 사회민주당
D = 독일민주당
Z = 중앙당(가톨릭당)
BVP = 바이에른인민당
Kl.M.P = 중도 군소정당
DVP = 독일인민당
Kl.R.P = 우익 군소정당
DNVP = 독일국가인민당
NSDAP = 나치

1932년 11월 6일

새로운 수상

히틀러 임명. 1933년 1월 30일, 힌덴부르크 대통령에게서 수상으로 임명받은 히틀러가 대통령궁을 떠나고 있다. 후겐베르크와 국가인민당은 히틀러를 내각에 들여 놓은 뒤에 자기들 뜻대로 조종할 수 있으리라 자신했고, 히틀러는 그런 그들과 마지막 순간까지 정치적 거래를 벌였다.

중앙당, 사회민주당, 공산당이 제외된 새로운 연방정부에 대한 기사가 실린 민주계 신문.

열광적 지지자들의 나치식 거수경례를 받으며 호텔 카이저호프로 돌아온 새 수상.

새 내각의 첫 각의를 열기 위해 빌헬름 거리의 수상 관저로 가려고 호텔 카이저호프를 나서는 새 수상.

1933년 1월 30일.
"자, 사진 찍게 포즈를 좀 취하지." 히틀러가 내각에 참가한 국가인민당 각료들에게 첫 공식 사진을 찍자고 요청하는 모습. 나치의 각료인 프로이센 수상 헤르만 괴링과 내무장관 빌헬름 프리크가 함께 있다.

의회민주주의가 마지막 막에 접어들었다. 커튼이 올라가고 무대에 나타난 인물은 늙은 대통령 힌덴부르크, 여전히 수상이기는 하지만 의회의 지지를 얻지 못한 파펜, 육군을 장악한 국방장관 슐라이허 장군이었다. 세 사람은 히틀러와 나치의 정권 획득을 막고 싶어 하면서도 한편으로는 셋 모두 히틀러와 거래를 벌이고 있었다. 그들을 상대로 히틀러는 고집스럽게 수상 자리를 요구하면서 다른 사안은 거들떠보지도 않았다.

자신의 내각에서조차 지지를 얻지 못한 파펜은 어쩔 수 없이 사임할 수밖에 없었다. 뒤를 이어 수상에 취임한 슐라이허 장군도 의회에서 필요한 만큼의 지지를 이끌어 내는데 실패하고 34일 만에 자리에서 물러났다.

슐라이허가 수상으로 있을 때, 파펜은 쾰른에 있는 은행가 쿠르트 폰 슈뢰더 남작의 저택에서

내각. 앉아 있는 사람은 괴링, 히틀러, 파펜. 서 있는 사람은 슈베린 크로지크(재무장관), 프리크(내무장관), 블롬베르크(국방장관), 후겐베르크(경제 겸 식량장관).

211

1933년 1월 30일에 나치의 거창한 횃불 행진이 벌어졌다. 사진은 나치의 선전영화 촬영을 위해 재현된 광경이다.

1933년 2월 1일, 히틀러의 첫 대국민 라디오 연설.

히틀러와 만나 모종의 합의를 이루었다. 슈뢰더와 라인 지역 기업가들은 이미 히틀러를 수상으로 받아들일 생각을 품고 있었던 것이다.

그리하여 힌덴부르크는 1월 30일에 '믿을 만한' 인물들을 각료에 임명하는데, 그중에는 '보헤미아의 상병'도 포함되어 있었다. 히틀러를 수상으로 하고, 국방장관으로 블롬베르크 장군, 부수상에 파펜, 외무장관에 노이라트, 재무장관에 크로지크 백작, 운수장관에 엘츠 뢰베나흐를 지명했다. 그 외에 국가인민당 몫으로 후겐베르크, 젤테, 귀르트너가 내각에 들어왔고, 나치당 몫으로는 괴링과 프리크가 자리를 채웠다. 보수당들과 국가인민당 측은 히틀러를 자기들의 '테두리 안에 넣었다'고 생각했으나 새 수상은 전혀 그렇게 여기는 것 같지 않았다.

1933년 1월 30일.
두어 시간 전 히틀러에게 권력을 준 힌덴부르크에게 베를린 시민들은 환호를 보냈다.

1933년 2월 1일.
힌덴부르크는 국회 해산 및 새로운 총선거
실시를 명령했고, 그것은 결국 히틀러가 원
하는 의회 과반수를 주게 된다.

수상 관저의 창가에서 환호를 받는 히틀러.

1933년 2월 27일 국회의사당에서 불길이 솟아올랐다.

불타버린 국회

1933년 2월 27일 저녁, 9시가 지난 지 얼마 되지 않아 국회에서 불길이 치솟아 올랐다. 1시간도 안 되어 건물 내부는 전부 타버렸다. 서둘러 달려와 화재를 지켜보던 수상 히틀러에게 "하늘의 계시"라고 외치는 소리가 들렸다.

나치가 정권을 잡은 1월 30일 이후, 나치의 선전선동가들은 히틀러정권을 받쳐줄 더 많은 유권자를 끌어 모으기 위해서는 '무언가'가 더 필요하다고 생각했다. 국회의 새로운 선거는 3월 5일로 예정되었고, 나치는 과반 이상의 의석을 차지하기 위해 지지자를 늘릴 필요가 있었던 것이

다. 사회민주당 121석, 공산당 100석으로, 반대 세력은 여전히 강력했다. 그에 맞서는 우익 진영은 나치 196석, 국가인민당 52석으로 합계 248석이었다.

하늘을 물들이는 국회의 불길을 본 괴링은 이 대화재가 공산당의 짓이라고 단언했다. 이내 마리누스 판 데어 루페라는 네덜란드 청년이 잡혀 왔는데, 그는 공산당 당원이었으며 단독으로 불을 질렀다고 인정했다.

이로써 나치는 열렬히 원하던 '무언가'를 손에 넣은 것이다. 그들은 '국가를 위태롭게 하는 공산당원의 폭력행

불타버린 의사당 내부.

화재로 완전히 파괴된 의사당.

의사당의 지붕.

위'에 대처하기 위한 긴급령을 만들어 힌덴부르크 대통령이 서명하게 만들었고, 그에 따라 수상 히틀러는 시민의 자유 및 언론보도의 자유를 정지시키고, 영장 없는 수사, 재산 몰수, 우편물과 통화 내용의 감시 감청 등 헌법이 보장하는 사생활 보호까지 묵살할 수 있는 합법적 도구를 쥐게 되었다. 정권에 반대하는 사람을 체포하기 시작하자 교도소는 금방 만원이 되었다. 그러자 나중에는 잡아온 사람들을 철조망 속에 가두었다. 그것이 나치의 첫 강제수용소였다.

가장 먼저 달려온 조사관들. 화재경보가 울린 직후 히틀러, 괴벨스, 괴링, 황제의 아들이자 나치 지지자인 아우구스트 빌헬름(검은 모자)이 현장에 달려온 모습.

권력을
잡은
히틀러

국회 화재는 나치에게 참으로 유익한 사건이었다. 덕분에 6일 뒤에 실시된 선거에서 나치는 의석을 196석에서 288석으로 늘릴 수 있었다. 그러나 사회민주당은 단 1석만 잃어서 여전히 120석을 차지하고 있었고 공산당도 19석을 잃었지만 81석을 유지했다.

만일 공산당 의원을 제거할 수만 있다면 전체 의석이 줄어든 국회에서는 나치가 과반수를 5석이나 넘길 수 있을 터였다. 그리하여 법적인 모호함은 무시하고 힌덴부르크 대통령의 긴급령에 따라 공산당 소속 의원을 체포해 버렸다.

프로이센 지방정부의 수상 헤르만 괴링과 내무장관 빌헬름 프리크는 자신들의 권력을 이용해 악랄한 성과를 올렸다. 경찰력을 장악한 그들이 경찰을 나치의 이익에 이용하고 나선 것이다. 공산당 간부 전원이 잡혀 교도소에 들어가는 데는 얼마 걸리지 않았고, 전국이 경찰의 테러에 휩싸였다. 괴벨스의 선전기관은 오로지 국가의 적들에 맞서고 있을 뿐이라며 시민을 설득했고, 언론의 왜곡 보도에 눈이 가려진 국민은 무관심이라는 형태로 복종하게 되었다. 설령 잔혹 행위가 드러난 경우에도 국민들은 자신들이 선택한 정부나 공화국의 수상이 불법행위를 할 리 없다고 믿었다.

바이마르공화국이 시작된 이후 공산당에 맞서온 사회민주당은 나치의 깡패 같은 술책에 아무 대처도 하지 못했다. 과거 10년 동안 취해온 그들의 우유부단함은 끝내 나치에 의해 당이 해체되는 사태까지 만들었다. 의회에서 세 번째로 큰 그룹인 가톨릭중앙당과 바이에른인민당도 나을 것이 없었다. 자신들의 기본원리를 저버리고 기회주의에 빠진 탓에 그들 또한 종말을 맞게 된다.

히틀러는 득의양양한 승리자로 떠올랐다. 정치적 교활함과 수완을 휘둘러 권력의 정상에 오른 것이다. 긴급령, 괴벨스의 선전선동, 괴링의 총검, 룀의 곤봉, 이러한 것들의 도움을 받아 히틀러는 정치적 적수를 전멸시켜 버렸다. 그의 적은 교도소나 강제수용소에 갇혀 있었고, 야당들은 쓸려나갔다. 바야흐로 히틀러는 독일의 절대 지배자가 된 것이다.

"그들은 우리와 함께 평화와 평등을 위해 싸운다." 제1차대전 당시 상병이었던 히틀러와 존경받는 육군원수 힌덴부르크를 연결시킨 선거 포스터.

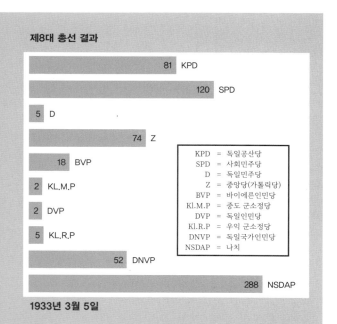

제8대 총선 결과

	의석
KPD	81
SPD	120
D	5
Z	74
BVP	18
Kl.M.P	2
DVP	2
Kl.R.P	5
DNVP	52
NSDAP	288

KPD = 독일공산당
SPD = 사회민주당
D = 독일민주당
Z = 중앙당(가톨릭당)
BVP = 바이에른인민당
Kl.M.P = 중도 군소정당
DVP = 독일인민당
Kl.R.P = 우익 군소정당
DNVP = 독일국가인민당
NSDAP = 나치

1933년 3월 5일

Title page of the Münchner Illustrierte Presse *a few days after the imprisonment of Editor Lorant*
1933년 3월 5일에 실시된 선거 결과에 귀 기울이고 있는 총통.

독일의 권력자
아돌프 히틀러.

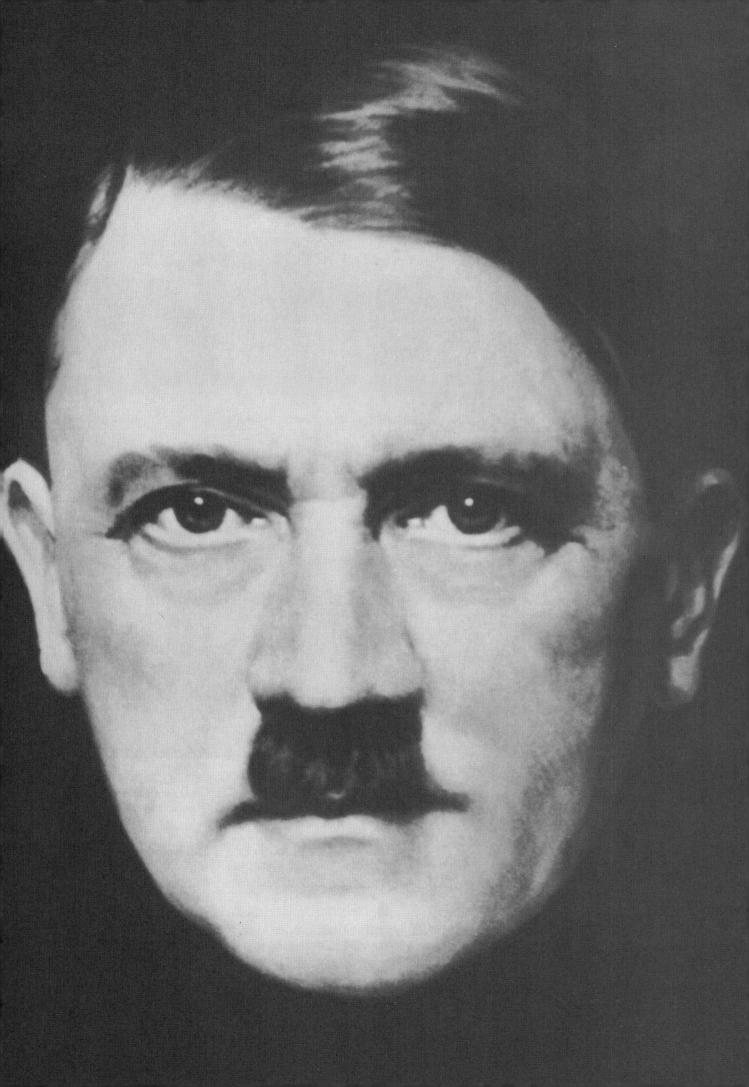

포츠담에서의 어떤 하루

성장한 두 소년(42~43p. 참조). 히틀러와 전 황태자가 괴링(오른쪽 끝)이 보는 가운데 포츠담 요새 교회 앞에서 포즈를 취하고 있다.

1933년 3월 21일.
교회에서 연설하는 히틀러. 힌덴부르크 대통령이 육군원수 정복 차림으로 맞은편에 앉고 그 옆에 국회의장 헤르만 괴링이 앉았

행사장으로 가는 각료들. 수상 히틀러와 부수상 파펜이 행렬을 이끌고 있다.

다(사진 우측 아래). 카메라를 향해 앉은 각료들은 젤테(노동장관), 후겐베르크(식량장관), 크로지크(재무장관), 프리크(내무장관), 노이라트(외무장관). 그 뒷줄에는 레더 제독, 게레케, 괴벨스(선전장관), 엘츠 뤼베나흐(운수장관), 블롬베르크(국방장관). 신도석에는 아우구스트 빌헬름 왕자와 슈트라이허.

1871년 3월 21일은 비스마르크가 제2제국의 첫 번째 국회를 개회한 날이었다. 전통과 극적 연출에 민감한 감각을 지닌 히틀러는 이 날에 맞춰 1933년 3월 21일에 프리드리히대왕이 묻힌 포츠담 요새의 교회에서 제3제국의 첫 번째 국회 개회를 선언한다.

육군원수의 정복을 차려 입고 통로를 걸어 들어온 힌덴부르크 대통령은 한때 황제가 앉았던 자리지만 이제는 비어 있는 황실용 자리를 향해 경의를 표한 후 짧은 연설을 했다.

연미복을 입었으나 정부의 수반이라기보다는 호텔 급사장처럼 보였던 히틀러는 대통령을 앞에 두고 연설을 했다.

"특별한 대격변에 의하여 … 우리 조국의 명예가 회복된 데 있어서, 대통령의 이해에 감사드리고 … 예전 위대함의 상징과 새로운 힘이 통합된 것을 경축하는 바입니다."

공손하게 머리를 숙인 히틀러는 연극투 몸짓으로 힌덴부르크의 손을 잡았다. 그들의 악수는 옛 독일과 새로운 독일이 하나됨을 상징하는 것이었다.

1933년 3월 23일.
'전권위임법'에 대한 히틀러의 연설을 근엄한 표정으로 듣고 있는 각료들. 1열에는 프리크, 폰 노이라트, 부수상 파펜. 2열에는 젤테와 후겐베르크가 향후 4년 동안 절대적인 입법권을 요구하는 수상 히틀러의 연설을 듣고 있다.

이 제안은 헌법 개정을 의미하는 것이었으므로 히틀러는 출석의원 3분의 2 이상의 찬성을 필요로 했다. 단순 과반수에서 고작 16석 밖에 넘지 못한 상황에서 모자란 찬성표를 채울 방법을 찾아야 했다. 이에 나치는 간단한 해결책을 발견한다. 공산당 의원 81명과 여러 사회민주당 의원을 체포해 버린 것이다.

가톨릭중앙당이 모든 체면을 버리고 찬성에 표를 던졌기에 반대자는 사회민주당의 89명뿐이었다. 그리하여 독일의 의회민주주의는 막을 내리게 된다. 국회가 헌법이 정한 권력을 히틀러에게 넘겨준 것이다. 바이마르공화국은 헌법상 종말을 맞고 나치 독재의 길이 열린다.

국민 스스로 버린 자유

포츠담 행사를 마치고 48시간이 흐른 뒤, 히틀러가 장악한 의회는 본격적인 첫 회기에 들어갔다. 바로 "국민과 국가의 고통을 제거하기 위한 법안"(Gesetz zur Behebung der Not von Volk und Reich)이 발의되었다. 고작 다섯 문장 밖에 안 되는 것이었다.

"전권위임법"이라는 이름으로 알려지게 되는 이 법안은 국회 승인 없이도 입법의 절대적 권리(국가예산 관리 포함), 조약 체결, 헌법을 수정할 권리를 향후 4년 간 정부에 준다는 내용이었다.

법안을 발의한 히틀러는 아주 합리적인 척 해 보였다. '국회나 의원의 존재에 대해서는 위협적이지 않다'고 확약했으며, '연방 각 주의 독자성은 빼앗지 않는다', '대통령의 지위와 권력에는 영향이 없다', '교회의 권리는 약화되지 않는다'라고 밝혔다.

히틀러의 연설 뒤에 사회민주당의 오토 웰스(1918년에 베를린에서 반란 수병들이 체포했던 인물)가 일어나 입을 열었다. 국회에서 나치 반대파가 발언한 것으로는 마지막이 될 연설이었다. 웰스는 엄숙한 단어들로 사회민주당의 철학—인간애, 정의, 자유, 사회주의에 대해 거듭 밝히고 상정된 법안을 사회민주당은 반대한다고 분명히 밝혔다. 즉시 히틀러가 자리에서 일어났다. 통렬하면서도 비꼬는 말투로 답변에 나선 그는 사회민주당을 맹렬히 비난하면서 그들이 지은 과거의 죄를 상기시켰다. "나는 당신들의 표는 필요 없소." 히틀러는 외쳤다. "당신들은 더 이상 필요하지 않소이다."

재적의원 647명 중에서 히틀러를 지지하는 의원은 나치의 288명과 국가인민당의 52명으로, 의원수 3분의 2에는 아직 부족했다. 그러나 괴링과 그가 쥔 경찰력은 수상이 원하는 바를 갖다 바칠 준비를 하고 있었다. 의회 소집이 요청되었을 때, 이미 81명의 공산당 소속 의원은 감금된 상태였다. 절차를 거쳐 선출된 사회민주당 의원 24명도 같은 운명이었다. 그렇게 국회의원 숫자를 100명 이상 줄여 버렸다. 게다가 줏대 없는 가톨릭중앙당 지도부는 유혹에 넘어가서 법안 찬성에 표를 던졌기에 히틀러는 자기 뜻대로 밀고 나아갈 수 있었다. 결국 국회의원들은 스스로 특권을 포기하고 권력을 은쟁반에 얹어 히틀러에게 바친 셈이었다.

투표 결과는 법안 찬성 444표, 반대 94표로, 반대표는 모두 사회민주당에서 나온 것이었다.

심의가 끝나자 나치 의원들이 일어나 팔을 쳐들며 나치 돌격대였던 호르스트 베셀의 노래를 불렀다. 독일 의회민주주의의 최후를 보여주는 모습이었다. 격동의 14년을 보낸 바이마르공화국이 종말을 맞은 날이었다.

1933년 3월 23일 : 바이마르공화국의 최후.
포츠담 행사 이틀 뒤, 국회에서 연설을 한 히틀러는 "국민과 국가의 고통을 제거하기 위한 법안"을 제출했다. 다섯 개의 짧은 문장으로 구성된 그 법안은 법을 만들고, 외국과 조약을 체결하고, 헌법을 수정하는 것까지 전부 국회 승인 없이 정부가 마음대로 할 수 있는 권력을 부여한다는 내용이었다. '설령 헌법에 위배되더라도' 수상이 기초하면 법이 되는 것이었다. 간단히 말해서, 국회의원이 자신들의 의무와 직위를 포기하고 통치권을 단 한 사람—아돌프 히틀러에게 넘긴다는 뜻이었다. 그런 일에 국회가 순순히 따른 것이다.

불타는 책

다양한 사상을 두려워하는 자들은 책을 무서워한다. 대다수의 나치는 변변한 교육을 받지 못한 사람들이었고 책에도 관심이 없었다.

베를린 분서(焚書)는 잘 준비된 선전용 쇼였다. 불길 속에 책이 던져질 때마다 연설자는 "계급투쟁과 물질주의에 반대하며, 국가의 단합과 숭고한 원칙을 위해 마르크스와 카우츠키의 책을 불에 던지노라" 하고 주문처럼 외웠다. 그 주문을 따라 외우던 학생들은 책을 태우면 그 속에 담긴 사상까지 파괴할 수 있으리라고 진심으로 믿었던 것일까?

1933년 5월 10일 밤, 횃불을 든 독일 학생들이 차를 타고 책을 불사르기 위해 베를린의 행사장으로 가고 있다.

책이 불타는 모습을 신이 나서 바라보는 괴벨스와 그의 친구들.

'독일답지 않은 문서들을 불태우자'는 괴벨스의 말에 학생들이 장작더미 위로 책을 던지고 있다. 히틀러가 수상이 된지 100일 뒤인 1933년 5월 10일 저녁, 윌리엄 샤이러의 말에 따르면 "중세 후반 이후 서구세계에서는 유례를 볼 수 없는" 장면을 나치의 선전장관 괴벨스가 연출해냈다. "우리의 미래에 해를 끼치거나 독일인의 근본 사고 및 독일인의 가정과 국민의 추진력에 타격을 주는" 책을 불 속에 던진 것이었다. 레마르크

Photograph by Helmuth Kurth

의 《서부 전선 이상 없다》, 만의 《마의 산》, 포이흐트방거의 《성공》,
아르놀트 츠바이크의 《그리샤 중사를 둘러싼 싸움》, 브레히트의 《바
알》 등등이 불태워졌다. 그 외에 프로이트, 졸라, 프루스트, H. G. 웰
즈, 업톤 싱클레어, 헤밍웨이, 지드의 작품을 비롯한 2만 권 이상의
책이 재로 변했다.

괴벨스는 크게 기뻐하며 학생들에게 말했다. "독일 민족의 혼이 되
돌아 올 것이다. 이 불길은 구 시대의 마지막을 밝히는 데 그치지 않
고 새로운 시대까지 밝혀 줄 것이다." 이 말들이야말로 야만스러운
나치문화의 시작을 알리는 것이었다.

불길을 향해 나치식 경례를 하는 모습.

유대인 탄압

여러 사안에 대해 태도를 바꾸던 히틀러지만 유대인에 대해서는 결코 변한 적이 없었다. 유대인 얘기만 나오면 광분하여 입과 두 손을 떨고 눈이 튀어 나왔으며 목소리는 쇳소리를 냈다.

히틀러의 격렬한 반유대주의는 빈에서 보낸 시절부터 시작되어서 별종이자 사기꾼인 외르크 란츠 폰 리벤펠스가 편집하는 인종차별적 반유대주의 정기간행물 〈오스타라〉를 유독 열심히 읽었다. 〈오스타라〉는 금발에 파란 눈을 가진 독일인을 극찬했는데, 30년 이상이 지난 뒤에도 그것을 잊지 않은 히틀러는 '금발에 파란 눈'의 남성은 '금발에 파란 눈'인 여성과 결혼하여 영웅적이고 고귀한 인종을 낳아야 한다는 생각을 전파시켰다.

그의 반유대주의가 성적(性的) 기반에 기인한 것인지는 증명하기 어렵다. 합숙소에서 히틀러와 함께 생활한 적이 있는 루돌프 하니쉬는 어떤 소녀를 유대인 청년에게 빼앗긴 탓에 그가 유대인을 미워하게 되었다고 말한 바 있다. 하니쉬는 믿을만한 증인이 못 되지만, 《나의 투쟁》에는 기독교인 소녀들을 강간한 유대인들이나 "비뚤

나치 반유대주의의 저속함은 아래 사진 속 종이에 쓰인 문구에서 잘 드러난다.

뮌헨 경찰에 항의를 한 유대인이 오히려 역까지 맨발로 걸어가는 처벌을 받았다. 목에 건 종이에는 "두 번 다시 경찰에 항의하지 않겠습니다"라고 쓰여 있다.

아리안식 재판. 종이를 목에 건 중년 여성이 강제로 길을 걷고 있다. 종이에는 '결혼 했지만 유대인과 성관계를 가졌기에 나는 돼지다'라는 내용이 적혀 있다.

"유대인한테서는 사지 말 것!"이라고 쓴 종이를 나치 대원이 베를린의 유대인 소유 백화점 창에 붙이고 있다.

잔학 행위를 보도한 외국 언론들에 맞서 쾰른의 나치들이 유대인과는 무역을 하지 말라고 촉구하고 나섰다.

여성의 목에는 "나는 이 지역 제일의 암퇘지입니다. 나는 유대인들을 애인으로 삼았습니다"라고 쓴 팻말이 걸려 있다. 남성의 목에 건 팻말에는 "유대인 청년인 나는 항상 독일인 소녀를 방으로 끌어들입니다!" 라고 쓰여 있다.

어진 다리의 역겨운 유대인 개자식들이 수백 수천의 소녀들을 유혹하는 악몽" 등, 외설스러운 암시가 담겨 있기도 하다.

빈에서 뮌헨으로 옮긴 히틀러는 딱히 유대인을 만나지 않았던 것 같다. 그리고 전쟁이 일어나 4년 반 동안 전선에서 지냈을 때에도 유대인을 피했는데, 운명의 장난처럼 그에게 1급 철십자훈장을 추천한 사람은 후고 구트만이라는 유대인 장교였다. 설령 히틀러가 알았다고 한들 결코 인정하지 않았겠지만, 사실 1차 세계대전 전투에서는 비유대인보다 유대인이 더 높은 비율로 목숨을 잃었다. 8만 넘는 독일 장병 중에서 약 1만 2000명의 유대인이 조국을 위해 목숨을 바쳤고, 약 3만 5000명이 무공에 대한 훈장을 받은 바 있다.

히틀러의 격렬한 반유대주의는 할머니가 유대인 고용주와 관계하여 그의 아버지를 낳았다는 소문에 대한 반발이었을 수도 있고, 그저 유대인과의 논쟁을 정치적으로 잘 이용한 것일 뿐인지도 모른다. 그가 쇠너러와 뤼거의 반유대주의에서 영향을 받은 것은 의심할 여지가 없지만, 아무리 그들의 영향이 크다고 해도 유대인에 대한 말이 나올 때마다 미친 듯 화를 낼 정도가 될 수는 없지 않을까?

나치 반유대주의의 바탕에는 주로 탐욕과 질투가 깔려 있다. 상점 주인들은 유대인들의 장사가 망하기를 바랐고, 변호사와 의사는 경쟁상대의 수입이 떨어지기를 원했으며, 재산이 없는 사람들은 부유한 유대인 은행가들에 대해 분노를 느꼈다.

프랑켄 지역의 나치 지도자 슈트라이허는 주간지 〈데어 슈투르머〉에 추잡하고 음란한 반유대주의를 드러낸 바 있는데, 이러한 나치의 반유대주의는 1920년의 25개조 강령과 함께 공식 정책이 된다. 그리고 25년 뒤, '최종 해결책'이라는 명목 하에 강제수용소 가스실에서 수백만 명의 유대인을 몰살시키는 것으로 끝을 맺게 된다.

의사당 방화 사건

재판은 라이프치히 주의 최고재판소에서 형식에 맞춰 진행되었다. 나치 지도부는 세계를 향하여 자신들의 무고함을 증명할 기회로 여겼다.

그러나 프랑스 및 영국에 사는 독일인 망명자들은 다투어 외국의 신문사들에 나치의 책임이라는 의견을 보냈다. 특히 공산당 선전가 빌리 뮌젠베르크는 나치 지도부야말로 방화범이라고 강력하게 주장했다. 그는 10개 국어로 출판된 《갈색 책》을 통해 나치가 횃불과 휘발유통을 들고 괴링의 공관에서 의사당으로 이어지는 지하 터널을 이용해 의사당에 들어갔다고 고발했다.

화재에 관한 모든 진실은 끝내 밝혀지지 않았다. 나중에 이루어진 조사 결과는 마리누스 판 데어 루페라는 미친 네덜란드 청년의 단독 범행이라고 했고, 그에 따라 루페는 재판에서 유죄판결을 받아 처형되었다. 프리츠 토비아스와 한스 몸젠이 주장한 바는 설득력 있게 들리기는 했지만, 거대한 건물을 고작 몇 분 만에 전소시킨 화재를 단 한 사람이, 더구나 주변 환경을 잘 알지도 못하는 외국인이 일으킬 수 있겠느냐 하는 부분을 고려하면 아무래

도 그대로 믿기 힘든 것이었다. 루페가 다른 사람들의 도움을 받았는지, 혹은 괴링과 괴벨스에게 속아서 저지른 일인지, 등등은 밝혀진 바가 없으며 앞으로도 확인될 수 없을 것이다. 뉘른베르크재판에서도 의사당 화재에 관여했냐는 질문이 나왔지만 괴링은 변함없이 부정했다.

피고 마리누스 판 데어 루페와 공범으로 체포된 공산당 국회의원회 회장 에른스트 토르글러, 불가리아 공산당 당원으로 훗날 불가리아의 수상이 되는 게오르기 디미트로프, 2명의 불가리아인—학생 블라고이 포포프와 구두 수선공 바실 타네프에게 일류 변호사가 붙여졌다. 루페는 조이페르트 박사, 토르글러는 알폰스 자크 박사, 2명의 불가리아인은 파울 타이헤르트 박사가 각각 변호를 맡았다. 그들은 대역죄로 기소되었지만 공산당원의 관여를 증명하는 물증을 찾겠다고 나치가 베를린의 공산당 본부를 급습했음에도 불구하고 검찰 측은 기소 내용을 증명해내지 못했다. 한편으로 루페는 자기 혼자서 불을 질렀다고 우겼다. "의사당에 불 지르는 게 뭐 그리 대단한 일이라는 겁니까? 10분인가, 길어야 15분 걸렸습니다. 전부

1933년 9월 21일 ~ 12월 23일.
라이프치히의 재판정. 판사 뒤로 국회 약도가 보인다.

당사자 : 법정에서 대면한 포츠담 경찰청장 헬도로프 백작과 루페. 통역이 그의 말을 네덜란드어로 옮겼다.

피고. 공산당 소속 국회의원 에른스트 토르글러, 방화를 인정한 마리누스 판 데어 루페, 불가리아의 공산당원 게오르기 디미트로프. 그들 앞에는 토르글러의 변호인 자크 박사.

주요 피고인 네덜란드인 마리누스 판 데어 루페의 유죄를 인정하여 사형을 선고했다.

1933년 9월.
법정에서 공산당원인 피고 디미트로프의 날카로운 질문을 받은 국회의장 괴링은 분통을 터뜨리며 "내가 보기에 당신은 진작 목을 매달았어야 할 나쁜 자식이야"라고 소리 질렀다. 괴링이 답변을 피하는 것인지 알아보려고 추궁하던 디미트로프를 재판장이 제지하는 순간에 괴링이 다시 소리쳤다. "넌 이 법정에서 나가게 되면 나한테 잡힐 걸 무서워해야 할 거다, 이 나쁜 놈아!" 괴링의 거친 행동은 나치 지도부의 무례하고 오만하며 법을 무시하는 태도를 드러내는 것이었다.

디미트로프 대 괴링. *Photomontage by John Heartfield*

나 혼자 했다고요." 전문가들은 그가 할 수 있을 리 없다고 증언했지만 루페는 요지부동이었다. "나 혼자 했다고요"라고 거듭 주장했다.

재판의 하이라이트는 괴링과 디미트로프의 대립이었다. 디미트로프는 화재를 통해 이익을 얻는 쪽은 나치뿐이므로 그들 말고는 범행을 할 자가 없으며, 루페는 나치의 도움을 받았을 것임에 틀림없다고 주장했다. "가엾은 파우스트는 여기 있는데 메피스토가 없다"라고 디미트로프는 말했다. 그가 괴링에게 루페가 공산당원인 줄은 알고 있었냐고 질문하자, 괴링은 평정을 잃고 다음과 같은 언쟁이 이어졌다.

"독일 국민은 당신이 얼마나 거만한지 알고 있고, 당신이 국회에 불을 지르기 위해 왔다는 것과 독일 국민에게 무례를 범하고 있다는 걸 알고

판사 앞의 괴벨스. 괴링의 경솔한 호통이 좋은 인상을 주는데 실패했다고 본 괴벨스는 다른 전술을 택했다. 합리적이고 온화함을 보여서 '좋은 사람'으로 비치고자 한 것이다.

판결문 낭독.

재판 진행 중의 피고인석.

있어. 나는 당신에게 고발당해 온 게 아냐."

"당신은 증인입니다."

"내가 보기에 당신은 진작 목을 매달았어야 할 나쁜 자식이야."

판사가 제지하기에 앞서 디미트로프는 괴링에게 야유를 보냈다. "내 질문이 무서운가요, 국회의장?" 그러자 괴링은 분노에 몸을 떨며 맞받아 소리쳤다. "넌 이 법정에서 나가게 되면 나한테 잡힐 걸 무서워해야 할 거다, 이 나쁜 놈아!"

다른 나치 지도자들은 그보다 신중하게 대처했다. 선전

장관 괴벨스, 브레슬라우 경찰청장 에드문트 하이네스, 포츠담 경찰청장 헬도르프 백작은 모든 질문에 예의바르게 대답했다. 그들은 《갈색 책》이나 외국 신문이 제기한 혐의를 부정했다.

판결은 루페 사형, 4명의 공산당원은 무죄. 1934년 1월 10일, 24번째 생일을 3일 앞두고 루페는 참수형에 처해졌다.

대통령궁에서의 신년회

Photographs by Helmuth Kurth

1934년 1월 1일.
전통적으로 행해지는 신년회 행사에서 정부 대표로 힌덴부르크 대통령에게 축사를 전하는 히틀러.
히틀러의 뒤로 각료들이 서 있다. 왼쪽에서 오른쪽으로 : 폰 파펜(부수상), 폰 노이라트(외무장관), 블롬베르크 장군(국방장관), 괴링(프로이센 수상), 괴벨스(선전장관), 슈베린 크로지크(재무장관), 귀르트너(법무장관).

새해 첫날, 연미복을 입은 독일 정치 지도자들이 육해공군의 수뇌 및 외국 외교사절단과 함께 힌덴부르크 대통령에게 축사를 바쳤다.

모든 것이 정말 제대로 된 듯이 보였다. 단정하게 차려입은 수상이 노 대통령에게 신년 메시지를 읽어 주고, 산뜻한 옷차림의 각료들이 그를 둘러싸고 있어서 마치 패션 잡지에나 나오는 장면 같았다. 대통령은 품위 있는 태도로 답례하며 독일은 모든 나라들과 평화와 우호를 바라고 있음을 강조했다.

그들은 독일의 모든 것이 최상의 질서를 유지하고 있으며, 히틀러와 내각의 나치당원들이 다른 정치가나 마찬가지로 예의 바르고 정중하며 평화를 사랑한다는 것을 세계에 보여주기 위해 힌덴부르크 대통령 앞에 서서 사진을 찍었다. 그들의 잘 빗은 머리와 차분한 몸가짐은 확실히 정중한 모습으로 비쳤고, 민주적 정치가들로 이루어진 다른 내각이나 다름없어 보였다.

그러나 그 사진은 독일에서 실제로 무슨 일이 일어나고 있는지를 보여주는 것은 아니었다. 그들은 수천 명의 정

힌덴부르크 대통령에게 신년 축사를 하는 교황 대사 오르세니고.

모든 것이 정중하고 제대로 된 그 모습에 속아서 세계는 마음을 놓았다. 말쑥한 옷차림의 신사들이 방해 되는 자들은 닥치는 대로 죽이는 냉혈한이라는 사실이 곧 드러나게 될 것이라고 믿는 사람은 거의 없었다.

치적 반대자, 수만 명의 가톨릭교도와 유대인을 강제수용소에 보내고, 고문하고, 죽이고 있었다. 그들의 두 손은 희생자의 피로 물들어 있었지만 사진에는 그들의 겉모습만 담겼을 뿐이었다. 자신들의 야만행위가 아니라 세계가 믿어주기를 바라는 모습만을 담은 것이다.

내각에 답례 축사를 하는 힌덴부르크 대통령.

무솔리니 방문

파시스트 제복을 입은 무솔리니가 구겨진 레인코트를 입고 비행기에서 내리는 히틀러를 맞이했다. 두 사람이 실제로 얼굴을 마주한 것은 그것이 처음이었다.

그러나 그들의 회담은 성공적이지 않았다. 이탈리아의 총통은 독일의 지도자에게, '오스트리아의 독립은 유지되어야 하며 그에 대해 영국과 프랑스뿐 아니라 이탈리아 또한 상황을 단단히 주시할 것'이라고 밝혔다.

히틀러는 무솔리니에 대해 깊은 감명을 받았지만, 히틀러를 '아이디어가 빈약한 야만인'으로 봤던 무솔리니에게 좋은 인상을 남기는 데는 실패했다.

1934년 6월 15일.
베네치아 카날 그란데 관광.

Photographs by Helmuth Kurth

베네치아에서 열린 첫 번째 회담.

산 마르코 광장의 히틀러와 노이라트.

두 독재자에게 환호를 보내는 베네치아의 군중.

그들은 2시간 동안 얘기를 나누었다.

'긴 칼의 밤'

힌덴부르크 시대가 끝나가고 있었다. 힌덴부르크의 뒤를 이으려면 군부의 호의와 협력이 필요했다.

군 최고사령부는 히틀러를 지원할 뜻이 있었다. 단, 히틀러가 "제2의 혁명"을 부르짖으며 나치돌격대와 국방군이 합병해야 된다고 나서는 나치들을 자제시켜 주어야 한다는 것이 전제 조건이었다.

히틀러는 장성 대표단과 만나 한 가지 협정을 맺었다. 돌격대의 힘을 대폭 줄이겠다고 한 것이다.

나치돌격대의 대장 룀과 다른 지도자들은 자신들 앞에

무슨 일이 벌어질지 눈치 채지 못하고 있었다. 히틀러가 테게른제 호텔로 오겠다는 이유는 돌격대의 장래에 대해 의논하기 위함인 줄로만 알았다. 회합 날짜가 6월 30일로 정해지고 히틀러가 오기는 했지만, 그는 룀을 설득하러 온 것이 아니라 체포하러 온 것이었다. 룀은 슈타델하임의 교도소로 연행된 뒤 사살된다. 나치돌격대의 다른 간부들도 비슷한 운명을 맞았다. 나치 지도부가 그러고 있는 동안 나치에 반대하거나 개인적인 불만을 가진 자들 또한 당연히 살해되었다. 숙청이 진행되면서 슐라이허 장군, 그레고어 슈트라서, 구스타프 카알, 파펜의 측근 헤르베르트 폰 보제와 에드가 융, 그리고 수십 명의 대단치 않은 사람들까지 '즉각 제거'되었다. 이를 실행한 히틀러는 국회에서 말했다. "이제 나 홀로 독일 국민의 운명을 책임질 것입니다. 내가 곧 최고재판소입니다." 이제는 그가 곧 법이었다.

좋았던 친구들 – 1934년 6월 초 히틀러와 룀.

1934년 6월 28일.
유혈사태를 앞두고 히틀러는 친구 요제프 테르보펜의 결혼식에 참석했다. 그로부터 하루 뒤, 나치 대원들이 나치돌격대 지휘관들을 비롯하여 슐라이허 장군과 슈템플레 신부까지 포함한 수천 명을 죽이기 위해 출발했다. 군부를 달래기 위한 목적이었다.

룀 살해되다
〈아르바이터 일러스트리어테 차이퉁〉에 실린 존 하트필드의 포토몽타주

30. JUNI 1934

HEIL HITLER!

Fotomontage : John Heartfield

돌푸스 살해

나치의 적이었던 오스트리아의 수상 엥겔베르트 돌푸스가 빈의 집회에서 연설하고 있다.

1934년 4월 30일.

1934년, 많은 오스트리아인이 체포되었다.

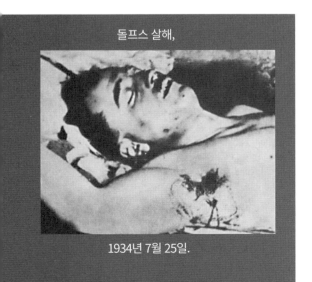
돌프스 살해,

1934년 7월 25일.

1934년 2월.
노동자들의 주택가를 향하고 있는 정부군의 대포.

수상 돌푸스가 주재한 마지막 오스트리아 국회. 오른쪽에서 세 번째가 나중에 수상이 되는 쿠르트 폰 슈슈니크.

1934년 7월 25일 정오, 육군 군복을 입은 오스트리아 나치의 분견대가 발플라츠에 자리한 수상 집무실에 쳐들어와 수상 돌푸스를 사살했다. 그 사이 다른 부대는 방송국에 진입해 '돌푸스가 사임했으며 후임은 나치당원 안톤 린텔렌이다'라는 방송을 내보냈다.

이후 몇 달 동안 오스트리아 나치는 공공건물과 발전소를 폭파하고 적대자를 살해하는 등 폭력을 휘둘렀고, 빈은 공포의 도가니가 되었다. 그들은 돌푸스를 죽이면 정부도 손에 넣을 수 있으리라 믿었지만 친정부 세력이 그들에 맞서 움직이기 시작하면서 점거 당한 건물을 되찾고 살인자들을 체포했다.

국경 너머 이탈리아에서는 무솔리니가 독일군이 오스트리아를 향해 군을 움직이면 즉각 대처할 수 있도록 브레너 고개에 4개 사단을 배치해 둔 상태였다.

오스트리아 나치의 행동은 시의적절하지 못한 것이었다. 주변 강대국들은 오스트리아가 독립국으로 존속하기를 바랐고, 독일은 아직 그런 강대국에 맞설 준비가 되어 있지 않았다. 히틀러는 모험에 나서려 드는 대신 재빨리 '오스트리아 국내 문제'일 뿐이라고 규정해 버렸다. 그는 빈 주재 공사를 소환하고 나치 감독관을 해임한 뒤, 한 달 전 숙청을 면한 파펜을 특명공사로 파견했다. 파펜은 총통의 기대에 부응했고, 4년도 안 되어 오스트리아는 독립을 잃는다.

힌덴부르크 사망

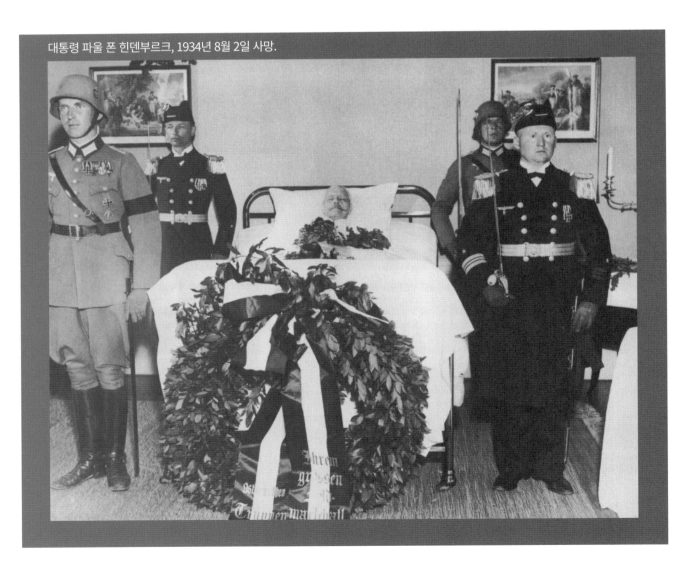

87세로 힌덴부르크가 사망했을 때, 돌격대(S.A.)를 박살내 놓은 히틀러는 독일 군부와 밀접한 연대를 구축하여 최상의 상태에 달해 있었다. 돌격대는 살해된 에른스트 룀을 대신해 빅토르 루체가 새로운 대장으로 올라왔지만 이미 무력한 조직으로 몰락했다. 나치 내 무장조직은 헤르만 괴링과 나치친위대(S.S.) 대장 하인리히 힘러가 장악하고 있었다. 나치친위대는 원래 몰락한 돌격대 하부조직이었다가 독립한 엘리트 부대였다. 이후 군 최고사령부의 예상과는 달리 힘러와 친위대는 빠른 속도로 성장하여 룀의 돌격대보다 훨씬 더 위험한 존재가 되었다. 지방경찰과 게슈타포(국가비밀경찰)를 손에 넣은 힘러는 장성들을 밀착 감시하며 괴롭혔고, 때로는 체포해서 처형해 버리기도 했다.

힌덴부르크가 죽은 뒤 대통령과 수상의 직무는 하나로 통합되었다. 대통령, 수상, 군 최고사령관, 이 전부를 한 사람―아돌프 히틀러가 차지했다.

헌법과 조국에 대한 충성 서약은 더 이상 이루어지지 않았다. 장병들은

1934년 8월 1일.
마지막 방문 : 대통령 서거 전날 히틀러가 노이데크를 찾아왔다. 왼쪽에서 오른쪽으로 부관 율리우스 샤우프, 히틀러, 힌덴부르크의 아들, 부관 빌헬름 브뤼크너, 대통령 비서실장 오토 마이스너.

대통령 파울 폰 힌덴부르크, 1934년 8월 2일 사망.

힌덴부르크가 묻힌 탄넨베르크의 기념비 앞에서 히틀러가 고인이 된 대통령에 추모사를 올렸다.

베를린에서 열린 힌덴부르크 대통령의 추도식에 참석한 나치돌격대 무리.

국가의 새로운 수령—총통이자 최고사령관인 아돌프 히틀러에게 충성을 맹세해야 했다.

힌덴부르크가 군주제의 회복을 바랐다는 것은 공공연한 비밀이었다. 그는 호엔촐레른의 왕자가 자신의 후계자가 되기를 바랐고, 그러한 정치적 유서를 남겼다는 소문도 있었다. 그러나 그가 죽자마자 선전장관 괴벨스는 유언이나 유서는 없다고 서둘러 발표해 버렸다.

그런데 나치가 히틀러의 대통령 취임을 국민투표에 부치기로 결정했을 때, 갑자기 힌덴부르크의 유서가 나타났다. 그것을 히틀러에게 가져온 인물은 다름 아닌 파펜이었다.

국민투표 전날인 8월 18일 밤, 괴벨스의 조치에 따라 힌덴부르크의 아들이 라디오 방송에 나섰다. 거기서 오스카 폰 힌덴부르크는 이렇게 발표한다. "나의 아버지는 아돌프 히틀러를 독일의 최고책임자인 자신의 직계 후계자로 여기고 있었기에, 제가 이렇게 아버지의 지위를 총통이자 수상인 그에게 건네주자고 독일의 모든 남녀에게 호소하는 것은 아버지의 바람을 따르는 행동인 것입니다." 기묘한 우연이지만 오스카 폰 힌덴부르크는 이후 곧바로 육군 소령으로 승진했고, 그가 소유한 포메른의 넓은 땅에 수백 에이커가 더 보태졌다.

국민투표의 결과는 예상대로였다. 3839만 5479표가 히틀러에게 던져졌다. 그러나 예상 밖에 430만 429명의 독일인은 히틀러가 대통령이 되는 것을 원치 않는다고 반대하는 용기를 보여주었고, 또 다른 87만 3787명은 백지 투표로 항의를 표현했다.

외교관 접견 후 수상 히틀러가 대통령궁의 안뜰에서 의장대를 사열하고 있다.

독일의 새로운 우두머리

독일의 일상은 차분했다. 이방인들이 바깥에서 보기에는 모든 것이 평화롭게 비쳤다. 정부는 안정되어 있었으며, 나치당 이외의 정당은 해산된 상태여서 정당 간 난투도 사라졌다. 독일이 배상금을 내지 않으면서 경제 상태도 나아졌다. 실업도 더 이상 문제가 아니었다. 군수공장에 일자리가 많이 생겼고, 군대도 사람을 필요로 했다. 독일 인들은 자부심을 되찾게 되었다.

거리의 투석전이 없어지고 나치와 공산당원들 간 말싸 움도 없어졌다. 공산당원 자체가 사라진 것이다. 많은 공 산당원이 교도소에 갇혔고, 옛 적인 나치에 가담하기도 했다.

유대인 배척 행위 덕분에 비유대인의 재산은 늘었다. 그들은 경쟁상대였던 유대인의 사업을 대부분 헐값에 손 에 넣었던 것이다.

록 저임금이었지만 사람들은 일자리를 얻었고, 질서와 안정을 찾은 시민들은 만족스러워 보였다.

자유나 자유의 결핍은 그들에게 문제 되지 않았다. 보도 통제 같은 일에는 신경 쓰지 않는 것 같았다. 식탁 위에 음식이 있기만 하다면 언론자유가 있든 말든 상관하고 싶어 하지 않았다.

전국 곳곳에 강제수용소가 세워지고 있음을 알면서도, 또 유대인 학대에 대해 알면서도, 그들은 머리를 모래에 처박고 아무 소리도 들으려 하지 않았다. 같은 상황에 놓인다면 대부분의 사람들 또한 그렇게 했을지도 모른다. 그렇다, 유대인에 대한 박해와 반대 세력에 대한 잔혹행위가 있다고 해도 평화와 일과 음식이 있고 개인적인 피해만 없다면 그들은 상관하지 않을 터였다.

이 시기에 독일에 있던 윌리엄 샤이러처럼 잘 훈련된 관찰자는 "사람들이 부도덕하고 악랄한 독재에 위협받고 억압당하고 있음을 느끼지 못하는 것 같아서 좀 놀랐다. 뿐만 아니라 그들은 독재를 진심으로 지지했다. 어떻게 된 일인지, 그들은 새로운 희망과 새로운 자신감에 차 있었고 자기 나라의 미래에 대한 놀라운 신념을 품고 있었다"라고 썼다.

히틀러는 자기가 얼마나 평화를 사랑하며, 또한 '오늘날의 문제들은 합리적이고 평화로운 방법으로 해결되어야 한다'고 거듭거듭 말함으로써 독일 국민을 안심시켰다. 그는 폴란드와 불가침조약을 체결했고, 프랑스와 영국에게는 입에 발린 말을 했다. "나를 믿으라!"고 그는 외쳤다. "내가 살아있는 한, 개인으로서 자존심을 걸고 서명할 수 없는 조약에는 정치가로서도 절대 서명하지 않을 것이다."

그는 합리적이고 상식적이었으며 모든 이에게 공정했다. 그러나 은밀하게 재무장을 추진하고 있었다. 공장들은 독일의 '그날'에 대비하여 밤낮으로 돌아갔다.

대통령궁 발코니에서 사람들에게 인사하는 히틀러. 그의 옆에는 비서실장 마이스너, 외무장관 노이라트, 그리고 사진사 호프만.

아이들은 히틀러유겐트에 가입했고, 또한 좋아했다. 부모들은 국내외에서 휴가를 즐겼다.

옛 지도자들이 제거되면서 나치돌격대 안의 혁명적 기운은 가라앉았고, '2차 혁명'에 대한 언급은 중단되었다. 정규군이 강력한 주도권을 쥔 상황에서 독일의 재무장이 급속하게 진행되어 갔다.

히틀러가 수상이 된 이후 17개월 사이에 독일은 완전히 바뀌었다. 비

한량 괴링

1936년.
테니스 애호가 : 헤어네트로 머리카락을 누르고 경기하는 괴링.

제1차 세계대전 당시 전투기 조종사였던 괴링은 프로이센 최고 훈장 푸르 르 메리테를 받기도 했다. 그는 용감하고 겁이 없으며 불안해 하는 법이 없었다. 전쟁이 끝난 후 한동안 방황하다가 뮌헨에 정착했고, 그곳에서 히틀러를 만나 그의 마력에 빠졌다. 불운하게도 실패로 끝난 뮌헨폭동 때 부상을 입었는데, 수술이 성공적이지 않아 고통을 덜기 위해 사용한 모르핀에 중독되고 만다.

히틀러는 괴링의 충고라면 받아들였을 정도로 그를 신뢰했다. 그는 괴링에 대해 "위기의 시간에 그는 잔혹하며 얼음처럼 차다. 그리고 위기의 정점에 이르렀을 때 그는 조금도 망설이지 않고 철의 사나이가 된다"라고 말했다. 그러나 대단한 체구에 공갈을 늘어 놓고 허풍을 치는 모습 뒤에는, 전기기관차를 가지고 놀고 모형 보트를 띄우며 새끼 사자와 노는 아이의 모습과 "지친 어린이처럼 드러누워 근심 걱정으로 훌쩍이며 시간을 보내는" 인간적 모습도 숨어 있었다.

1916년.
제1차 세계대전 당시의 젊은 괴링.

From Göring's private album

1935년, 여배우 에미 존네만과 결혼.

Photograph by Heinrich Hoffmann

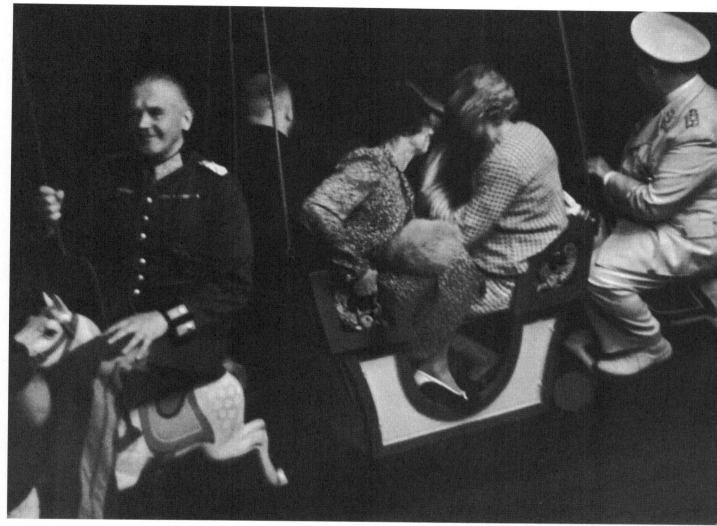

복사 금지 사진 : 국방장관 블롬베르크와 회전목마를 타는 괴링.

Photograph by Helmuth Kurth

Photograph by Helmuth Kurth

괴링은 아이들처럼 모형배 취미를 갖고 있었다.

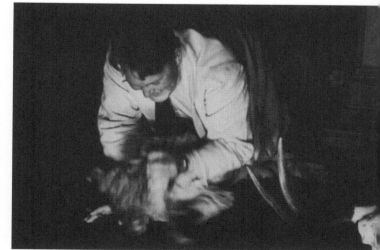

Photograph by Helmuth Kurth

집에서 기르던 한 쌍의 새끼 사자와 노는 괴링.

선전가 괴벨스

1931년 12월 19일.
괴벨스는 세베린에서 마그다 리첼 크반트와 결혼했다. 마그다가 1929년에 첫 남편과 이혼한 뒤였다. 사진 속 괴벨스 옆에 선 히틀러 유겐트 복장의 소년은 전 남편과의 사이에서 낳은 마그다의 아들 하롤트(10세)이다. 새로운 괴벨스 부인을 흠모하던 히틀러(부부 뒤편)와 폰 에프 장군이 증인으로 참석했다.

괴벨스가 공표 금지한 본인의 사진.

아이들이 좋아하던 '아돌프 아저씨'와 괴벨스의 가족.

괴벨스는 선전의 달인이자 지략이 넘치는 개혁가였다.

1897년에 라인란트에서 노동자의 아들로 태어난 그는 어린 시절에 받은 수술 탓에 왼쪽 다리가 조금 짧았다. 사람들은 그가 내반족(발바닥이 안쪽을 향해 굳은 상태)*인 것으로 알고 있었다.

그는 본과 하이델베르크에서 공부했고 유대인 문학사가 프리드리히 군돌프 밑에서 박사 과정을 밟았다. 졸업 후에는 언론인으로 지내다가, 막 싹트기 시작한 나치

괴벨스는 웅변에 능한 연설가와 격식을 아는 최상급 정치인이라는 두 가지 캐릭터를 갖고 있었다.

를 이끌던 그레고어 슈트라서의 비서가 되었다.

1922년에 히틀러의 연설을 들은 괴벨스는 그 매력에 빠져 "그 순간에 나는 다시 태어났다"라고 일기에 쓰기도 했다. 그로부터 2년 뒤 히틀러와 슈트라서가 갈라서자 괴벨스는 히틀러 편에 섰고, 베를린 지구 지도관에 임명되어 나치당보 〈데어 안그리프〉(공격)의 편집을 맡았다.

1928년 괴벨스는 나치의 국회의원 12명 중 한 사람이 되었으며, 같은 해 나치의 선전 담당에 임명되었다. 히틀러가 정권을 잡았을 때는 제3제국의 선전장관이 되었는데, 그의 임무는 막중한 것이었다. 그의 신조는 "큰 거짓말을 할 것이며, 거짓말일수록 자주 반복해야 한다"는 것이었다. 그는 파렴치했으며 도덕규범 따위는 무시하고

당을 위해 활동했다. 열렬한 나치로서 히틀러에게 헌신했는데, 거의 광신도라고 할 정도였다.

괴벨스는 뛰어난 연설가이자, 또한 문란한 사람이었다. 이혼녀이자 총통의 사랑을 받던 마그다 크반트와 결혼하고서도 다른 여성과 바람을 피웠다. 그 중 여배우 리다 바로바와의 불륜은 유명해서, 히틀러가 개입해서야 끝을 맺을 수 있었다.

최후의 순간까지 히틀러에게 충성을 바친 괴벨스는 그와 함께 베를린의 벙커에 있었고, 괴벨스와 마그다는 자신들의 자살에 앞서 6명의 아이들—12세의 헬가, 11세의 힐데, 9세의 헬무트, 8세의 홀데, 7세의 헤다, 4세의 하이데를 독살했다.

사냥개 힘러

힘러는 수백만 명의 고문과 죽음에 책임을 지닌 자면서도 식사 때에 누가 사냥 이야기라도 하면 식욕을 잃는 사람이었다. 한번은 동부 전선에서 100명의 포로를 총살하는 현장에 선 적이 있는데, 그 중 여성 2명이 즉사하지 않은 일이 벌어지자 힘러가 비명을 지르면서 총살 부대원들의 서툰 솜씨를 질타한 일도 있었다.

비텔스바흐 가문 하인리히 왕자의 이름을 딴 하인리히 힘러는 뮌헨의 아주 평범한 중산층 가톨릭교도 집안에서 1900년에 태어났다. 중학교 교사였던 아버지는 세 아들을 엄하게 키웠고, 어머니는 전형적인 주부였다. 그의 가정생활은 편안하고도 질서정연했다. 학교에서 열심히 공부한 보상으로 여름방학 때는 시골에서 지냈는데, 그곳에서 소년 하인리히는 자연을 사랑하는 사람으로 자랐다.

학급에서 1등을 놓치지 않았고, 선생님이 아끼는 모범적인 학생으로, 우표를 수집하고, 체스를 즐겼으며, 피아노를 배우고, 모험소설을 읽고, 전쟁을 주제로 시를 쓰기도 했다.

늘 장교가 되고 싶어 했던 그는 제1차 세계대전 막바지에 17세로서 제7보병연대에 들어갔다. 그러나 훈련이 끝나기도 전에 전쟁은 끝났고, 그의 부대는 해산하고 만다. 그래도 힘러는 독일의 영광을 재건하겠다는 꿈을 품고 의용군에 들어갔다.

19세 때에는 농업 연구를 시작하면서 사회생활도 적극적으로 했지만 고상한 척하는 탓에 젊은 여성과는 잘 사귀지 못했다. 오히려 '아폴로 연합'이라는 남성 사교단체의 동료들과 있는 시간을 편하게 여겼다. 처음에는 그가 믿던 가톨릭과 모순되는 부분이어서 갈등을 느끼기도 했지만, 오래지 않아 남성적 동지애를 이상으로 삼고 결투에서 생긴 칼자국을 용기의 훈장으로 여기던 전형적인 독일 대학생이 되었다.

그러다가 농장에서 지내던 여름에 반유대주의 출판물들을 접하게 되면서 국수주의 운동에 빠진다.

그의 20세는 고민의 시기였다. 종교적 회의, 성적 갈등, 금전적 걱정, 장래에 대한 불확실성에 시달리다가 술

라이스하임의 비료공장에 취직을 했다. 비료 연구를 하며, 농부로서 러시아나 페루 또는 터키로 이민을 갈 수도 있다는 막연한 생각으로 어학을 공부하기도 했다. 그런데 그 지역은 우익 활동의 중심지였다. 힘러는 오래지 않아 직장을 그만두고 우익 무장그룹의 하나인 국기단에 가입하게 된다. 1923년 8월에는 나치당의 당원증을 받고 뮌헨폭동에 가담했고, 이듬해에는 가족에게 밝히지도 않고 란츠후트에 가서 그레고어 슈트라서가 이끄는 우익 그룹의 지방 사무소에서 일하기도 했다. 그러다가 슈트라서의 그룹이 나치와 합병하자 힘러는 확대된 지방 조직의 일원이 되었다.

거기서 그는 빠르게 권력을 잡아 나아갔다. 서프로이센 지주의 딸과 결혼한 해에 친위대(S.S.)의 부대장에 올랐고, 발트투루더링에서 양계장을 경영하던 그가 1929년에는 친위대의 대장(제국지도자)이 된다.

관리자적 능력을 갖추고 조국에 광적으로 헌신하던 그에게 친위대의 권력이 더해지면서 독일의 경찰력을 총지휘하고, 최종적으로는 내무부와 정보기관까지 지배하게 된 것이다.

힘러는 독일 국민을 위한 새로운 윤리를 마음속에 그리고 있었다. 친위대를 바탕으로 한 경찰국가가 그가 지닌 최고 이상─명예, 충성, 순결에 대한 제도적 구현이라고 생각했다. 그는 조국에 대한 충성과 의무를 표현하는 공들인 의식을 통해 친위대를 엘리트 부대로 만들어냈다. 힘러는 사실 보수적 소시민이었으며, 자기 딴에는 언제나 옳은 일을 하려고 했다.

'독일 국민성 강화를 위한 관리자'로서 강제수용소들을 관리한 것도 힘러였는데, 그의 의견에 따르면 강제수용소는 유대인에게 아리안 문명에 지은 '죄'를 속죄할 수 있게 해 주는 곳이었다. '유대인 범죄자'에게 처벌을 가하고, '인도적인 방법'으로 그들을 전멸시키는 일이 훌륭한 독일인의 의무라고 굳게 믿었다. 폴란드의 어느 수용소를 시찰하던 그는 다음과 같은 말로 부하를 격려한 바 있다. "너희 대부분은 100명, 500명, 아니 1000명의 시체

더미가 무엇을 의미하는지 알 것이다. 이 일의 완수 … 아직 상당히 많이 남았지만, 이 일은 우리를 단단하게 만들어 준다. 이는 우리 역사의 빛나는 페이지가 될 것이다 ….”

의무에 대한 무자비한 헌신으로 힘러는 수백만이나 되는 사람을 사냥하고 살해했다. 그는 바르샤바 게토(유대인 거주구역)*의 완전 파괴를 명령했고, 사람을 끔찍한 의학 실험에 실험용쥐처럼 사용하자는 생각을 실행에 옮겼으며, 자기의 권력을 총통에 필적할 정도로 키우기 위해 무장친위대와 비밀경찰을 확장시켰다.

히틀러는 그를 ‘충성스러운 하인리히’라고 불렀지만 상황이 불리해지자 총통을 배신해 버렸다. 아내는 힘러를 모범적인 남편이라고 보았지만, 그가 다른 곳에서 정사를 벌이고 있다는 사실은 알지 못했다. 두꺼운 안경에 가는 턱을 지닌 허약한 사내였던 그는 자신의 허약함을 검은 군복으로 감추고 있었다. 어리석고도 독선적이었지만, 그는 가장 냉혹하고 위험하며 사람들이 두려워한 나치 지도자였다.

두려움의 대상이었던 게슈타포 대장 하인리히 힘러.

관료 보어만

마르틴 보어만은 1900년 6월 17일 할버슈타트라는 독일의 작은 마을에서 태어났다. 그의 아버지는 군악대에서 트럼펫을 불었고, 제대 후에는 우체국에서 일했다. 보어만이 겨우 4세일 때 아버지가 죽고, 어머니는 얼마 안 있어 그 고장의 유복한 은행가와 결혼했다.

보어만의 학교 성적은 그리 뛰어나지 않았다. 고등학교를 중퇴하고 농장에서 일하던 그는 제1차 세계대전에는 포병으로 참전했고, 전후에는 의용군에 가담했다. 거칠고 무식했던 그는 격렬한 유대인 혐오 국수주의자가 되었다. 암살 그룹인 로스바흐 조직의 일원이 되기도 했는데, 이 그룹은 베르사유조약에 서명한 가톨릭당 의원 마티아스 엘츠베르거, 자유주의 지식인 외무장관 발터 라테나우 등을 죽인 바 있다.

루르 지방 점령 당시, 프랑스 재판정이 태업을 했다는 죄로 독일인 알베르트 레오 슐라게터에게 사형 판결을 내리자 로스바흐 그룹이 슐라게터를 고발한 자들에게 복수를 선언하고 나섰다. 그들은 발터 카도프라는 남자를 고발자로 지목하고 파르힘(보어만의 집 부근) 옆 숲으로 끌고 가 흠씬 두드려 팬 뒤에 목을 자르고 마지막엔 총까지 쏘았다. 이 일로 보어만은 재판정에 섰지만 살인에 직접 가담하지 않았다고 하여 가벼운 형만 받았다.

석방된 보어만은 준군사조직 프론트반에 들어갔고, 그 조직이 1927년 2월 17일 나치에 합병되면서 그도 당원번호 60508로 나치의 일원이 되었다.

2년 후, 그는 나치의 주요인사 발터 부흐 소령의 딸과 결혼한다. 그리고 광적인 나치로서 유대인을 혐오한 아내 게르다 부흐와 행복한 결혼생활을 보내며 1930년에서 1943년 사이에 아이를 10명이나 낳았다.

보어만은 가정에 헌신적이었다. 집을 떠나 있을 때도 매일 아내와 연락을 주고받았다. 그는 아내를 믿고 사랑했으며 아내도 그를 믿고 사랑했다. 하지만 보어만은 여배우인 정부도 사랑하고 있었다. 그는 그런 관계를 숨기지 않고 아내에게 말했고, 아내는 그것을 받아들였을 뿐 아니라 만일 불륜으로 인해 아이가 생기면 적법한 자신들의 아이로 키우자는 제안까지 했다.

열심히 일했던 관료 보어만은 빠르게 나치 고위층으로 올라갔다. 루돌프 헤스의 부관으로 시작하여 1941년 헤스가 비행기로 스코틀랜드로 가 버린 뒤에는 그 뒤를 이

"보어만은 오늘 귀하에게 가려고 시도할 것입니다"라고 괴벨스가 5월 1일 오후 3시 15분에 베를린 벙커에서 되니츠에게 전보를 쳤다.

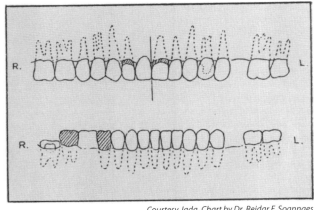

Courtesy Jada. Chart by Dr. Reidar F. Sognnaes

마르틴 보어만의 치아 : 그의 치과의사였던 휴고 유하네스 블라슈케가 1945년 미국 조사원에게 제출한 치아 검진기록표. 앞니 옆 치아를 금으로 때웠고, 아래 어금니를 금으로 브릿지 하고, 오른쪽에서 세 번째 어금니를 치과용 시멘트로 채웠다. 보어만을 닮은 사람들이 남미에서 발견되었다고 하지만, 이 치아 차트와 그 사람들의 치아를 비교해 보기만 해도 그들이 진짜 마르틴 보어만이 아님은 명백해진다.

어 나치당의 당의장에 오르고, '총통의 비서'라는 직함까지 얻었다.

히틀러는 그를 신뢰했다. 보어만은 항상 가까운 곳에 있으면서 히틀러의 재정 문제를 돌보고, 베르히테스가덴의 저택을 관리했다. 그는 주인을 숭배했다. 그래서 히틀러의 생각을 기록하여 후세에 전하겠다고 헨리 픽커 박사에게 지시하여 총통이 장군들과 식사를 할 때나 발언을 할 때 모두 기록해 두도록 조치하기도 했다. 또한 히틀러가 이제까지 살았던 모든 건물을 사들여 후세를 위해 보존할 계획도 세웠다.

질투심 많은 보어만은 나치의 다른 고위층을 히틀러에게 떼어 놨고, 그래서 그들도 보어만을 몹시 싫어했다.

1945년 2월 초부터 보어만은 히틀러와 함께 총통 관저 지하 벙커에 들어갔는데, 거기서도 당 간부들에게 메시지를 보내 돌려 읽게 하는 등 쉬지 않고 일했다. 러시아의 전차가 빌헬름 거리 부근까지 다가와서야 그도 희망을 버렸다. 그러나 설령 히틀러가 비명횡사하더라도 나치즘은 살아남을 것이라고 믿었다. 2월 4일 그는 아내에게 이렇게 썼다. "우리가 죽더라도 우리의 아이들, 또 그 아이들을 위하여 제국은 승리해야만 하오." 그리고 2월 24일에는 "살아남을 길은 오직 하나밖에 없소. 싸우다 죽을 각오를 하고, 그로써 승리를 쟁취해야 하오."

마지막까지 바우만은 히틀러의 헌신적인 노예이자 충직한 하인이었다. 총통의 결혼식을 위해 벙커로 치안판사를 부른 것도 그였고, 히틀러의 정치적·사적 유언에 입회한 것도 그였으며, 히틀러의 부인 에바의 시체를 불태우기 위해 마당으로 운반한 것도 그였다.

자정을 조금 넘겨 5월 1일이 되었을 때, 히틀러가 후계자로 임명한 해군 총사령관 되니츠에게 보어만은 되도록 빨리 가겠다고 전보를 쳤다. 그리고 자신의 비서에게 작별을 고했다. "이제, 안녕이군. 더 이상 무슨 의미가 있겠나. 시도는 해보겠지만 그에게 갈 수 있을 거 같지는 않군."

그가 벙커를 떠난 지 28년이 지난 뒤, 도로공사 중에 한 시신이 발견되고 독일 정부가 보어만의 시체임을 공식 발표한다.

히틀러가 가는 곳이면 어디나 그림자처럼 따르던 마르틴 보어만. 1900년에 태어나 10명의 자녀(그 중 9명은 이 책의 초판 출간 당시까지 생존)를 두었던 그의 죽음은 1972년에 공식적으로 재확인 되었다.

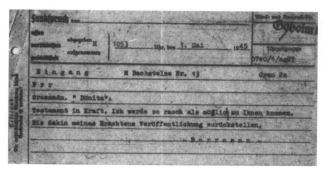

1945년 5월 1일 오전 10시 53분에 되니츠 앞으로 보낸 보어만 최후의 메시지. "되도록 빨리 가 뵙겠습니다."

뉘른베르크 당대회

나치 당대회는 고대로마의 서커스와 같았다. 1923년의 평범한 첫 대회 이후 매회 규모가 커져서 나치 선전을 위한 거대한 이벤트가 되었다. 당대회에서는 제복을 입은 자들의 무리가 숲을 이루고, 급기야 모든 것을 아우르는 한 덩어리가 되어 오로지 단 한 사람—자신들의 지도자 아돌프 히틀러에게 복종을 표시했다.

1934년 뉘른베르크 당대회에서 나치 부대의 밀집대형이 연출한 대단한 쇼.

차에 올라 사열하는 히틀러를 찍는 카메라를 보는 레니 리펜슈탈. 히틀러가 아낀 여배우이자 감독이었던 그녀는 1934년의 뉘른베르크 당대회를 찍은 영화 《의지의 승리》를 감독했다.

삽을 어깨에 지고 행진하는 노동자 부대.

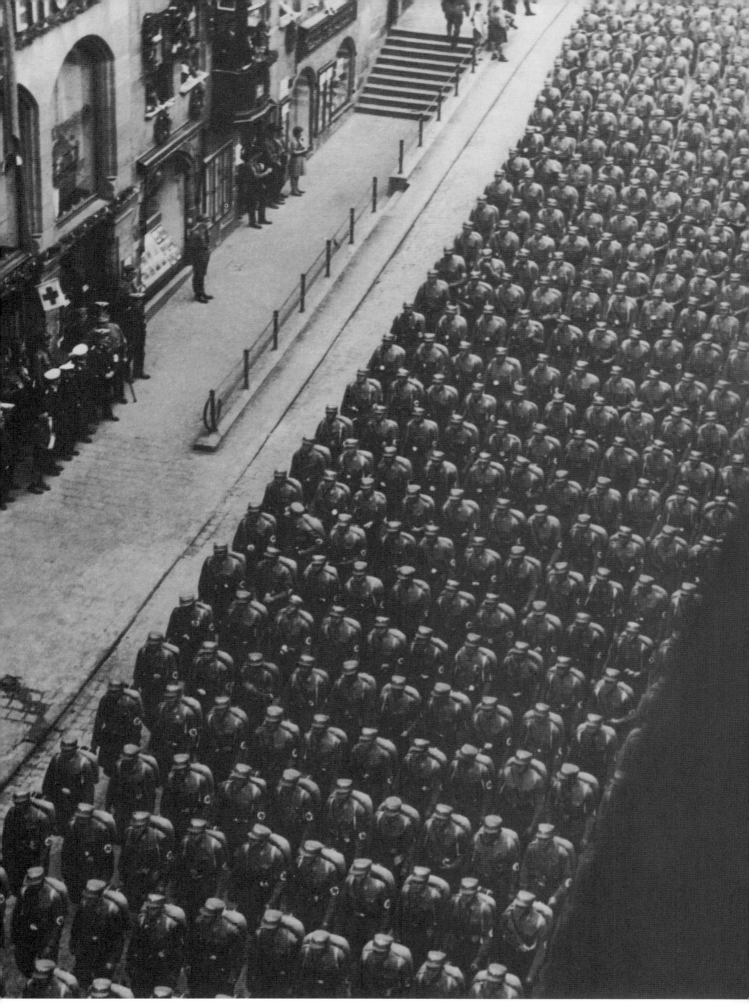

집단 속에 잠기다.

깨져 버린 베르사유조약

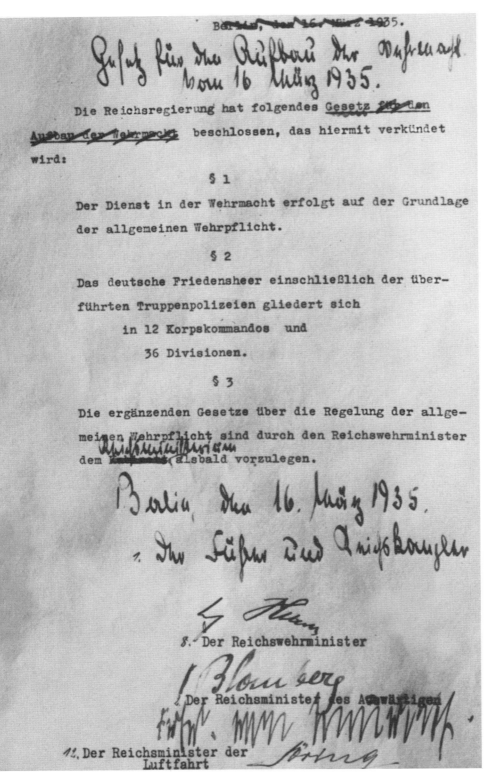

1935년 3월 16일.
육군 재건을 위한 히틀러의 포고령 : 육군을 10만 명으로 제한하는 베르사유조약을 무시하고, 국민개병제도 및 평화 시에도 "12개 군단과 36개 사단"으로 이루어진 육군을 보유한다는 법령을 발표한다.

히틀러가 정권을 잡으면서 독일의 재무장에 박차가 가해졌다. 군수산업은 밤낮 없이 공장을 돌려서 선박, 잠수함, 순양함 등을 만들었고 일부는 외국에서 건조되었다. 베르사유조약에서 명확하게 금지시킨 공군도 생겼다. 얼핏 레크리에이션 단체처럼 보이는 항공스포츠 연맹으로 위장하여 조종사 훈련을 진행한 것이다. 2년도 채 지나지 않아 육군은 3배로 커졌다. 히틀러는 대담이나 연설 중에 독일이 오래지 않아 예전의 적들에게 도전할 수 있는 수준에 오를 것이며, 적들은 그에 반격할 능력이 없을 것이라고 시사했다.

1935년 1월 13일, 베르사유조약 조인 15년째를 맞는 자르에서 지역의 장래를 결정하기 위한 투표가 실시되었다. 프랑스 귀속에 표를 던진 것은 고작 2만 1124명, 반면 독일에의 귀속을 지지한 것은 47만 7119명이었다. 투표 후, 히틀러는 자르를 다시 받아들이는 대신 앞으로 프랑스에게 영토 관련 요구를 하지 않겠다고 엄숙하게 약속했고, 이어서 알자스로렌에 대한 일체의 권리도 공식적으로 포기했다.

그러나 자르브뤼켄에서 열린 자르의 독일 복귀 축하 행사에서 히틀러는 이렇게 연설한다. "결국 피는 어떤 문서보다도 강합니다. 잉크로 쓴 글자들이 피에 의해 지워질 날이 올 것입니다. 이 사실을 깨닫지 못한 자에게는 재앙이 따를 것이오." 이 말이 뜻하는 바는 분명했지만 다른 나라들은 못 들은 양 아무런 조치도 취하지 않았다.

적들의 소심한 태도에 자신을 얻은 히틀러는 더욱 대담하게 전진했다. 3월 16일, 그는 국민개병법을 제정하고 12개 군단과 36개 사단으로 이루어진 육군을 구성했다. 베르사유조약의 병력 제한 조항을 일방적으로 폐기하고 50만이 넘는 새로운 육군을 갖게된 것이다. 베르사유조약에 따라 병력을 10만으로 제한받게 된 이후 줄곧 여러 장군들이 얻어내려고 애써 온 독일군의 목표가 끝내 성취된 셈이었다.

이튿날인 1935년 3월 17일 일요일은 영웅 기념일이었다. 이날 아침 베를린의 국립오페라극장에서 정부와 군부의 모든 지도자가 참석한 가운데 엄숙한 행사가 거행되었다.

고급장교, 장군, 제독, 공군 등 군복을 입은 무리들이 오케스트라 자리까지 채웠다. 시간이 거꾸로 돌아가 다시 황제와 프로이센 군국주의의 시대가 된 것처럼 보였다. 조국을 위해 희생한 국민들을 추모하기 위함이라기보다는 베르사유조약의 '불쾌한 조항'이 이제 끝장 났음을 축하하기 위해 군이 모인 것이었다.

행사를 마친 히틀러는 광장에서 의장대를 사열했다. 그의 옆에는 제1차 세계대전에서 살아남은 전쟁영웅 육군원수 마켄젠이 검은 경기병 제복을 입고 걸었고, 그 뒤로 육해공군의 수뇌들이 뒤따랐다. 나팔소리가 퍼지고 음악이 쿵쾅쿵쾅 연주되었다.

상상이었든 실제였든 간에 독일에 고뇌와 고통을 안겨 주었던 조약을 '보헤미아의 상병'이 세계에 맞서 찢어 버린 것이다. 그들은 수갑을 풀어버리고 '노예 상태'에서 풀려났다. 이제 그들의 군비확장을 제한하는 것은 아무 것도 없었다. 히틀러는 프랑스와 영국에 도전했지만, 그가 예상한대로 두 나라는 그 도전에 맞서 적절한 대응을 하지 못했다.

1935년 3월 17일.
영웅기념일에 마켄젠 장군 및 육해공군의 수뇌들과 함께 정렬한 부대 앞을 걷는 히틀러. 독일이 태연자약하게 재무장에 나서면서 세계에 도발했는데도 영국과 프랑스는 항의의 목소리만 냈을 뿐, 그 이상은 아무 조치도 취하지 않았다. 히틀러는 서구 민주주의의 약점을 노려 도박을 벌였고, 또한 이겼다.

지도자들 : 앞줄 왼쪽부터 육군원수 마켄젠, 히틀러, 국방장관 블롬베르크 장군. 뒷줄에는 프리치 장군, 괴링, 레더 제독.

평화를 위한 논의

영국은 독일의 불법적인 재무장이 걱정스럽기는 했지만 폴란드와 체코슬로바키아의 안전만 보장된다면 독일의 무장을 허락할 생각도 가지고 있었다. 영국의 조심스러운 의사 타진에 대해 히틀러는 애매한 답변을 하면서 추가 논의를 하자며 영국 외교관을 베를린으로 불렀다. 그러고는 그들이 도착하기 전에 병역의무제를 공표해 버렸다. 영국에 대해서는 신경쓰지 않고 노골적으로 베르사유조약을 위반한 것이다. 그래도 영국 외교관들은 예정대로 베를린을 방문했다.

그 전부터 영국과 독일은 양국 해군의 비율에 대해 논의하고 있었다. 베르사유조약에 따르면 독일은 배수량 1만 톤급 전함 4척과 소형 순양함 6척 이상은 건조할 수 없었는데, 히틀러는 그 이상을 바랐다. 그래서 영국 외무장관 존 사이먼 경과 앤서니 이든 경을 베를린에서 만났을 때도 독일이 영국 대비 35%까지 군함을 보유하는 것을 인정하라고 요구했다. 영국은 연합국인 프랑스와 의논하거나 국제연맹에 알리지도 않고 그 요구를 받아들였다. 독일에 주력함 5척, 항공모함 2척, 순양함 21척, 구축함 64척, 그리고 영국 대비 60%에 달하는 잠수함의 건조를 인정한 해군조약이 발효했을 때, 윈스턴 처칠은 "육군, 해군, 공군이 정치에 관여하는 것은 항상 위험한 일이다"라고 비꼬아 언급했다.

히틀러의 외교는 영국과 프랑스의 사이를 틀어지게 만들었다. 베르사유조약은 깨지고 국제연맹은 약해졌다.

독일 해군의 증강을 위하여 조선소는 최대로 가동되었다. 몇 년 뒤 전쟁이 일어났을 때 독일은 57척의 U보트를 보유하고 있었고, 그것을 영국 해상운송을 방해하는데 효율적으로 이용했다.

1935년 3월 30일.
해군조약에 대한 토의 : 왼쪽에서 오른쪽으로 앤서니 이든, 영국 외무장관 존 사이먼 경, 히틀러, 통역 파울 슈미트, 독일 외무장관 폰 노이라트, 베를린 주재 영국 대사 에릭 피프스 경, 런던 주재 독일 대사 리벤트로프. 히틀러는 영국 함대 톤수의 35%까지 독일이 보유하는 안을 제안했는데, 그렇게 해도 영국의 우위는 유지될 터였다. 영국은 독단적으로 제안을 받아들였고, 그 어리석은 행동 탓에 나중에 큰 값을 치르게 된다.

1935년 3월 30일.
히틀러와 영국 외교관 존 사이먼 경과 앤서니 이든. 그들은 독일 해군의 상당한 증강을 용인하기로 합의했다. 이 합의는 영국에게 유리한 것처럼 보였지만 사실상의 승리자는 독일이었다. 더 이상 베르사유조약의 규정에 구속받을 이유가 없게 된 히틀러는 열망하던 해군의 핵심전력 – 대형 전함 5척, 순양함 21척, 구축함 64척, 그리고 영국이 보유한 잠수함의 60%에 이르는 잠수함을 갖추게 된다.

"나는 평화를 원한다"

히틀러의 예측이 또 맞았다. 베르사유조약과 배상에 관한 계속되는 언쟁과 다툼에 지친 프랑스와 영국은 어차피 조약이 제 역할을 하지 못한다고 여겼다. 때문에 히틀러가 그것을 내버렸을 때도 아무 대처를 하지 않았다. 조인으로부터 15년이 지나 조약이 실패작이었음은 분명해졌다. 비무장의 평화로운 독일을 만드는 대신 독일의 군국주의를 불러일으키고 전쟁광 나치를 낳고 만 것이다.

히틀러의 행동에 대해 연합국 정치인들은 연설이나 했지 그 이상 아무것도 하지 않았다. 영국 및 프랑스의 대표는 이탈리아 스트레사에서 무솔리니와 만나 오스트리아의 독립에 관한 거창한 성명을 내놓기나 하는 정도였다.

그로부터 몇 주 뒤인 1935년 5월 21일, 히틀러가 독일 의회에서 연설을 했다. 그는 영화감독이 단역배우 쓰듯이 의회를 이용했고, 의원들은 히틀러에게 박수를 보내고 무엇이든 간에 잠자코 승인하는 상황이었다.

그 연설의 취지는 평화를 호소하는 것이었다. 독일은 다른 나라의 정복을 원치 않는다고 주장했다. "아닙니다! 국가사회주의 독일은 기본이념에 따라 평화를 원합니다. … 독일은 평화를 필요로 하며 평화를 갈망합니다." 그의 말은 합리적으로 들렸고 화해적으로 보였다. 히틀러는 독일이 '알자스-로렌에 관한 모든 권리 주장을 포기하고 폴란드와 불가침조약을 체결했다'고 거듭 밝혔다. 또한 독일은 '오스트리아의 국내 문제에 간섭하거나, 오스트리아의 병합'을 바라지 않는다고 말했다.

그는 언제나 진짜 문제를 회피하면서 자신의 의도에 연막을 쳤다. 말로는 "완전한 성실과 정직"을 약속하면서도 모든 것을 뒤에 숨겼다. 히틀러는 의회를 향하여, 국민의 유일한 대표로서 선출되었으며 게다가 "독일 국민이 나 한 사람에게 3800만 표나 던졌기 때문에" 자신이야말로 독일 역사상 최고의 민주주의자라고 말했다. 국민의 신뢰와 압도적인 지지가 히틀러를 진정한 국가의 대표로 만든 것은 사실이었다. "나는 다른 어떤 나라의 의회에 못지않게 국민에 대한 책임을 짊어지고" 있다면서, 자신의 말이야말로 조약의 서명이나 다름없는 것이라고 거듭 강조했다. "독일의 지도자이며 대표자인 내가 자르 지역 문제는 해결되었다고 세계에 보증한 이상, 앞으로 프랑스에 대해 어떠한 영토 관련 요구도 하지 않을 것이며, 이는 어떠한 조약에 어떠한 서명을 한 것보다 훨씬 크게 평

화에 이바지하는 것입니다"라고 말했다.

언제나와 같이 히틀러는 독일의 비무장화 실적을 읽어 나갔다. 대포 5만 9000문, 기관총 13만 정, 소총 3875만 정, 비행기 1만 5714대, 전함 26척, U보트 315척, 등등 파괴된 전쟁물자의 목록을 열거했다. 숫자에 사로잡힌 그는 숫자 인용을 애용했다. 히틀러는 외국 정치가들이 비무장화에 대해 말한 것을 꽤 긴 시간에 걸쳐 인용하고, 다른 나라들은 새로운 무기와 새로운 비행기와 새로운 전함 등으로 재무장하고 있다고 상세하게 언급했다. 그에 대해서만 1시간 내내 연설을 이어갔다.

그는 영국을 향해 러시아의 위험성에 대해 누누이 말했고, 12년 전인 1923년에 리투아니아가 모든 조약과 합의를 위반하고 메멜에 진군한 건을 강조했다. 그런 무관한 사건들을 언급하면서 벌써 계획을 세워둔 라인란트 침공의 바탕을 다졌던 것이다. 프랑스와 러시아 사이에 새로 체결된 조약은 군사 동맹이며(실제로는 그렇지 않았다), 그것은 국제연맹의 규정은 물론이고 아마 로카르노조약에도 위배되는 일이라고 우겼다. 이는 앞으로 자기가 맺게 될 다른 나라들과의 조약을 염두에 둔 행동이었다.

결론적으로, 히틀러는 윌슨 대통령의 14개 조를 사례로 삼아 각종 문제의 해결을 제안한 13개 조를 내놓았다. 제1조에서 '베르사유 강권'이 무효가 된 것은 독일 정부의 일방적인 행위 때문이 아니라 다른 강대국들이 무장 해제를 하지 않았기 때문이라고 주장했다. 제2조에서는 독일 정부는 지킬 수 없는 조약은 일체 체결하지 않을 것이라고 말했다. 제6조에서는 독일은 이웃 나라들과의 불가침조약을 희망한다고 선언했다. 제8조에서는 영국과 독일의 해군조약이 최종적이며 구속력을 갖는 것이라고 밝혔다(그러나 1939년 4월 28일의 연설에서는 일방적으로 파기해 버린다). 그리고 결론에 해당하는 조항에서는 '자신은 평화를 바란다'는 말을 되풀이했다. 마지막으로 그는 외쳤다. "유럽에서 전쟁의 횃불을 쳐드는 자는 오로지 혼란만을 자초할 따름입니다."

이 연설의 최대 목표는 평화를 사랑하며 공산주의자를 싫어하는 영국의 지배층에게 자신의 '온건하고 겸손한' 생각을 호소하는 데 있었다. 그 목표는 훌륭하게 달성되었다.

연설에 대하여 런던의 〈타임즈〉는, 히틀러의 제안이

1935년 5월 21일. 국회에서의 히틀러.

"16년 전 평화를 강요받아 쓰러진 독일이 아니라, 자유롭고 평등하며 강력한 독일을 위한 완전한 해결책의 기초가 될 것으로 보인다"는 사설을 실었다. 사설을 쓴 사람은 '평화를 강요받은 쓰러진 독일'이 싸움터에서 호되게 당해 패전했기 때문이라는 사실을 잊어버렸던 모양이다.

만일 독일이 전쟁에서 이겼다면 황제와 그의 장군들은 브레스트-리토프스크에서 러시아에게 강요한 것과 같은 평화를 적국에 강요했을 것이다. 그 평화는 '베르사유 강권'에 담긴 어떤 조항보다도 훨씬 가혹했을 것임에 틀림없다.

1935년 10월 3일, 에티오피아를 침략한 무솔리니의 총기병.

1936년 10월 21일 베를린에서 이탈리아와 독일 두 나라가 비밀리에 외교정책의 대강을 정해 협정을 맺었다. 여기에 이탈리아 외무장관 갈레아초 치아노 백작(사진 왼쪽)이 서명했다.

1936년 3월 7일, 라인란트로 진입하는 독일군. 그날 아침 독일 외무장관 노이라트는 베를린에 주재하는 프랑스, 영국, 이탈리아의 대사를 불러 로카르노조약 파기를 알리고 새로운 평화 제안을 내놓았다. 적국의 영토에 병력을 보내면서 동

전쟁이냐 평화냐?

독재자들은 공격적인 행동을 어디까지 밀고 나갈 수 있을지 세계의 여론을 살폈다. 영국이 반대하지 않을 것처럼 보이자 무솔리니는 에티오피아를 침략했다. 라인란트로 들어가도 영국이나 프랑스가 개입하지 않으리라 확신한 히틀러는 육군 진입 명령을 내렸다. 그는 도박에 나섰고 또한 이겼다. 몇 년 뒤, 히틀러는 만약 서구 열강들이 라인란트에서 자기와 싸웠다면 자살하고 말았을 거라고 털어 놓기도 했다. 당시 독일은 전쟁을 할 수 있는 태세를 미처 갖추지 못한 상태였던 것이다.

히틀러는 서구 민주국가들이나 이탈리아에 대해 자기의 궁극적 목표를 숨기고

1936년 스페인에서 일어난 내란에 나치는 프랑코를 지원했다.

1936년 11월 25일, 러시아에 맞서기 위해 일본과 반코민테른협정을 체결했다. 베를린 주재 일본대사관에서는 협정 1주년을 기념한 축하연을 열었다.

시에 "나는 평화를 위한 제안을 했다!"고 선언하는 것은 히틀러의 상투적 수단이었다. 그러나 분열되고 패배주의에 빠진 프랑스는 연합국인 영국조차 방관하는 판국이었기에 히틀러의 도전에 대해 아무런 무력 대응을 하지 않았다.

있었다. 그는 스페인내란에 전차, 대공화기, 비행기 등을 보내 독일 무기의 실험장으로 이용했다. 지중해의 긴장이 계속되자 무솔리니는 독일과 비밀협정을 맺을 수밖에 없었다. 그는 그 협정을 '축'으로 삼아 유럽 열강의 '협력'을 얻을 수 있을 것으로 생각했다. 한편으로 독일은 일본을 외교적으로 설득하여 반코민테른협정(방공협정)*을 맺었다.

노련한 정치꾼 히틀러는 친구와 적을 모두 속여서 서로 대립하게 만들고, 긴장상태를 유지시키고, 압박하고, 부담을 가하고, 협박했다.

괴링의 대형 무도회

괴링은 다른 어떤 나치 지도자들 보다 호사스럽게 살았다. 나치의 지도자들 대부분은 가난한 집안 출신이었고 변변한 교육도 받지 못했지만, 괴링은 돈이 떨어져 본 적도 없었고 빈곤이란 것을 모르고 산 인물이었다. 결혼도 부유한 여성과 해서 안락한 집에서 사치품에 둘러싸여 보냈다.

국회의장, 프로이센의 수상, 독일공군 총사령관, 경제적 독재자로 정치적 사다리를 올랐던 괴링은 생활수준도 점점 더 높아졌다. 그는 베를린의 작은 궁전을 사들였고, 베를린 외곽에는 사냥을 위한 사치스러운 집을 지어 미술관에서 가져온 걸작이나 징발해 온 보물급 미술품을 벽에 걸어두었다. 로마의 황제 스타일을 흉내 내어 수렵 파티나 저녁 파티를 열었는데, 화려한 제복을 입은 그의 가슴에서는 줄줄이 달린 훈장들이 방울처럼 소리를 냈다.

기회만 있으면 구실을 만들어서 파티나 축하연회를 열었다. 이를 테면 작곡가 리하르트 슈트라우스와 같은 예술인 친구의 생일이라도 되면 만찬회를 열어 연극계와 영화계의 명사를 불러들였다. 외국 외교관들은 사냥에 초대되었고, 사냥터에서 돌아오면 샴페인과 캐비아를 든 하인들이 기다렸다. 첫 번째 부인의 유해를 카린할로 이장할 때에도 그것을 극적인 야외극으로 꾸몄고, 히틀러와 군 지휘자들까지 한 역할을 맡았다. 1935년에 여배우 에미 존네만과 재혼할 때는 베를린 전체가 축하행사로 떠들썩할 정도였다.

괴링의 명성이 올라갈수록 그의 파티도 커졌다. 커지고 또 커진 끝에 나중

1936년 1월 12일.

초대객이 내미는 행사 안내서에 사인해 주는 괴링.

에는 오페라하우스에서 교향악단과 발레단을 여흥의 도구로 쓸 정도까지 커졌다. 그의 파티에 초대받는 것은 특혜이자 의무였다. 모든 외국 대사, 산업계나 통상계의 우두머리가 참석했고, 괴링이 관심의 중심에 있었다. 그는 행사 안내서에 사인해 주는 것을 좋아했고, 아첨 받는 것을 좋아했고, 사랑받는 것을 좋아했다.

Photographs by Helmuth Kurth

괴링이 오페라하우스에서 개최하는 행사는 사교 시즌의 하이라이트로서 정부, 예술계, 산업계의 대표적인 인물이 다수 참석했다.

리벤트로프 부부와 불가리아의 보리스 왕.

발레를 보는 루돌프 헤스의 부인(왼쪽).

261

1937년 8월 8일.
히틀러와 악수할 수 있는 기회를 잡기 위해 다투는 샌프란시스코합창단 단원들.

모두가 그를 보러 왔다

온 세상이 그의 문 앞으로 찾아왔다. 전쟁이 터지기 전 6년 동안 지위고하를 막론한 수많은 인물들이 문을 두드리며 회견을 요청했다. 많은 무고한 사람들이 살해된 데 대한 해명을 요구하기 위함도 아니었고, 조약을 무시하고 이유 없이 남의 나라를 침략했다고 비난하기 위함도 아니었다. 그저 아첨하고 꼬드기고 환심을 사보겠다는 목적

이었다. 전 대통령 후버, 전 수상 로이드 조지, 찰스 린드버그, 윈저 공 등이 찾아왔다. 기자들도 왔다. 예전에는 히틀러를 인터뷰하려면 비싼 수수료를 내야 했지만 무료로 바뀌었고, 기자들은 호의적인 기사를 써 주었다. 간혹 도로시 톰슨 같은 평론가가 끼어들어 히틀러를 얕보고는 그의 장래에 대한 잘못되고 얼빠진 예측을 쓰기도 했다.

외국 기업가들도 회견을 간청해서는 매력적인 사업 제안을 내놓았다.

미국과 영국의 경제계는 나치즘을 환영했다. 듀폰이 그랬고, 영란은행의 몬테규 노먼 경도 그랬다. 애스터 부인은 나치를 '공산주의에 대한 방파제'로 보았다. 찰스 린드버그는 아메리카퍼스트위원회의 연설에서 나치를 '미래의 물결'이라고 단언하기도 했다.

히틀러는 방문객을 황실의 예법으로 맞았다. 손님들은 히틀러의 매력과 세련된 매너에 반했고, 그가 합리적이라는 깊은 인상을 받았다. 그들에게 히틀러는 자신의 정책은 참으로 온건하며, 오로지 평화만을 바랄 뿐이고, 영토에 대한 야심이 없으며, 다른 나라의 국토를 탐내는 마음도 없고, 다만 공산주의와는 끝까지 싸울 것이라고 역설했다. 히틀러와 마주 앉았던 많은 사람들이 그를 믿었는데, 어쩌면 그들은 자포자기식으로 히틀러를 믿고 싶었는지도 모른다. 히틀러의 피 묻은 손과 악수하기 위해 찾아왔던 그들은 결국 세계적 재난이 닥쳐오기 전까지 히틀러의 병적인 자기중심주의를 충족시켜 주고 용기를 준 꼴이었다.

1938년 9월 8일.
우호적이었던 로이드 조지를 따뜻하게 맞이하는 독일 총통.

1937년 10월 23일.
베르히테스가덴에서 윈저 공 부처를 정중하게 맞는 히틀러.

1937년 7월 28일.
괴링은 나치독일을 여행하던 찰스 린드버그와 그의 아내(오른쪽)를 즐겁게 접대했다.

1938년 3월 2일.
허버트 후버는 히틀러와 회담을 갖고서도 방문 목적이나 회담 내용에 대해서는 조금도 밝히지 않았다. 사진 오른쪽은 통역인 파울 슈미트와 독일 주재 미국 대사 휴 윌슨.

Photograph by Heinrich Hoffmann

1938년 3월 13일.
시내로 진입하는 독일군에게 환호를 보내는 잘츠부르크 시민.

유명한 멜크 수도원을 지나

오스트리아 점령

1935년에 히틀러는 '오스트리아 합병이나 합병 조약을 바라지 않는다'고 발표했다. 1936년에는 오스트리아의 주권을 인정하고 국내문제에 간섭하지 않겠다는 협정에 서명했다. 그러나 그의 약속은 항상 그렇듯이 모래 위에 쓴 것이나 마찬가지였다. 1937년 11월 5일, 히틀러는 장군들에게 '독일 정책의 목적은 인종적 공동체를 확보하고 유지하며 확대하는 것'이라고 말하면서, 독일인이 절실하게 필요로 하는 '레벤스라움(생활권)＊'은 제국이 '조만간 가까운 곳에서' 확보할 수 있을 것임을 내비쳤다.

　오스트리아를 '구워삶기' 위해 독일의 지시를 받은 오스트리아 나치들은 소요사태를 일으켜 경찰과 충돌했다. 히틀러는 오스트리아 수상 슈슈니크를 베르히테스가덴으로 불러들여 말했다. "나는 그 모든 일을 마무리하기로 결심

의기양양하게 빈으로 들어오는 히틀러 : 부르크극장 앞.

히틀러와 수행단은 빈에서

빈으로 향하는 도중의 히틀러.

쿠프슈타인에 있는 '영웅의 오르간'이 나치인 호르스트 베셀의 노래를 연주했다.

했소." 그러면서 오스트리아 나치가 정부를 대표할 것, 또한 두 나라의 경제시스템을 합칠 것을 요구했다. 슈슈니크의 코밑에 협정서를 들이밀고, "여기에 서명하고 나의 요구를 3일 안에 승락하시오. 아니면 오스트리아 진격을 명령할 테니까!"라고 소리쳤다.

그러나 슈슈니크가 협정서에 서명한 뒤에도 오스트리아 나치에 의

한 선동은 계속되었다. 나치들은 공공건물을 폭파하고, 오스트리아 국기를 갈가리 찢어 버리고는 나치의 갈고리십자 깃발과 바꿔 달았다. 슈슈니크는 절박한 심정으로 '자유, 독립, 기독사회주의, 통합 오스트리아'를 걸고 국민투표를 실시할 계획을 내놓았다. 투표일은 3월 13일 일요일로 정해졌다. 여기에 크게 화가 난 히틀러는 투표일 전날인 3월 12일 오스트리아 침공을 명령한다.

괴링이 베를린에서 오스트리아 작전을 지휘했다. 그는 슈슈니크 등에게 3월 11일 하루에만 무려 27차례나 전화를 걸어 국민투표를 취소하고 나치인 자이스-잉크바르트를 수상에 임명하라고 요구했다.

3월 12일 저녁, 독일 부대가 오스트리아의 국경을 넘어 몰려들어왔다. 영국이나 프랑스의 개입은 없었고, 이탈리아와 체코슬로바키아도 옆에서 구경만

3월 16일에 사열을 했다.

오스트리아의 새 수상 자이스-잉크바르트 박사와 히틀러.

Photograph by Hanns Hubmann

새로운 지도자들이 장밋빛 미래를 가져다 줄 것으로 기대한 빈 시민들은 열광적으로 환호성을 질렀다.

1938년 3월 15일 빈의 군중에게 연설하는 히틀러.

하고 있었다.

괴링은 오스트리아 대통령 미클라스에게 자이스-잉크바르트를 수상에 임명하라고 압력을 가했고, 그에 따라 수상이 바뀌자마자 새 수상에게 '오스트리아의 질서 회복을 위해 되도록 빨리 독일군을 보내달라고 독일 정부에 요청하라'는 지시를 내렸다. 그로써 독일 침략에 대한 적당한 변명이 만들어진 것이다. 그렇게 몇 시간 만에 오스트리아 전체가 점령되었다.

오스트리아 사람들의 환호성을 받으며 자신이 태어난 고향에 들어선 히틀러는, 이제 오스트리아가 독일 제국의 일부가 되었다고 선언했다. 자유세계의 버림을 받은 오스트리아가 사라지고 만 것이다.

Sieg Heil!
빈 시민들은 독일 합병에 환호했다.

1937년 4월 20일.
48세 : 히틀러가 제프 디트리히 장군, 출판
인 막스 아만, 친위대 대장 하인리히 힘러
와 함께 군악대의 연주를 듣고 있다.

총통의 생일

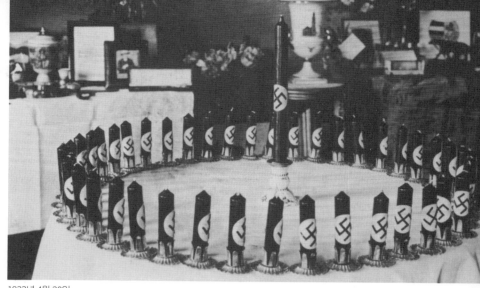

1933년 4월 20일.
44세 : 히틀러의 생일에는 해마다 거창한 축전들이 벌어졌다. 선전장관 괴벨스는 초대형 열병식과 행진을 준비했다. 수상 관저는 나치의 갈고리십자가 그려진 양초로 장식된 테이블들과 수많은 선물로 채워졌다.

숙소 앞에서 총통을 위한 세레나데를 듣는 히틀러.

1938년 4월 20일.
49세 : 생일 축하 선물로 받은 폭스바겐 모형을 마음에 들어 하는 히틀러. 차를 설계한 페르디난트 포르쉐(왼쪽)가 상세한 설명을 하고 있다.

히틀러의 생일은 비잔틴 스타일로 화려하게 축하되었다. 그날은 군악대의 연주로 시작해 횃불을 들고 길게 줄을 이은 병사들의 행진으로 끝을 맺었다. 정오에는 각료와 육해공군의 수뇌가 총통 앞에서 소리 높이 발뒤꿈치를 붙이는 경례를 하고는 축사를 올렸다.

그 생일은 독일 국민들이 그들의 지도자를 더욱 친근하게 느낄 수 있게 만들기 위한 선전 쇼였으며, 기념행사와 행진은 국민들이 단조로운 일상생활을 잊게 만들기 위한 것이었다.

50세 : 히틀러의 생일을 축하하는 횃불 행진.

체코의 위기

오스트리아를 제국에 합병시킨 히틀러는 체코슬로바키아로 눈길을 돌렸다. 해외의 독일 대사들은 만약 체코 정부가 주데텐 지역을 원하는 독일의 요구에 귀 기울이지 않는다면 독

독일로 가는 길.

협상 중의 휴식. 테이블을 둘러싸고 있는 사람은 외무장관 리벤트로프,

1938년 9월 14일 아침.
자신만만 : 자만심에 찬 네빌 체임벌린이 다우닝가 10번지를 나서고 있다.

일군이 체코로 진군해 그들을 '해방시킬 것'이라는 말을 퍼뜨렸다.

1938년 5월 초, 영국과 프랑스 정부는 독일의 독재자에게 체코 정부가 양보해야 한다고 주장했다.

외교책략으로 긴장감이 높았던 여름이 지나자, 런던의 〈타임즈〉는 '체코슬로바키아를 더 순수한 단일국가로 만들기 위하여, 소수 외국인 지역

베르히테스가덴에 도착.

체임벌린, 히틀러, 슈미트 박사,
영국대사 핸더슨.

1938년 9월 16일 오후.
여전히 자신만만 : 정치고문 호레이스 윌슨 경과 함께 독일에서 런던으로 돌아온 모습.

다시 독일에 가기 전, 산책에 나선 체임벌린.

1938년 9월 22일.
고데스베르크에 도착…

…히틀러의 환영을 받았다.

을 인종적으로 통일된 인접한 나라에 잘라 줄 것'을 권하는 논설을 올렸다. 9월 7일에 실린 그 글은 체코슬로바키아가 주데텐을 히틀러에게 양보하면 독일의 침략에 맞서 산맥이 가져다주는 자연적 방어와 군사적 요새를 모두 포기하는 셈이 된다는 사실은 빼놓은 것이었다.

이틀 후, 뉘른베르크 당대회 중에 장군들과 철야 회의를 가진 히틀러는 전면공격을 준비하라고 명령한다.

9월 12일에 한 뉘른베르크의 연설만 보면 히틀러는 전쟁보다는 대화로 문제를 풀기 바라는 것 같았다. 그는 주데텐의 독일인을 위한 '정의'를 바랄 뿐이라고 되풀이해 밝혔다.

혼란스러웠던 프랑스 정치인들은 영국의 체임벌린에게 히틀러와 접촉해 보라고 부탁했다. 이제 프랑스나 영국은 체코에 군사원조를 하지 않을 것이라고 판단한 히틀러는 한층 더 대담한 요구를 들이댔다.

체임벌린은 히틀러에게 "평화적인 해결책을 찾기 위해 만날 용의가 있습니다. 비행기로 갈 생각이고, 내일이라도 출발할 수 있습니다"라고 연락했다. 체임벌린의 연락을 받은 히틀러는 그 뜻밖의 희소식에 "거저 먹었군!(Ich bin vom Himmel gefallen)" 하고 기뻐 외쳤다.

9월 15일, 67세의 체임벌린이 생전 처음으로 비행기를 타고 독일로 날아갔다. 히틀러는 초반부터 말폭탄을 퍼부었다. "체코슬로바키아의 300만 독일인은 독일 제국으로 돌아와야 하오"라고 말할 때 그의 난폭한 분출은 절정에 달했다. 체임벌린이 독일 역사에 대한 기본적인 지식이라도 있었다면, 주데텐독일인은 오스트리아라면 몰라도 독일에 속해 있던 적이 한 번도 없었다고 대답할 수 있었을 것이다. 하기는, 설령 그렇게 사실을 짚었다고 한들 히틀러가 꿈쩍이나 했을지 모르겠다. 히틀러는 "작은 2류 국가가 천년 역사의 우리 제국을 열등한 나라처럼 다루는 것은 용납할 수 없소"라고 거듭 말하고, "이

자신만만함이 사라진 체임벌린. 영국 수상과 영국 대사 네빌 핸더슨은 희망하던 바를 얻을 수 없었다. 심지어 독일인 통역 파울 슈미트의 표정까지 우울해 보인다(뒤쪽).

를 위해서는 어떤 전쟁. 그게 세계대전이라도 마다하지 않을 것이오"라고 단언했다.

　체코슬로바키아를 침략하겠다고 계속 위협함으로써 자신의 요구를 늘려가는 히틀러의 교활한 외교는 성과를 거

두어 갔다. 처음에는 주데텐독일인을 위한 '정의'를 바랄 뿐이라고 했다가, 그 다음에는 그들이 거주하는 토지를 주민자결권에 바탕하여 '체코에서 분리'할 것을 제안했고, 끝내는 '주데텐의 독일 합병'을 제시했다.

체임벌린의 본부는 라인 강변 쾨니히스빈터의 호텔 페테르스부르크였다. 영국 국기만 홀로 걸려 있다.

히틀러의 본부는 라인 강변 고데스베르크의 호텔 드레센이었다. 갈고리십자 엠블럼을 잔뜩 이용해 장식했다.

Photographs by Helmuth Kurth

1938년 9월 29일.

뮌헨회담 : 2주일 동안 3회나 독일로 날아가야 했던 체임벌린은 이번에는 뮌헨으로 갔다. 1938년 9월 30일, 4개 열강 – 영국, 프랑스, 이탈리아, 독일 간 합의가 이루어졌다. 독일 외무장관 노이라트, 프랑스 수상 달라디에, 체임벌린, 프랑스 대사 프랑수아 퐁세가 회담 후 열린 연회에 참석했다.

모두가 웃는 얼굴 : 영국 수상과 유쾌하게 악수를 나누는 이탈리아의 독재자 무솔리니. 그들 뒤로 괴링, 히틀러, 치아노 백작, 달라디에가 보인다.

체임벌린은 히틀러가 허세와 왜곡을 바탕에 둔 정치적 전술을 쓰는 부도덕한 거짓말쟁이임을 꿰뚫어보지 못했다.

체임벌린 수상이 런던으로 돌아간 뒤, 영국과 프랑스의 내각은 체코에 대하여 다음과 같은 제안을 내놓았다.

체코슬로바키아의 영토 중 반 이상의 주민이 주데텐독일인인 지역은 모두 독일에 양도할 것. 그 후 영국과 프랑스가 '새로운 국경에 대한 국제 보증'에 설 것이며, 그 보증이 이전에 맺은 상호원조조약을 대신한다는 내용이었다.

그러나 이런 식이라면 '조만간 완전히 독일의 지배에 놓이게 될 것 같다'고 느낀 체코는 그 제안을 거절한다.

그러는 동안에도 히틀러는 침략 계

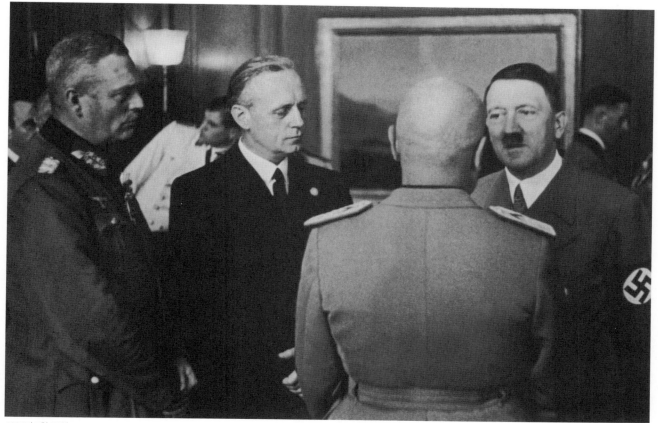

1938년 9월 29일.

Photographs by Helmuth Kurth

회담 종료 : 파시스트 동료인 무솔리니와 활기찬 대화를 나누는 히틀러와 그들의 이야기에 귀를 기울이는 육군원수 카이텔과 외무장관 리벤트로프. 이전에 공개된 적이 없던 이 사진은 괴링의 개인 전속 사진사 헬무트 쿠르트가 괴링 개인용으로 찍은 것으로, 괴링의 가죽 장정 앨범들 중에 붙어 있던 사진이다.

획을 진행시키고 있었다. 체코슬로바키아 내의 주데텐 의용군은 '소동과 충돌'을 일으켰다. 헝가리는 체코인접 국경으로 병력을 이동시켜 평화조약으로 잃은 지역을 되찾겠다고 협박하고 나섰다. 폴란드는 부대를 동원하여 폴란드어를 사용하는 소수민족이 사는 테셴 지방에서 주민투표를 실시하라고 압박을 가했다.

적국에 포위되고 동맹국의 '비열한 배신'에 직면한 체코 정부는 어쩔 수 없이 영국과 프랑스의 제안을 받아들일 수밖에 없었다.

그 다음날, 체임벌린은 다시 독일에 와 라인 지방의 도시 고데스베르크에서 히틀러와 만나 그 소식을 전달했다. "영국, 프랑스 그리고 체코 정부가 주데텐을 독일로 넘기는데 동

뷔페에서 : 항상 배가 고픈 괴링이 제일 먼저 왔고, 거기에 히틀러가 다가와 두 사람의 대화가 시작되었다. 그러다가 프랑스 대사가 다가오자 이야기를 멈췄다.

귀하의 생각은? : 일이 흘러가는 모양에 만족한 무솔리니가 미소를 띠고 있다.

의했다는 말이오?"라고 히틀러가 확인했다. 체임벌린이 분명 그렇다고 대답하자 히틀러는 "최근 며칠 간 일어난 사건들 때문에 그 협상안은 이제 쓸모없는 것이 되었소"라고 말했다. 체임벌린은 황당했고 화가 났다. 분위기를 누그러뜨리기 위해 히틀러는 "체코 문제는 유럽 영토에 관련해서는 마지막 요구"라고 밝혔다.

런던에 돌아온 체임벌린은 히틀러의 요구를 받아들이자고 내각을 설득했으나, 장관들 중에서도 체코슬로바키아를 히틀러에게 팔아넘기는 데 대해 주저하는 사람이 있었다.

9월 26일, 히틀러는 베를린 슈포르츠팔라스트에서 연설을 하게 되어 있었다. 행사 3시간 전 베를린에 도착한 체임벌린의 특사 호레이스 윌슨 경은 히틀러에게, "앞으로는 전쟁이 아닌 협상으로 문제를 해결하자"고 간청하는 체임벌린의 개인적 메시지를 전달했다.

그러나 3일 뒤 다른 회담에서 윌슨 경이 전쟁이 일어나면 영국은 프랑스 측에 설 것이라고 말하자, 히틀러는 이렇게 대답한다. "내주 월요일에는 우리가 전쟁을 하고 있겠군요."

그러다가 히틀러는 도가 지나쳤다는 것을 눈치 채고 자신의 호전성에 대해 재고하는 태도를 보였다. 그는 세부사항은 체코와 직접 협상할 것이며, '체코슬로바키아의 나머지 영토에 관해서는 손대지 않을 것을 정식으로 보증하겠다'라고 체임벌린에게 약속하는 서신을 구술했다.

그러한 메시지가 런던에 닿았을 때, 영국 해군은 경계태세에 들어가 있었고 런던의 학생들은 교외로 대피한 상태였다. 체임벌린은 평화를 위한 마지막 노력으로 히틀러에게 또 다른 메시지를 보냈다. "귀하가 원한다면, 귀하와 체코 정부 대표,

귀하의 생각은? : 체임벌린에게 독재자다운 표정을 지어 보이는 무솔리니.

1938년 9월 29일.
비스마르크의 초상화가 지켜보는 가운데 마침내 합의에 도달했다.

Photographs by Helmuth Kurth

프랑스 대표, 이탈리아 대표와 함께 주데텐 양도 처리에 대해 논의하기 위해 베를린에 갈 준비가 되어 있습니다. 1주일이면 합의에 도달할 수 있을 것으로 나는 확신합니

다."

　히틀러는 영국, 프랑스, 이탈리아와는 의논할 생각이 있었지만 체코와는 그럴 마음이 없었다. 그는 3대 강국의

부관 샤우프의 도움을 받아 협정에 서명하는 체임벌린.

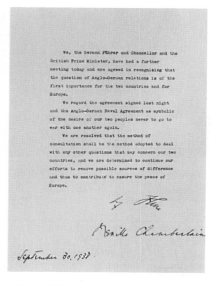

영국과 독일 사이에 체결된 뮌헨협정에는 히틀러와 체임벌린이 서명했다.

뮌헨에서 돌아온 체임벌린은 헤스턴 비행장에서 '우리 시대의 평화'를 외쳤다.

대표와 이틀날 뮌헨에서 만나자고 답신했다.

즉시 그들이 뮌헨으로 왔고, 모든 문제가 빠르게, 또한 히틀러의 말에 따라 정리되었다. 9월 29일 오전 10시, 호레이스 윌슨 경은 밖에서 기다리던 체코 대표단에게 4개국이 합의에 도달했다고 알렸다. 그리고 그들에게 즉시 분리해야 할 주데텐 지역이 표시된 지도를 건넸다. "수락

하지 않을 경우, 귀국의 문제는 독일과 단독으로 해결해야 합니다"라고 체코 측에 덧붙였다.

뮌헨조약은 9월 30일 새벽 1시에 조인되었다. 그로부터 몇 시간 뒤, 독일군이 주데텐에 진입했다.

런던에 돌아온 체임벌린은 전날 히틀러가 서명한 문서를 쳐들며 의기양양하게 말했다. "나는 우리 시대의 평화

뮌헨회담 이후

Photomontage by John Hearfield in Picture Post, *1938*

를 믿습니다."

　그러나 모두가 그렇게 생각한 것은 아니었다. 윈스턴 처칠은 경고했다. "우리는 전면적이고도 완전한 패배를 당했다 … 우리는 1급 재난의 한복판에 있다."

체임벌린의 낙관주의에 대한 소수 의견 : 영국의 대표적 주간지 1면에 실린 포토몽타주 하단에는 다음과 같은 설명이 붙었다. "행복한 코끼리들 : 코끼리들은 행복하다. 그들은 하늘을 날아다닌다. 코끼리들이 행복한 것은 평화를 얻었기 때문이다. 코끼리들이 얼마나 오래 평화로울 수 있을까? 아! 슬프구나. 누구도 대답할 수가 없다." 이 논평이 정치인들의 낙천적 발언보다 훨씬 적절했음이 오래지 않아 밝혀진다. 1년도 지나지 않아 영국은 독일과 전쟁에 들어가는 것이다.

히틀러의 여성들

여자는 별로 중요하지 않다고 생각한 남자치고 그의 여성 이력은 인상적이라 할 수 있다.

소냐 헤니.

첫사랑을 한 것은 히틀러가 16세의 학생일 때였다. 신상에 대해 잘 알지도 못하면서도 린츠의 산책로에서 얼핏 본 소녀와 결혼하겠다고 마음먹은 것이다. 그러나 린츠를 떠나 빈으로 이사하면서 스테파니라는 그 풍만한 소녀는 잊어버린다.

히틀러는 24세가 되기까지 빈에 살던 7년 동안 마음껏 연애를 했다고 말하지만, 그에 대한 증거는 없다. 뿐만 아니라 뮌헨 시절이나 전선 가까이에 있었던 전쟁 중의 4년 동안을 살펴보아도 여성과 관련된 실마리는 하나도 눈에 띄지 않는다.

히틀러의 성생활이 꽃핀 것은 정치가로서의 경력이 시작되면서부터였다. 즉, 30세 이후부터이다. 그가 처음으로 연애다운 연애를 한 것은 거의 마흔에 가까운 때였는데, 상대는 배다른 누나의 딸 겔리 라우발이었다. 당시 21세였던 겔리는 뮌헨의 아파트에서 히틀러와 함께 살았다. 하지만 그들의 목가적인 생활은 그녀가 1931년에 자살하면서 끝이 나는데, 그녀의 자살 이유가 무엇인지 충분하게 해명되지 않은 탓에 남겨진 연인은 비탄에 빠졌다.

비니프레트 바그너.

겔리가 인생에 등장하기 전에도 히틀러는 여러 여자와 가벼운 관계를 가졌다. 자기와 같은 나이의 여자보다는 연상의 여성과 함께 하는 쪽을 편하게 여겼다. 베히슈타인 부인, 브루크만 부인, 한프슈탱글 부인 등은 그를 젊은 '이리'라고 칭찬하기도 했다.

수상이 된 그는 마그다 괴벨스, 잉게 레이, 제니 하우크(히틀러의 운전사의 누이) 등과 같은 지지자들의 부인과 레니 리펜슈탈, 레나테 뮐러, 릴 다고베르, 제니 휴고 같은 여자 영화배우들에 둘러싸였다. 히틀러는 그녀들과 어울리기는 했지만 섹스를 하지는 않았다. 그 중 비니프레트 바그너와의 관계는 보다 진지한 것이었다. 그녀는 작곡가 바그너의 며느리로서 영국 태생이었는데, 히틀러는 한때 그녀와의 결혼을 생각하기도 했다.

에바 브라운을 만난 것은 겔리가 죽은 뒤 1~2년 쯤 지난 뒤였다. 나중에 나치의 공식 사진사가 되는 호프만의 사진관 직원이었던 그녀는 그 유명한 남자를 사랑했다. 히틀러도 그녀와 함께 있으면 편안함을 느꼈다. 그는 죽을 때까지 그 천진난만한 아가씨를 놓지 않았다.

영국인 여자친구 유니티 미트포드.

에바 브라운.

'수정의 밤'

폭풍을 일으킨 자 : 11월 7일에 파리에서 17세의 유대인 헤어셸 그린츠판이 독일 대사관의 3등서기관인 에른스트 폼 라트를 사살했다. 그의 행동은 유대인 박해를 초래하게 된다.

희생자 : 파리의 폼 라트의 상여. 라트는 나치당원도 반유대주의자도 아니었지만 나치독일의 영웅이 된다.

당시 17세였던 유대인 망명자 헤어셸 그린츠판이 파리 주재 독일 대사관 3등서기관 에른스트 폼 라트를 살해하자, 그에 대해 베를린에 있던 괴벨스가 나치당원들에게 '자발적으로' 시위에 나서라고 명령한다.

이에 돌격대의 지도자 라인하르트 하이드리히는 경찰과 비밀정보부, 나치친위대와 함께 시위에 참가하여 유대교회당을 불태워버리고 유대인 상점을 부수고, 그 주인까지 체포하라는 지시를 내린다. 그리하여 그린츠판이 폼 라트를 사살한지 48시간 뒤인 11월 9일 밤은 독일 내 유대인들에게는 끔찍한 시간이 되고 만다. 유대인의 집, 유대인의 재산에 횃불로 불을 질렀다. 몇 시간 지나지 않아 하이드리히는 상관에게 유대인 상점 815점과 주택 171호를 파괴하고, 119개의 회당을 불태웠으며, 유대인 2만 명을 체포했다고 보고했다.

독일 곳곳에 자리한 유대인 상점의 유리창이 깨졌다. 그것을 전부 보상하려면 파산할 것이라면서 보험회사는 비명을 질렀다. 깨진 유리의 청구액만 따져도 500만 마르크에 달했기 때문이다.

길바닥에 흩어진 유리 조각이 마치 수정처럼 빛났다고 해서 그날은 나중에 '수정의 밤'이라고 불린다.

노발대발한 괴링은 하이드리히를 질책했다. "그렇게 많이 부술 게 아니라 유대인이나 200명 쯤 죽이지 그랬나." 뉘른베르크재판에서 정말로 그런 말을 했느냐는 질문을 받은 괴링은 사실을 시인하기는 했지만, "화가 나고 흥분한 순간에 한 말일 뿐"이라고 변명했다.

문명사회는 분노했다. 전 세계가 나치의 만행을 비난하고 나섰다. 히틀러는 '제국 내 독일인에 대한 사태'에 쏠린 관심에 당황했다. 그가 보기에는 그 또한 국제적으로 벌어지는 유대인의 음모를 증명하는 또 다른 증거일 뿐이었다.

그날로부터 3일 후, 괴링은 자신의 집무실에서 회의를 열어 독일계 유대인의 장래에 대하여 논의한다. 나치의 야만스러운 반유대주의에 휩쓸리지 않은 것처럼 보이고 싶었던 괴링 원수는 다음과 같이 선언한다. "독일계 유대인은 그들이 저지른 추악한 범죄에 대한 벌로 … 10억 마르크를 기부한다 … 놈들은 다시는 살인을 저지르지 못할 것이다."

그리하여 유대인은 독일의 경제활동에서 배제되고, 사업과 재산은 몰수되는 등, 독일에서 '걷어차여' 쫓겨났다. 괴링의 선언은 독일의 공식 정책이 된다. 마치 시간

잡지 〈데어 슈투르머〉의 그림이 모든 마을에 나붙었다.

1938년 11월 10일.
"모든 유대인 상점은 파괴되어야 한다"는 명령이 폼 라트가 죽은 날 나치돌격대에게 내려진다. 11월 9~10일 밤은 독일 내 유대인에게 끔찍한 것이 된다. 게슈타포의 지휘관 라인하르트 하이드리히가 괴벨스에게 올린 보고에 따르면 '815점의 유대인 상점을 부수고, 171채의 가옥을 불태웠다…'고 기록되어 있다. 거기에 119개의 유대교회당이 불타고 또 다른 76개의 회당은 파괴되었으며, 2만 명의 유대인이 체포되었다.

이 수백 년 전으로 되돌아간 듯, 독일은 인도주의를 저버린 것이다.

만일 그 시점에 문명세계가 뭉쳐서 나치의 만행에 맞섰다면 미래의 모양도 바뀌었을지 모른다. 그러나 이미 반유대 선전은 상당한 성과를 거두고 있었다. 유대인이 첫 희생자였고, 이어서 가톨릭교도, 체코인, 폴란드인, 러시아인, 결국에는 '지배민족'에 속하지 않은 모든 인간이 희생자가 되었다.

얼마 후 세상은 존 던의 시에 담긴 영원의 진실을 깨닫게 된다. "사람은 그 누구도 그 자체로 온전한 섬이 아니다. 누구나 대륙의 한 조각, 대양의 일부이다. … 누구의 죽음이든 그것은 나를 줄어들게 하니, 내가 인류에 속해 있기 때문이다."

〈데어 슈투르머〉가 발행한 어린이 도서에 실린 삽화.

1939년 3월 14일.
베를린 수상 관저에서 한밤중에 도착한 체코슬로바키아 대통령 하하 박사를 맞이하는 히틀러. 라머스와 마이스너 박사가 서 있다. 히틀러에게서, 침공이 이미 시작되었고 체코슬로바키아는 독일제국에 합병될 것이라는 통지를 받은 하하 박사는 기절까지 하지만 깨어난 그는 강제로 공식 성명서에 서명할 수밖에 없었다.

1939년 3월 15일.
프라하 중심부에 진입한 독일 장갑차.

체코 강점

히틀러는 세상의 정점에 서 있었다. 오스트리아와 주데텐을 손에 넣은 그는 이제 체코슬로바키아의 나머지까지 집어삼킬 준비를 하고 있었다.

슬로바키아는 모국에서 독립하고 싶어 했고, 그것은 히틀러의 계획에 잘 들어맞는 것이었다. 가톨릭 고위 성직자인 티소를 베를린으로 부른 히틀러는 슬로바키아의 독립을 선언하라고 강요했고, 티소는 그 자리에서 그 말에 따랐다. 같은 날(3월 14일) 밤, 체코슬로바키아의 대통령 하하 박사가 베를린으로 달려와 히틀러를 만나 자비를 구했지만, 히틀러는

1939년 3월 15일.
프라하의 독일군. 히틀러가 체코슬로바키아가 끝장 났으며 보헤미아와 모라바는 보호령으로 삼는다고 선언한 다음 날의 모습이다. 전 외무장관인 노이라트가 총독에 임명되고, 대통령이었던 하하는 총독과 리스트 장군 옆에 서서 침략군인 독일 부대를 사열해야 했다.

그에게 체코슬로바키아 점령은 이미 결정된 일이고 다음날 아침 6시에 시작될 것이라고 대답했다. 유혈사태를 피하기 위해 하하 박사는 항복조건에 서명할 수밖에 없었다. 그로써 체코슬로바키아가 없어진 것이다. 뮌헨에서 체코슬로바키아의 국경을 보증하는 데 동의했던 체임벌린은 티소의 독립선언을 보고는 "우리가 보증하기로 한 국경선이 확정되었다"라는 말장난 같은 공표를 내놓았다. 염치를 모르는 배신행위로 영국은 히틀러에게 자유를 선사한 것이다. 보헤미아와 모라바를 점령한 그는 외쳤다. "오늘이야말로 내 생애 최고의 날이다! 나는 역사상 가장 위대한 독일인으로 기록될 것이다."

1939년 3월 23일.
히틀러를 방문한 나치의 꼭두각시 슬로바키아 대통령 요제프 티소.

1939년 7월.
전함 비스마르크의 진수식을 위해 함부르크에 온 히틀러가 프리드리히스루에 있는 비스마르크의 석관을 찾았다.

비스마르크에게는 경의,
루스벨트에게는 적의

이제 세계는 초조할 수밖에 없었다. 히틀러가 전쟁 준비를 하면서 폴란드를 거듭 위협하자 유럽 각국은 서로 동맹을 맺었다. 4월 6일에 폴란드는 영국과 상호원조 조약을 맺었다. 4월 13일에는 프랑스가 그리스와 루마니아의 독립을 보장했다. 하지만 이때 무솔리니의 군대는 이미 알바니아를 침략한 상황이었다.

4월 중순, 히틀러가 빌헬름스하펜에서 한 연설을 통해 유럽 국가들을 독일에 합병시키겠다고 언급한 데 대해 루스벨트 대통령은 히틀러와 무솔리니에게 긴급 메시지를 보냈다. 그는 두 독재자에게, "무장 병력이 이하의 독립국 영토를 침공하거나 공격을 가하지 않겠다"고 확약해 달라고 요구했다. 핀란드, 라트비아, 리투아니아, 에스토니아, 노르웨이, 스웨덴, 덴마크, 네덜란드, 벨기에, 영국, 아일랜드, 프랑스, 포르투갈, 스페인, 스위스, 리히텐슈타인, 룩셈부르크, 폴란드, 헝가리, 루마니아, 유고슬라비아, 러시아, 불가리아, 터키, 이라크, 아라비아, 시리아, 팔레스타인, 이집트, 이란이 그 독립국이었다.

히틀러는 루스벨트에 회답하기 위해 4월 28일 국회를 소집했다. 그는 거의 4시간 동안이나 말을 했는데, 비꼼과 반어법으로 꾸민 히틀러식 연설 중 하나였다. 악의에 찬 그 연설은 전형적인 선동 웅변이었다. 나치당의 역사, 독일의 비무장 현황 수치, 오스트리아와 체코슬로바키아에 대한 자신의 '온건하고 겸손한 정책'에 대해 의례적으로 읊은 뒤에 루스벨트에 대한 회답을 내놓았다. 회답은 21개 조나 되었는데, 하나씩 읽을 때마다 조롱투로 "답(Antwort)"이라는 단어로 시작했다. 의원들은 총통의 행동을 즐기며 자지러지게 웃어댔다.

히틀러는, 독일은 그들을 공격하거나 북미를 침략할 의도가 없기 때문에 30개 독립국들은 독일을 겁낼 이유가 없다고 루스벨트에게 장담했다. 한 나라의 대통령을 자기 나라의 시골정치인처럼 취급한 싸구려 논박에 독일인들은 감명을 받았지만 세계는 속지 않았다. 히틀러가 평화를 약속하는 순간에도 그의 군대는 전쟁 준비를 계속하고 있었던 것이다.

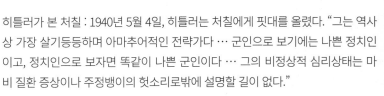

히틀러가 본 처칠 : 1940년 5월 4일, 히틀러는 처칠에게 핏대를 올렸다. "그는 역사상 가장 살기등등하며 아마추어적인 전략가다 … 군인으로 보기에는 나쁜 정치인이고, 정치인으로 보자면 똑같이 나쁜 군인이다 … 그의 비정상적 심리상태는 마비 질환 증상이나 주정뱅이의 헛소리로밖에 설명할 길이 없다."

1939년 8월 23일.
러시아 측 몰로토프의 서명. 스탈린 옆에는 독일 공사관 고문 구스타프 힐거와
독일 대사 슐렌베르크.

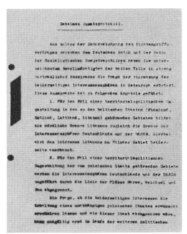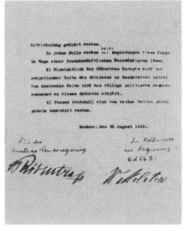

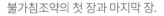

불가침조약의 첫 장과 마지막 장.

독일 측 리벤트로프의 서명. 왼편에서 독일 외무부의 프리드리히 가우스, 힐거,
슐렌베르크가 지켜보고 있다.

독일－소련 불가침조약

나치의 계획표에 의하면 9월 첫날에는 폴란드에 진군하기로 되어 있었다. 그러나 공격 전에 러시아를 중립적으로 만들어 놓아야 했다.

히틀러의 외무장관 리벤트로프는, 독일과 러시아 간에는 아무런 이해충돌이 없으며, 양국이 폴란드에 관련된 논쟁에 대해 엇박자를 낼 필요가 없음을 러시아 정부에 납득시키려고 했다. 그는 특별한 문제라도 있으면 자신이 모스크바에 가서 즉석에서 풀겠다는 제안도 덧붙였다. 리벤트로프는 교활하게도 폴란드를 러시아와 독일이 나누자는 뜻도 넌지시 비쳤다.

리벤트로프의 메시지를 읽은 러시아 외무장관 몰로토프는 독일에 불가침조약을 체결할 뜻이 있냐고 문의했다. 히틀러는 바로 "그렇소!"라고 답신했다.

나치가 조약을 서두르고 있음을 눈치 챈 러시아가 조건을 내걸었다. 통상 및 신용 조약도 함께 요구한 것이다. 독일은 또 다시 금방 대답을 보냈다. "좋소!" 히틀러는 '빠른 결과'를 바라고 있었다. 5일도 안 되어 통상조약에 대한 협상이 끝나고 베를린에서 조인되었다. 8월 18일, 리벤트로프는 "독일의 외교 정책은 오늘 역사적 전환점을 맞았다"고 떠벌렸다. 히틀러는 스탈린에게, '지체 없이 불가침조약과 그 초안을 작성하고 조인할 전권을 지닌 독일의 외무장관을 맞이해 달라'고 전보를 쳤다.

8월 23일 모스크바에 도착한 리벤트로프는 그날 늦은 밤 불가침조약에 서명했다. 러시아와 독일은 서로 전쟁을 하지 않으며, 어느 쪽이든 제3국의 공격을 받더라도 공격을 가한 나라를 돕

1939년 8월 23일.
완전한 합의에 도달한 두 협상가 : 스탈린과 리벤트로프 모두 활짝 웃고 있다.

지 않기로 맹세한 것이다. 그리고 조인을 한 두 나라는 비밀 의정서 속에 '그들의 이익 범위'-폴란드 분할을 써 두었다.

이튿날 리벤트로프는 조약을 갖고 귀국길에 올랐다. 그의 질풍 같은 외교는 독일의 폴란드 침공을 위한 길을 열게 된다.

새소식을 전해 줄 모스크바의 전화를 기다리는 베르히테스가덴의 히틀러. 평소처럼 보어만이 함께 있다.

스탈린과 건배하는 하인리히 호프만. 호프만은 히틀러의 정치활동 초기부터 친하게 지내온 사진가이다.

1939년 9월 1일.
전쟁 공표 : 독일군이 폴란드에 쳐들어간 지 몇 시간 지난 1939년 9월 1일 아침, 흥분하여 안절부절못하면서 히틀러가 국회에서 독일이 전쟁 상태에 들어갔음을 알린다. 이미 100명 이상의 의원이 병역의무로 결석한 상태여서 국회의장인 괴링이 그들을 대신해 나치 간부들에게 투표권을 주었다. 의원들은 단치히를 독일에 합병하는 데 찬성표를 던졌다. 국회의 이 표결은 히틀러의 전쟁 정책을 간접적으로 찬성하는 것이었다.

폴란드 침공

히틀러는 폴란드로 군대를 진군시킬 구실이 필요했다. 이에 폴란드 군복을 입은 친위대 대원들을 시켜 독일과 폴란드의 국경지대에 위치한 글라이비츠의 방송국을 습격하는 일을 벌인다. 히틀러는 세계를 향해, "대국으로서 용인할 수 없는 일련의 국경 침범은 폴란드가 독일의 국경을 존중할 의사가 없음을 증명하는 것이다. 이 미친 짓을 끝내기 위해 나는 이제부터 무력에는 무력으로 대처할 수밖에 없다"고 말한다.

그가 그렇게 얘기하는 동안 독일군은 벌써 폴란드로 진군하여 아수라장을 만들어 놓고 있었다. 히틀러는 이번 독일의 공격에 대해서도 영국은 과거에 몇 번 그랬던 것처럼 말로만 항의하는 데 그칠 것이라고 생각했다. 그러나 그것은 오산이었다.

9월 3일 일요일 오전 9시 베를린 주재 영국 대사가 외무부를 찾아와 자국의 최후통첩을 리벤트로프에게 읽어 내려갔다. 그 문서를 전달받은 히틀러는 외무장관에게 물었다. "이제 어떻게 한다?" 리벤트로프는 "1시간 이내에 프랑스도 똑같은 최후통첩을 가져오리라 여겨집니다"라고 대답할 수밖에 없었다. 그 자리에 있던 괴링은 "만약 우리가 이 전쟁에서 진다면, 신이여 자비를 베푸소서!"라고 탄식했다.

이어 독일이 최후통첩을 거부하면서 제2차 세계대전이 발발한다.

제2차 세계대전이 일어났다 : 9월 1일 동틀 녘에 독일 육군은 밀물처럼 폴란드 국경을 넘어와 바르샤바로 쳐들어왔다. 폴란드군이 글라이츠의 방송국을 습격했다는 것이 침략의 구실이었다. 그 습격이 폴란드 군복을 입은 나치친위대가 벌인 날조된 사건임이 세상에 알려지는 것은 나중 일이다. 독일의 육군과 공군이 이른바 '보복'에 나섰다. 독일의 대포와 폭탄이 쏟아져 폴란드를 파괴했고, 순식간에 '지배민족'에게 정복되었다.

베르히테스가덴에서 에바 브라운과 함께 일요일 저녁식사를 하는 히틀러.

티룸에서의 식사

"결혼보다는 애인을 두는 편이 더 현명하다"라고 히틀러는 말했다. "부담도 없고, 예쁜 선물만 있으면 모든 게 간단하니까. 물론 이건 예외적인 남자에게만 해당되는 얘기이다"라고 이유를 덧붙였다. 분명 아돌프 히틀러보다 더 예외적인 남자는 이 세상에 없다고 할 수 있을 것이다. 그렇게 에바 브라운과의 관계가 이루어졌다.

그녀가 히틀러의 인생에 등장한 것은 그가 질풍노도의 시절을 보내고, 몹시도 사랑했던 조카딸 겔리가 자살한 뒤였다. 그의 나이는 43세였고, 에바는 20세였다. 그는 권력의 정점에 있었고, 그녀는 평범한 직장여성이었다.

두 사람이 만난 곳은 히틀러의 선전용 사진을 찍던 뮌헨의 하인리히 호프만 사진관이었다. 에바는 그곳 직원이었다. 히틀러는 천성적으로 여성들에게 강한 인상을 주었다. 만난 지 얼마 되지 않아 그는 카를톤 티룸이나 오스테리아 바바리아, 극장이나 영화관 등에 그녀를 데리고 다녔다. 순진한 에바는 그 유명한 남성을 사랑하게 된다.

두 사람의 연애에도 여러 곡절이 있었다. 전쟁 후에도 남은 그녀의 일기에는 1935년 이후 두 사람의 관계가 그려져 있다. 23세의 생일날, 에바는 이렇게 썼다. "강아지가 한 마리 있으면 이렇게 외롭지 않을 텐데. 하지만 그런 부탁은 무리일 테지." 실제로도 히틀러는 그녀가 바라던 작은 닥스훈트를 선물하지 않았다. "그는 생일날에 가지고 싶은 게 뭐냐고 묻지도 않았다."

2주 후, 그녀는 다음과 같이 썼다. "그가 이렇게 사랑해 주니 난 무척 행복하다. 항상 이렇기를 기도해야지." 그러나 보름도 지나지 않은 1935년 3월 4일에는 이렇게 썼다. "나는 또 끔찍하게 불행하다. 그에게 편지도 보낼 수도 없으니, 내 한탄을 들어주는 것은 오직 이 일기장뿐." 질투심에 사로잡힌 에바는 그를 뒤쫓고, 그의 집을 감시하고, 카를톤 티룸 밖에서 3시

일요일의 진수성찬을 마치고 평범한 남편처럼 히틀러가 안락의자에서 깜박 잠이 들었다.

간이나 기다리기도 했다. "그리고 그가 다른 여자를 위해 꽃을 사고 만찬에 초대하는 것을 바라볼 수밖에 없었다"라고 썼다. 그 '다른 여자'란 한 영화배우로, 그 당시 히틀러는 그 여성에게 달아올라 있었다.

또 다른 부분에서는 그녀의 암울한 기분이 엿보인다. "방금 그에게 나에 대해 결단을 내려달라는 편지를 부치고 왔다 … 오늘 10시까지 답장을 못 받으면 나는 수면제 25알을 먹고 평화롭게 다른 세상으로 가는 잠에 빠질 거다."

그러나 그들의 관계는 서서히 성장해갔다. 히틀러는 뮌헨 바서부르거 거리에 집을 사서 그녀에게 주었고, 에바는 숨겨진 아내로서의 역할을 받아들였다. 그녀는 대부분의 시간을 베르히테스가덴에서 히틀러와 함께 보냈지만, 손님이나 중요한 사람이 찾아오면 모습을 숨겨야 했다. 히틀러는 그녀에게 '총통'이라고 부르게 했고, 그녀를 '작은 바보'(Tschapperl)라고 불렀다. 괴벨스가 어느 연설에서, '총통은 지금 모든 것을 나라에 바치고 있으며, 사생활이란 게 없다'라고 하자, 에바는 씁쓸하게 말했다.

"나는 없는 사생활 속 여자네."

그래도 세월이 흐르면서 그들의 관계 또한 자리가 잡혀갔다. 히틀러에게 그녀는 편해진 오래된 신발 같은 존재가 되었다.

일요일에 그들은 잘츠부르크와 산들이 보이는 모스라네르코프의 작은 티하우스에서 식사를 하고는 했다. 그들은 오래된 부부처럼 보였다. 그러나 위험한 시기에는 그들의 감정도 표면에 떠올랐다. 히틀러 암살 시도 직후 무서워서 제정신이 아닌 에바는 그에게 편지를 썼다. "난 미칠 거 같아요. 절망적이고 비참하고 불행해요. 당신이 위험하다는 것을 알고 나서 난 지금 반쯤 죽은 것 같아요. 되도록 빨리 돌아와 주세요, 제 정신이 좀 이상해진 것 같은 느낌이 들어요. … 당신에게 무슨 일이 일어나면 나도 더 이상 살아갈 수 없을 거라고 항상 말해 왔지요. 우리가 처음 만났을 때부터 당신이 어디를 가든, 설령 죽음의 길이라고 해도 뒤따라가겠다고 약속 드렸습니다. 당신도 아시겠지만, 내 모든 인생을 바쳐서 당신을 사랑하고 있습니다."

히틀러의 유럽 급습

서부 전선은 이상 없었다. 히틀러는 세계를 속임수로 안심시켰다. 영국 신문들은 "거짓 전쟁"이라는 제목을 붙이기도 했다. 히틀러와 독일군이 자기들을 상대로 제대로 된 전쟁을 벌일 수 없으리라 믿었던 그들은 그 상황을 우습게 여겼다.

1940년 4월.
1940년 4월 9일 독일군이 덴마크를 침략했으나 국왕 크리스티안은 점령 기간 중에도 코펜하겐을 떠나지 않고 말을 타고 거리를 돌아다니면서 침묵으로 항의했다.

노르웨이는 1940년 4월의 둘째 주에 독일군에 점령되었다. 나치에 협력한 비드쿤 크비슬링의 이름은 훗날 '배반자'의 대명사가 된다.

많은 프랑스인들도 마찬가지로 마음을 놓고 있었다. 프랑스군은 수억 프랑을 들여 만든 궁극적 방어시스템 '난공불락'의 마지노선이 있는 한 자신들의 안전함은 굳건하다고 믿었다.

런던에서는 여전히 자신감 과잉에 찬 체임벌린이 서부 전선에서 전쟁을 일으키는 데 실패한 히틀러에 대해 "버스를 놓쳤다"며 하원에서 연설을 했다. 그러나 영국 수상이 그러한 얼빠진 연설이나 하는 동안에도 독일 육군은 계속 전진하여 덴마크, 노르웨이, 그리고 프랑스에 공격을 가했다.

4월 9일, 히틀러 휘하 대사들은 네덜란드 및 노르웨이 정부에 대해 영국과 프랑스에 점령당하지 않으려면 '독일의 보호'를 받으라고 요구하면서 최후통첩을 내밀었다. 그것은 완곡한 표현과 거짓말로 공격을 정당화하는 히틀러의 전형적 수법이었다. 오스트리아와 체코슬로바키아에 써 먹은 그 수법을 이번에는 덴마크와 노르웨이에 대해서도 이용하려 든 것이다. 작은 나라인 덴마크는 스스로를 방어하지도 못할 만큼 약했기 때문에 요구를 받아들일 수밖에 없었다. 그러나 노르웨이는 '굴복하지 않기로' 한다.

그러자 독일 함대가 대담한 이동으로 노르웨이 수역에 진입했다. 처칠이 나중에 쓴 바에 따르면 영국 제독들을 "완전히 한 수 앞선" 것이었다. 노르웨이의 연안을 호위하던 영국 해군의 방어선을 돌파한 독일 구축함은 나치 부역자 비드쿤 크비슬링(이 이름은 나중에 반역자의 대명사가 된다)의 도움을 얻어 스웨덴의 철광석을 수송하는 항구 나르비크를 점령했다. 오슬로, 트론헤임, 베르겐, 스타방에르, 크리스티안산 같은 다른 대도시에도 얼마 지나지 않아 거의 무혈입성하게 된다.

그러나 노르웨이의 왕 호콘 7세는 항복하지 않았고, 크비슬링을 수상으로 임명하라는 독일의 요구도 따르지 않았다. 북쪽으로 피신한 왕은 그곳에서 백성들에게 저항하자고 외쳤다. 독일 부대가 자신의 본부 부근까지 침략해 오자 왕과 그의 정부는 런던으로 망명하여 노르웨이가 해방될 때까지 활동했다.

겨우 무기력 상태에서 깨어난 영국 해군이 노르웨이 해안에 부대를 상륙시켰을 때에는 이미 늦은 상황이었다. 독일은 무력으로 노르웨이 전체를 장악, 온전히 독일의 지배에 들어가 있었다.

노르웨이의 성공적 점령은 히틀러의 대승리였고, 동시에 영국의 굴욕적인 패배였다. 히틀러는 독일의 철광석 공급원을 확보하고, 노르웨이가 영국에 점령되는 일을 막겠다는 목적을 달성한 것이다. 또한 노르웨이의 항만이 나치의 손에 들어감으로서 독일 잠수함들이 안전하게 북대서양으로 진입해 영국 배들을 먹잇감으로 삼을 수 있게 되었다.

노르웨이를 확보하자마자 히틀러는 우선 두텁게 신임하던 에센 대관구 지휘관 요제프 테르보펜(6년 전 '긴 칼의 밤'의 전날, 히틀러가 결혼식 입회인이 되어 주었던 인물)을 점령국 총독으로 임명했다.

영국에서는 패배에 대한 분노로 인해 체임벌린 정부가 쓸려나가고 윈스턴 처칠이 수상이 되었다. 처칠이 취임한 5월 10일, 바로 그날 독일군이 다시 움직였다. 89개 사단 병력이 네덜란드, 벨기에, 그리고 작은 룩셈부르크의 국경을 질풍처럼 넘어왔다. 그것은 네덜란드와 벨기에의 방어시스템으로는 감당할 수 없는 것이었다. 독일은 낙하산부대를 이용하여 철수하는 방위군들이 진군 방해를 목적으로 중요 교량을 파괴하는 일을 사전에 방지했다. 덕분에 독일군은 2일 만에 프랑스 인접 국경까지 갈 수 있었다. 네덜란드와 벨기에도 프랑스와 영국의 지원을 받아 영웅적인 전투를 벌였으나 결국 6주 만에 제압되고 말았다. 독일의 무기, 독일의 전략이 승리를 거둔 것이다. 히틀러의 병력이 100마일(약 161킬로미터)* 넘는 줄을 만들며 프랑스까지 밀고 들어갔

다. 독일군은 마지노선을 우회해서 신속하게 전진함으로써 프랑스군이 손을 쓸 수 없게 만들었다.

처칠은 하원에서 영원히 남을 연설을 한다. "내가 드릴 수 있는 것은 오직 피와 노고, 눈물과 땀뿐입니다."

1940년 5월.
벨기에는 1940년 5월에 독일에 희생된다. 벨기에 사람들이 용감하게 싸웠음에도 불구하고 국왕 레오폴드 3세는 5월 28일 독일에 항복했다. 이미 나라의 대부분은 파괴된 상태였다.

네덜란드는 독일군의 침략을 받고 불과 5일 뒤에 굴복했다. 로테르담이 항복한 것은 1940년 5월 14일로, 빌헬미나 여왕은 영국으로 망명한다.

그는
아는
아이들은
사랑했다

아이들은 히틀러를 좋아했다. 그의 집에는 늘 아이들이 있었다. 보어만의 아이들(10명), 슈페어의 아이들(5명), 괴벨스의 아이들(6명), 그리고 그들 보다 낮은 계급이었지만 이웃에 살던 나치 간부들의 아이들도 베르크호프에서 노는 것을 환영받았다.

아이들 파티. 마르틴 보어만과 알버트 슈페어의 아이들을 대접하는 '아돌프 아저씨'와 에바 브라운.

Photograph by Eva Braun

히틀러가 좋아했던 아이 우시. 에바 브라운의 친구 헤르타 오스터마이어와 에르빈 슈나이더 부부의 아이이다.

히틀러는 아이들과 놀아주기도 하고 선물을 주기도 했다. 자식을 갖고 싶었던 에바는 아이들을 위한 특별한 초콜릿 파티를 열어 주고, 아이들의 생일을 축하해 주기도 하고, 소풍을 데리고 가는 등, 사랑과 애정을 쏟아 부었다.

히틀러는 자기가 아는 아이들은 사랑했다. 그러나 개인적으로 모르는 아이들에 대해서는 아무 감정이나 연민을 느끼지 않았다. 수많은 유대인 아이들이 '절멸수용소'의 가스실에서 죽어 갔다. 많은 유고슬라비아 아이들을 부모에게서 빼앗아 배에 태워 독일로 보내기도 했다. 좋은 나치와 미래의 독일 병사를 키우겠다는 목적으로 나치 가족에게 맡겨진 것이다.

히틀러는 자신의 행동에 아무런 가책도 느끼지 않았고, 인간의 생명도 존중하지 않았다. 마지막 순간까지 그는 자신이 저지른 범죄의 극악함을 깨닫지 못했다.

베르크호프의 테라스에서 슈페어의 아이들과 함께 있는 히틀러의 모습을 담은 이 사진은 에바 브라운이 찍은 것이다.

Photograph by Eva Braun

그의 주변에는 언제나 아이들이 있었다. 그의 베르히테스가덴 별장은 나치 고관 자녀들의 놀이터이기도 했다.

됭케르크의 기적

후퇴를 거듭하던 영국과 프랑스는 영국해협을 등지고 포위당해 전멸될 처지에 놓였다. 그러한 그들을 구한 것은 다름 아닌 히틀러였다. 그가 구데리안 장군에게 전차의 진격을 멈추고 적을 뒤쫓지 말라고 명령한 것이다. 어째서 히틀러는 그런 전략적 실수를 저지른 것일까?

　그 명령에 대해 3가지로 설명할 수 있다. 첫째, 평화조약을 원했기 때문에 영국에게 굴욕감을 주지 않으려 했다. 둘째, 플랑드르에서 결전(그렇게 생각했다)을 치르는 일은 피하고 싶었다. 셋째, 귀중한 전차 병력이 큰 손실을 입는 일은 피해야 했다.

　독일 기갑부대가 멈춘 덕분에 영국 원정군은 방어를 강화하고 안전하게 탈출할 시간을 얻을 수 있었다.

　5월 26일 저녁, 철수가 시작되었다. 크고 작은 함선, 모터보트, 범선 등이 앞 다투어 해협을 건너와 장병들을 영국의 해변으로 날랐다. 독일 공군은 악천후 탓에 제구실을 할 수 없었고, 독일 장군들은 "보잘것없는 유람선"을 가지고는 대량 구조를 해낼 수 없을 것이라고 자신했다.

　그러나 철수가 완료된 9일 후, 33만 8226명의 영국 및 프랑스 병사들을 해협 너머로 구조하는 결과를 낳는다. 1940년 6월 4일 그날, 윈스턴 처칠은 연설한다. "우리는 끝까지 갈 것입니다. 우리는 프랑스에서 싸울 것이며, 우리는 바다와 대양에서 싸울 것이며 … 우리는 우리의 섬을 지킬 것입니다 … 우리는 들판과 거리에서 싸울 것이며, 우리는 언덕에서 싸울 것이며, 우리는 결코 항복하지 않을 것입니다."

궁지에 빠진 영국군의 철수. 포위된 영국 잔류병을 구하기 위하여 수 백 척의 배들이 됭케르크로 모여들었다. 1940년 5월 27일부터 이후 며칠에 걸쳐 30만 이상의 병사가 무사히 해협을 건넜다.

1940년 5월.
철수 뒤의 됭케르크의 해안. R. L. 더퍼스는 〈뉴욕 타임즈〉에 다음과 같은 논설을 썼다.

영어라는 말이 존재하는 한, 됭케르크는 존경심과 함께 언급될 것이다. 이 세상에 전에 없던 지옥이

었던 그 항구에서, 패전의 끝자락에서 민주주의의 혼을 가리고 있던 누더기와 얼룩들이 씻겨나갔다. 타격을 받기는 했으나 정복되지 않았고, 찬란하게 적들과 맞섰다.

그들은 먼저 부상병을 내보냈다. 사람들은 다른 이의 탈출을 위해 죽었다. 단순한 용기가 아니었다. 그런 것이라면 나치들에게도 충분히 많다. 단순한 규율도 아니었다. 그런 것이라면 훈련교관이 주입시킬 수도 있었을 것이다. 세심한 계획의 결과도 아니었다. 그럴 여유조차 없었다. 자유국가의 평범한 사람들이 공장, 사무실, 광산, 농장과 어선에서 영광스럽게 일어났다. 궁지에 빠진 동료를 구해내고자 갱도를 내려갈 때 배운 것, 큰 파도 속에서 구명보트를 던질 때 배운 것, 아이들을 위해서 가난과 힘든 일을 견디어 낼 때 배운 바를 전쟁터에서 보여 준 것이다.

자유로운 인간의 영혼이 지닌 이 광채는 히틀러가 지배할 수도, 획득할 수도, 정복할 수도 없다. 그는 독일인의 심장 속에 있는 그것을 이미 모조리 부숴버렸다. 그것이야말로 민주주의의 위대한 전통이다. 그것이 미래이다. 그것이 승리이다.

프랑스의 항복

독일군이 파리까지 들어온 1940년 6월 14일 레노의 후임으로 총리에 오른 페탱 원수는 휴전을 요청했다.

히틀러의 요구에 따라 휴전회담은 콩피에뉴의 숲에서 열렸다. 제1차 세계대전 종결 때 프랑스가 독일에 무조건적 항복문서를 들이댄 것과 같은 장소, 같은 열차였다.

6월 21일 오후 히틀러가 현장에 도착했다. 경멸감을 드러내며 그 자리에 놓인 화강암 덩어리에 새겨진 글을 읽었다. "1918년 11월 11일, 노예로 삼으려

미국 방송기자―NBC의 특파원 윌리엄 커커와 CBS의 윌리엄 L. 샤일러가 콩피에뉴의 통신소 바깥에 앉아 있다.

1940년 6월 21일.

열차 안에서의 협상. 샤를 욍치제르 장군을 단장으로 한 프랑스 대표단이 그들에게 제시된 가혹한 휴전조건을 침울하게 듣고 있다. 카이텔 육군원수가 이끄는 독일 대표단은 오른쪽에 앉아 있다.

던 자유 민중에 의해 오히려 완파 당해 오만한 범죄자 독일제국이 굴복하다." 그러고서는 그 당시 열차에 올라 1918년에 포슈 원수가 앉았던 의자에 앉았다.

협상은 이틀이나 끌었고, 마침내 카이텔 장군의 인내심이 바닥을 드러냈다. 장군은 프랑스 측에 독일의 제안을 받아들이든가 아니면 1시간 내에 전쟁을 계속해야 할 것이라고 말했다. 20분 후인 6월 22일 오후 6시 50분에 프랑스는 휴전조약에 서명했다.

제1차 세계대전 때 독일이 항복문서에 서명했던 콩피에뉴의 열차에서 히틀러는 프랑스에 항복을 강요했다.

1918년 11월 11일 포슈 장군이 독일에 대한 요구조건을 내밀었던 열차에 오르는 협상자들.

항복조건을 받아들이라고 프랑스를 압박하는 동안 히틀러는 열차 밖에서 행복한 표정으로 춤을 추듯 까닥거리고 있었다.

파리의 히틀러

독일군이 파리에 들어온 이후에도 히틀러는 브휼리 드 페쉐라는 시골에 차린 본부에 남아 있었다. 1871년에 프랑스와 결전을 벌인 스당에서 그리 멀지 않은 곳이었다. 그는 독일의 수도를 다시 만들라는 임무를 준 바 있는 알베르트 슈페어를 불러 함께 일평생 사랑했던 도시로 날아갔다. 공적 방문이 아니라 예술 감상 여행이었다.

6월 28일 새벽 르 부르제 비행장에 내린 총통과 수행원들은 대기하던 3대의 대형 메르세데스에 나눠 타고 지체 없이 오페라극장으로 이동했다. 히틀러는 다른 무엇보다도 그 건물을 보고 싶어 했다. 그곳에 도착한 것은 아침 7시로, 모든 불이 켜지고 흰 장갑을 낀 안내원 전원이 대기하고 있었다. 그러나 자기가 보고 싶어 하던 것에 대해 모든 것을 알던 히틀러에게 안내원은 필요하지 않았다. 그는 건축에 대한 지식을 뽐냈다. 가르니에의 복잡한 설계에 대한 의견을 늘어놓으면서 완전히 흥분했다. 기념비적인 계단을 올라보고, 박스석을 살펴보고, 오케스트라석을 걸어가 보고, 좌석에 앉아 보기도 했다. 어쩌면 그는 그곳의 세세한 부분들을 베를린이나 린츠의 오페라하우스에 결합시켜 볼 생각이었는지도 모른다.

무대 앞 특별석에 앉은 히틀러는 예전에 설계도에서 보았던 작은 살롱의 행방을 물었다. 그러한 살롱이 있었지만 건물 개조 과정 중에 없어졌다는 대답을 들은 그는 슈페어에게 "내가 얼마나 잘 아는지 봤나?" 하고 자랑스러워했다.

오페라극장을 나온 일행은 샹젤리제를 지나 개선문으로 가서 무명용사의 무덤을 잠시 들른 뒤에 트로카데로광장, 에펠탑을 지나 앵발리드돔교회로 갔다. 히틀러는 그곳 발코니에서 나폴레옹의 석관을 내

히틀러가 파리에서 에바 브라운에게 보낸 사진. 휴전조약이 조인된 3일 뒤인 1940년 6월 25일, 히틀러는 아침 6시 르 브루제 비행장에서 시작해 아침 9시에 비행장을 떠나는 짧은 관광을 즐겼다. 그는 슈페어에게 파리를 보는 것이 자신의 평생 소원이었다고 말하면서 이렇게 덧붙였다. "오늘 내 꿈이 이루어져 정말 기쁘군."

말을 타고 파리의 거리를 지나는 독일 점령군.

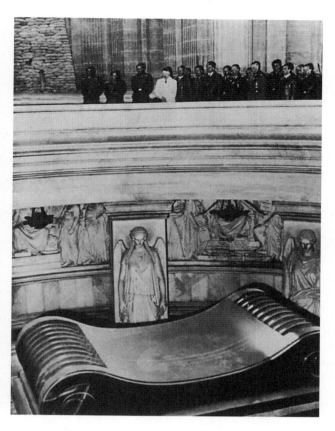

1940년 6월 25일.
노트르담대성당 내부 관광.

나폴레옹의 무덤을 내려다보는 히틀러.

려다보며 한동안 말없이 서 있었다.

그들은 계속해서 판테온, 노트르담사원, 그리고 마지막으로 그림엽서나 위트릴로의 그림으로 유명한 몽마르트의 사크레쾨르대성당에도 갔다.

루브르미술관도 지났지만 히틀러는 안에 들어가 모나리자나 승리의 여신을 보지는 않았다. 달리는 차 안에서 그는 파리에서 축하행사를 여는 건에 대해 의논했지만 영국이 공습을 할 우려가 있다고 하자 그만두기로 했다. "아무튼 승리의 행진을 벌일 기분은 아니군. 아직 끝난 게 아니니까."

충분히 구경했다고 생각한 히틀러는 비행장으로 차를 돌렸다. 그리고 프랑스의 수도에 발을 들여놓은 지

3시간 후인 아침 9시에 그곳을 떠났다. 그는 만족스러운 듯이 슈페어에게 말했다. "오늘 내 꿈이 이루어져 정말 기쁘군."

독일 병사들은 파리에서 맛있는 아이스크림을 발견하게 된다.

영국 본토 항공전

1940년 여름, 히틀러는 유럽의 지배자가 되어 있었다. 그는 전쟁에서의 승리를 확신했다. 남은 영국만 처리하면 될 일이었다.

그는 영국이 어째서 자기를 '아주 소홀히' 취급하면서 평화 제안을 거부하는지 이해할 수가 없었다. 7월 19일에 한 평화 제안 연설에서 "나는 이 전쟁을 계속해야 할 이유를 찾을 수 없습니다"라고 밝히기도 했다.

독일의 폭격을 받아 파괴된 런던 웨스트엔드.

1940년 12월 31일.

1940년 12월 31일.
독일 공습 후 부상자를 나르고 있다.

그는 공습을 하면 런던은 "히스테리에 빠지고", "사람들은 도망갈 것"이라고 생각했다. 괴링은 자신의 루프트바페(독일 공군)*가 2~4주면 로열에어포스(영국 공군)*를 격파할 것이라고 장담했다. 그리하여 독일은 9월 20일에 영국을 침공하기로 정한다.

8월 중순, 본격 침공에 앞서 영국 본토 항공전이 시작되었다. 독일 폭격기와 전투기가 영국의 도시와 시설을 습격했다. 8월 24일부터 9월 6

크리스토퍼 렌의 걸작품인 성베드로대성당. 1940년 마지막 날에도 런던에는 독일의 폭탄이 떨어졌다.

일까지의 2주 동안 1000대에 달하는 독일 비행기가 매일 영국을 공격했다. 그러나 영국 공군은 용기와 투지를 가지고 독일 공군에 맞섰다. 영국 공군은 해협 너머에서 영국을 침략하기 위해 대기하던 많은 독일 함선에도 심각한 타격을 가해서 못 쓰게 만들었다.

9월 7일, 독일 공군은 공세를 높여 런던에 최대한의 공격을 가했다. 몇 분 만에 도시는 불길에 싸였다. 그런데도 영국인의 기상은 흔들림이 없었다. 1주일 뒤, 런던 교외에서 양국 공군이 일대 결전을 벌였다. 이 전투에서 독일 공군은 크게 패해 심각한 손상을 입고, 결국 히틀러는 영국 침략 계획을 취소하고 만다.

독일군을 막은 영국 공군 조종사들에 대한 처칠의 감사의 말이 전 자유세계에 울려 퍼졌다. "인류의 분쟁 영역에서 이토록 많은 사람들이 이토록 적은 사람들에게 이토록 큰 도움을 받은 적은 없을 것입니다."

나치의 폭격에 따른 웨스트민스터사원의 피해를 살피는 주임 사제.

본부에서 육군원수 카이텔과 해군 총사령관 되니츠를 앞에 두고 보고서를 읽는 히틀러.

독일군
최고사령관

Photographs by Heinrich Hoffmann

라스텐부르크르에서 구술하는 히틀러. 그의 뒤로 외무부의 발터 헤벨, 육군원수 카이텔, 신문국장 디트리히, 작전부장 요들 장군, 히틀러의 부관 율리우스 샤우프, 공군의 칼 하인리히 보덴샤츠 장군.

히틀러는 자신의 운명이라 믿었다. 그는 무슨 일이라도 해낼 수 있다고 확신했다. 1934년에 힌덴부르크 대통령이 죽자 그 뒤를 이어 '총통'에 올라 수상 및 독일군 최고사령관 지위를 차지했다. 그리고 1941년에는 브라우히치 장군이 신임을 잃자 육군총사령관 직책까지 맡았다. 정치 및 군사의 최고 권력이 그의 손에 들어온 것이다.

본부의 히틀러와 리벤트로프, 마르틴 보어만.

러시아 전쟁

공격…

독일인의 '레벤스라움'을 위한 러시아 침공은 히틀러 오랜 꿈이었다. 식량 및 산업 자원이 될 비스툴라와 우랄 사이의 광활한 땅은 매력적인 것이었다. 영국은 이미 싸움에서 졌으니 마지막 일격은 공군으로 가하면 된다고 확신한 히틀러는 이제 러시아로 진격하여 정복에 나설 적절한 때가 왔다고 생각했다.

그의 이유 없는 공격은 1941년 6월 21일 어설픈 침략 구실을 적은 문서를 러시아 정부에 보내면서 서막을 열었다. 러시아가 독일과의 불가침조약을 어기고 루마니아 및 불가리아와 공모하여 독일제국에 맞서려 하고 있으며, "점점 더 반독일 정책"을 취하고 있기 때문에 독일군은 "사용할 수 있는 모든 병력으로" 그 위협에 대처하라는 명령을 받았다는 것이었다.

하루 뒤, 콩피에뉴에서 프랑스 휴전 1주년 기념식이 열리는 날에 독일군이 러

제2차 세계대전 : 러시아 중심부에 깊이 들어간 독일군의 야간 수색 순찰.

적의 진군을 늦추기 위하여 러시아군은 자기 나라에 불을 질렀다.

시아로 행군해 들어갔다. 히틀러는 조기 승리를 확신했고, 그래서 독일군은 동계 작전에 대한 준비는 하지 않은 상태였다. 그는 요들 장군에게 문만 걷어차면 끝날 일이라면서, "그러면 썩은 건물 전체가 무너질 것이다"라고 말했다.

"파괴와 몰살"을 위한 면밀한 작전이 세워졌다. 나치즘이 살아남으려면 공산주의는 말살되어야만 했다. 그것은 이데올로기와 인종 간 투쟁이었으며, 그래서 "전례가 없으며, 무자비하고, 한없이 냉혹한 것"이 될 수밖에 없었다. 히틀러는 모든 인민위원회를 쓸어버리고 러시아 사람들은 굶어 죽게 하라고 명령했다.

독일 무장 병력이 번개 같은 속도로 러시아의 국경을 넘어갔다. 3주 만에 모스크바 앞 200마일(약 322킬로미터)*까지 들어갔고, 독일의 다

…그리고 그 결말

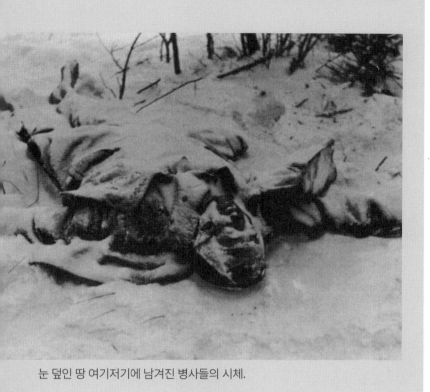

눈 덮인 땅 여기저기에 남겨진 병사들의 시체.

른 군단은 "지상에서 지워 버려라" 라는 히틀러의 명령을 받고 레닌그라드를 향해 진군 중이었다. 남부에서는 러시아군 포위작전이 성공하여 50만 이상의 러시아군을 포로로 잡았다. 10월 초 모스크바는 전면공격에 직면했고, 히틀러는 "동부의 적들은 쓰러졌으며, 두 번 다시 일어날 수 없을 것이다"라고 공언했다.

그러나 그의 낙관적인 예측은 너무 앞서간 것이었다. 러시아군은 후퇴하기는 했지만 대부분 온전했고, 독일군은 러시아 안으로 점점 더 깊이 들어가고 있었다. 눈과 서리와 함께 겨울이 왔지만 레닌그라드나 모스크바 어느 쪽도 함락되지 않았다. 독일 병사들은 충분한 옷가지도 없이 영하의 날씨 속에서 싸워야만 했다. 히틀러는 여전히 러시아의 붕괴가 목전에 다가왔다고 확신하고 있

었다. 그는 자신이 세계역사 중 가장 위대한 제국의 지배자라고 생각했다. 또한 코카서스로 이어지는 길, 그리고 크리미아로 이어지는 길에 "독일인의 마을이 즐비하게 늘어서고 그 마을 주변에 새로운 개척민들이 자리를 잡는" 모습을 머리에 그리고 있었다. 그는 "독일인을 이주시키고, 토착민은 토인으로 간주", 즉 노예화함으로써 러시아를 독일화할 것을 맹세했다.

12월 2일 클루게 장군의 4군단이 러시아의 방어를 뚫고 모스크바를 점령해 보려 했지만 격퇴 당하고, 오히려 그로부터 4일 뒤 러시아군이 반격에 나서 모스크바에 대한 압박을 풀어버렸다. 그 하루 뒤인 12월 7일에는 일본이 진주만을 폭격했다. 전쟁은 태평양까지 확대되고 미국도 전쟁에 적극 참여하게 되었다.

히틀러는 브라우히치 장군 대신 육군 최고사령부(O.K.H.)의 최고사령관에 올랐지만, 그가 피하려 했던 양면 전쟁—제1차 세계대전의 악몽이었던 그것은 현실로 다가왔다.

나폴레옹의 병사들처럼 독일군도 러시아의 겨울에 시달렸다.

영국으로 날아간 헤스

1941년 5월 10일 이른 아침, 부총통(총통대리) 루돌프 헤스가 아우구스부르크에서 메서슈미트110 전투기를 타고 날아갔다. 베를린 올림픽 때 알게 된 해밀턴 공작과 만나기로 한 스코틀랜드가 목적지였다. 헤스 같은 고위 나치가 전쟁 중에 적진으로 날아갔다는 것은 도무지 믿기 어려운 일이었다.

헤스는 던게이블에 있는 공작의 저택에서부터 겨우 10마일(약 1.6킬로미터)* 떨어진 곳에서 낙하산으로 비행

1941년 5월 11일.
루돌프 헤스의 놀라운 행적에 관한 기사가 실린 영국 신문. 나치의 부총통 루돌프 헤스가 해밀턴 공작에게 "인도적 임무로 왔으며, 총통은 영국의 패배를 바라지 않고, 싸움을 멈추고 싶어 한다"라고 전하러 왔다면서 직접 메서슈미트110 전투기를 몰고 영국 스코틀랜드로 날아오는 사건이 벌어졌다. 처칠은 처음에는 그 사실을 믿으려 들지 않았다.

기에서 뛰어내렸다. 다음날 아침 공작에게 안내된 헤스는 "인도적 임무로 왔으며, 총통은 영국의 패배를 바라지 않고, 싸움을 멈추고 싶어 한다"고 밝혔다. 이후 영국 외무부의 이본 커크패트릭을 포함한 세 사람은 긴 시간 얘기를 나누었고, 그들의 대화는 처칠을 통해 루스벨트 대통령에게도 알려졌다.

처칠의 전문에 의하면, 헤스는 "잠수함과 항공무기의 결합이 발달하고, 독일인의 흔들리지 않는 사기, 그리고 히틀러 휘하 독일 국민의 완벽한 단결 때문에" 독일은 승리할 것이라고 확신했다. "독일이 예전 식민지들을 되찾기 위해 유럽에서 진행하는 일에 대해 관여하지 않는다면 총통은 대영제국에 대해 어떤 의도도 품지 않을 것이다. 단, 지금의 영국 정부와는 협상할 수 없다는 것이 조건이다"라고 헤스는 인터뷰한 영국인에게 덧붙였다.

헤스는 나중에 신체검사를 한 영국인 의사에게도 자신이 "평화 특사"로 스코틀랜드에 왔다고 밝혔다. 그의 선생인 하우스호퍼 교수가 "세 번이나 … 비행기를 몰고 어디론가 가는" 자신의 모습을 꿈에서 봤다는 말도 했다.

독일의 러시아 공격이 임박한 상황임을 헤스가 알고 있었는지는 확인할 길이 없었다. 스탈린은 독일이 양면전쟁을 피해 보고자 영국과 모종의 거래를 하려고 그를 보낸 것이라고 확신했다. 모스크바에 온 처칠에게 스탈린이 그 비행의 '진상'을 물었을 때, 처칠은 아는 바대로 말해 주었지만 스탈린은 여전히 의심스러운 표정을 풀지 않았다. 그러자 처칠은 화를 내면서 말했다. "내가 아는 대로 사실을 말한 거니까 그대로 받아들여 주시오." 스탈린은 미소를 띠며 대답했다. "러시아에서는 비밀정보기관에서조차 나에게 보고하지 않는 것이 많아서 그렇소이다."

1942년 6월 22일.

Photo : Heinrich Hoffmann

아프리카의 방어 거점인 토부룩을 점령한 다음날, 롬멜이 육군원수로 임명되었다. 이후 이집트 및 풍부한 유전을 가진 중동으로 진입하기 위해 '사막의 여우'는 엘 알라메인에 부대를 집결시켜 몽고메리 장군 휘하 영국군에 맞섰다. 그러나 아프리카 전선의 전환점이 되는 그 전투에서 롬멜은 처참한 패배를 당하고, 얼마 지나지 않아 아프리카에서 축출 당하고 만다. 그로부터 약 2년 뒤인 1944년 7월, 히틀러에 대한 암살 음모 사건이 벌어진 후 강요에 의해 자살하게 된다.

아프리카에서의
군사 작전

북아프리카의 이탈리아군을 구출하기 위하여 히틀러는 에르빈 롬멜 장군 휘하의 기계화부대를 파견한다. 독일–이탈리아 연합군 지휘관이 된 롬멜은 재빠른 움직임으로 이탈리아가 잃은 지역을 탈환하고, 토부룩을 차지한 후 이집트와 수에즈운하 코앞까지 진격했다. 그리스가 점령되고, 독일이 동쪽 해안을 장악하여 지중해마저 위기에 처해 있었다. 영국은 말 그대로 궁지에 몰린 상황이었다.

사막의 여우. 육군원수 에르빈 롬멜의 전차부대는 아프리카 사막을 전격 이동하여 이집트와 수에즈운하를 위협했다. 영국이 절망적인 처지에 놓이자 처칠은 미국의 루스벨트에게 참전해 달라고 간청했다.

러시아에서 패배한

독일 6군 사령관 프리드리히 파울루스 육군원수(왼쪽)가 부하를 이끌고 러시아군에 항복했다. 히틀러는 철수하지 말고 현 위치를 사수하라는 명령을 내렸으나 1943년 1월 말, 적군에 포위된 그의 군대는 저항해 본들 아무 희망도 없는 상황이었다. 남은 선택은 항복하거나 죽거나, 둘 중 하나였다.

6군 사령관 프리드리히 파울루스 장군은 11월 10일까지 스탈린그라드를 점령하겠다고 총통에게 말했다. 그러나 약속한 날이 되었는데도 스탈린그라드는 그대로였다.

11월 19일에는 러시아군이 독일군을 시에서 밀어낼 목적으로 대공세를 시작했다. 파울루스는 부대를 철수시키지 않으면 포위당할 위험에 직면했지만 히틀러는 철수를 허락하지 않고 그 자리를 사수하라고 명령했다.

러시아군이 움직이기 시작한지 4일 후, 돈 강이 굽어지는 지역까지 온 북쪽과 남쪽의 러시아군이 하나로 연결되었다. 그로인해 독일군 20개 사단과 루마니아군 2개 사단이 포위되어 버렸다. 히틀러는 파울루스에게 공중으로 물자를 공급하겠다고 약속했다. 그러나 포위된 부대에게 매일 750톤의 물자를 공급한다는 것은 꿈 같은 약속이었다. 그렇게 비행기를 띄울 장소조차 없는 상황이었다.

파울루스의 부대를 구출하기 위하여 12월 12일에 만슈타인 장군이 남서쪽에서 공격하고 나섰다. 그의 부대는 스탈린그라드로 30마일(약 48킬로미터)*까지 다가왔다. 참모본부는 파울루스가 포위망을 뚫고 '해방시키러 온' 군과 합류하게 해 달라고 간절히 요청했지만 히틀러는 그것도 허락하지 않았다.

스탈린그라드의 참극. 24명의 장군을 포함한 9만 1000명에 이르는 독일 병사들이 굶주림과 동상에 시달린 끝에 무기를 버리고 러시아군에게 투항했다.

시베리아 추방. 스탈린그라드에서 포로로 잡힌 독일군은 아득히 먼 시베리아에 유폐되었다.

파울루스 부대

스탈린그라드를 공격했던 자들이 이제는 러시아의 포로가 되었다. 그 패배는 전쟁의 중요한 전환점이 되었다. 이후, 더 이상 주도권을 잡을 수 없었던 독일은 방어적 태세로 전환했다. 히틀러는 독일 육군의 유례 없는 대패전에 대해 5일 간의 국가 애도 기간을 선포했다.

돈 강 상류 쪽에 있던 러시아군이 이탈리아 8군의 전선을 뚫고 내려와 만슈타인의 좌측 옆을 위협하게 되면서 상황은 더욱 안 좋아졌다. 만슈타인은 파울루스의 부대를 운명에 맡기고 철수할 수밖에 없었다. 결국 러시아군에 포위당한 독일군 20만은 전멸 당할 처지에 직면하게 된다. 1943년 1월 8일, 붉은군대의 지휘관이 파울루스에게 명예로운 항복을 제안했다. 24시간 내에 회답을 해야 하는 파울루스에게 히틀러는 다시 한 번 현 위치를 지키라고 명령한다.

최후통첩 기한이 끝나고 하루가 더 지난 뒤, 러시아의 수많은 대포

가 포격을 개시했다. 포위망 속의 독일군은 순식간에 반으로 줄었고, 그나마도 러시아군이 포위망을 좁히자 둘로 분단되어 버렸다. 1월 24일, 러시아가 새로운 제안을 내놓았다. 히틀러는 무선으로 파울루스에게 명령했다. "항복은 용서하지 않는다. 서구 세계를 구원하기 위해 … 제6군은 마지막 한 사람까지 현 위치를 사수하라."

히틀러의 독일 정권 획득 10주년이 되는 1월 30일에 파울루스가 메시지를 보냈다. "24시간 이상 버틸 도리가 없습니다." 그로부터 얼마 지나지 않아 그는 남은 병사들과 함께 항복하고 만다.

러시아에서 혹독한 시련을 겪고 살아남은 사람은 20명 중 1명 꼴에 불과했다.

항복한 6군의 패잔병들. 28만 5000명의 병사 중 살아남은 것은 3분의 1도 안 되었다. 그들의 총통은 절대로 항복하지 않고 전선을 사수하기를 바랐다.

1943년 4월.
독일인들에 의해 대피소에서도 쫓겨난 유대인들은 폐허 속에서 운명을 기다렸다.

체포되어 벽을 향해 세워진 유대인들과 땅바닥에 팽개쳐진 그들의 소지품. 일부는 바로 처형되고 나머지는 가스실로 보내졌다.

독일에 의해 파괴되는 게토.

1940년 가을, 독일은 바르샤바의 오래된 게토(유대인 거주 지역)* 주위에 높은 돌벽을 쌓고 그 안에 40만 명의 유대인을 가두었다. 그 안의 생활조건은 비참한 수준이었고, 식량도 부족했다. 고아가 된 아이들 수천 명이 누더기를 걸치고 길바닥을 떠돌았다. 3년이 흐르자 게토의 인구는 6만 명으로 줄었고, 그 사람들마저 절멸수용소로 끌려갔다.

"최종 해결책" 직전 : 게토에서 체포한 유대인들을 줄 세워 놓은 독일군.

바르샤바 게토의 마지막

1943년, 독일은 유대인이 너무나 많은 사고를 저지른다면서 게토를 부수기로 결정한다. 그러나 "쓰레기이며 인간 이하"인 그들은 투쟁했다. 자신의 운명을 깨달은 그들은 압제자에 맞서 영웅적으로 저항하였다. 분노한 나치는 "유대인 거주지의 모든 구역에 불을 질러" 파괴했다. 그래도 유대인들은 굴복하지 않았다. 그들은 차라리 "열과 연기와 폭발 때문에 미쳐서" 죽는 편을 택했다. 전쟁이 막바지를 향해 가던 4월 25일 나치친위대는 유대인 2만 7464명을 체포했다고 보고 했으며, 그들을 엄청난 두

려움의 대상이었던 절멸수용소가 있는 트레블링카로 보내 버렸다. 모든 일이 끝나자 작전을 지휘한 스트루프 장군은 유대교 회당을 폭파시키고 하인리히 힘러에게 보고했다.

"총 5만 6065명의 유대인을 체포, 그 중 약 7000명은 이전 게토 내에서 살처분 … 6929명의 유대인은 트레블링카로 이송해서 살처분 … 5000~6000명 정도의 유대인은 폭파나 화재로 말살됨."

D데이

1944년은 시작부터 독일에게 좋지 않았다. 1월에는 러시아군이 레닌그라드의 포위를 돌파했으며, 2월에는 그들이 옛 폴란드 국경까지 왔다. 이제 전장은 독일 본토로 다가오고 있었다. 연합군이 프랑스에 발을 디디기 전날인 6월 5일에도 서부 전선 총사령관 룬트슈테트 육군원수는 침공이 예상되지만 아직 멀었다고 히틀러를 안심시켰다. 롬멜 장군 또한 즉각적인 침공은 없으리라고 확신했기 때문에 전선을 떠나 가족을 만난 후 히틀러를 찾아갔다. 그날 저녁, 독일은 런던에서 프랑스 레지스탕스에게 보내는 암호 전문을 가로챘는데, 그것은 레지스탕스가 기다리던 날이 왔음을 알리는 내용이었다.

자정 1시간 전, 영국의 1개 공수사단과 미국의 2개 공수사단이 프랑스 해안에 강하를 시작했다. 그러나 그것도 독일 사령부는 소규모 작전에 불과한 것으로 간주했다. 그러나 날이 밝으면서 점점 더 많은 연합군 병사들이 해안으로 몰려들자 더 이상 의심할 여지가 없었다. 그것은 결전의 시작이었다.

연합군을 다시 바닷속으로 밀어 넣을 수 있으리라 자신한 히틀러는 처음에는 차분하게 소식을 받아 들였다. 전황이 속속 들어오고, 궁지에 몰린 일선 지휘관이 전차부대를 보내달라고 애원할 때도 그는 시간만 보내고 있었다. 그는 침공한 연합군이 큰 피해를 입히지 못하고 퇴각

Photograph by Heinrich Hoffmann

1944년 6월 6일의 히틀러. 안경을 쓴 모습이 담긴 드문 사진이다. 장소는 잘츠부르크의 클라이스하임 성. 왼쪽에서부터 공군 참모장 귄터 코르테, 공군 총사령관 헤르만 괴링 원수, 참모총장 알프레트 요들, 발터 바를리몬트 장군, 육군 총사령관 빌헬름 카이텔 장군.

D데이 – 1944년 6월 6일, 아이젠하워 휘하의 미군이 프랑스 노르망디 해안에 상륙했다.

할 것이라고 믿었다. 그러나 그날 오후 그가 정신을 차려 보니 연합군은 이미 세 곳의 해안 교두보를 확보한 후 상당히 빠른 속도로 내륙으로 진격하고 있었다. 그때까지도 연합군의 공세가 얼마나 큰 것인지 깨닫지 못했던 히틀러는 제7군에 "오늘밤까지" 교두보를 쓸어버리라는 얼빠진 전갈을 내려보냈다.

전차 2개 사단이 방어 중인 독일군을 지원하기 위하여 파견되었다. 그러나 때 늦은 투입이었다. 이미 연합군은 바다에서는 독일 해군을, 하늘에서는 독일 공군을 밀어낸 상태였다. 전장을 지배하는 것은 이론의 여지없이 연합군이었다.

11일 후인 6월 17일, 수아송에 가까운 마르지발에서 가진 장군들과의 회의 석상에서 상륙을 막지 못한 두 육군 원수–룬트슈테트와 롬멜을 호되게 질책한 히틀러는 이어서 새로운 'V로켓'과 제트기들이 영국을 무릎 꿇게 만들 것이라고 말해 사기를 북돋웠다.

롬멜은 연합군 육해공군이 엄청난 우위를 가지고 있음을 지적하고, 본토에서의 전쟁은 "희망 없는 싸움"이므로 평화 교섭의 때가 왔음을 제안하려고 했다. 그러나 히틀러는 그의 발언을 끊고, "당신은 전쟁의 흐름에 대해 걱정할 거 없어. 침략 당한 당신 전선이나 살피라고"라고 말했다.

그로부터 4일 후, 날씨가 풀릴 봄을 기다리던 러시아가 작전을 재개하면서 이동하기 시작했다. 폴란드를 지나 동프로이센, 나아가 독일의 중심부를 향해 직행으로 다가왔다.

한편, 미국과 영국은 프랑스에 견고한 전선의 구축을 마쳐 놓고 있었다. 히틀러는 '1차 세계대전의 오류'를 피하려고 애썼지만 결국 피하지 못했다. 독일은 이제 동부와 서부에서 싸워야만 했다. 또다시 양면 전쟁을 벌이게 된 것이다.

미국 제9군 병사들이 영국군과 함께 1944년 11월에 가일렌키르헨을 점령했다.

독일에 진입한 미군

1944년 10월 중순, 아헨에 진입한 연합군.

1944년 8월 패튼 장군의 제3군은 유럽에서 움직이고 있었다. 파리는 독일군이 프랑스 전역에서 철수하면서 8월 25일에 해방되었다. 발칸 지역에서는 불가리아가 8월 26일에 패배를 인정함에 따라 독일도 그곳을 떠날 수밖에 없게 되었다. 9월 첫 주에는 핀란드가 항복하고 벨기에와 네덜란드가 해방되었다. 서부 전선 총사령관으로 복귀해 있던 육군원수 룬트슈테트는 훗날 "전쟁은 7월에 끝났다"고 스스로 인정하기도 했다.

9월 둘째 주, 미군은 아헨 앞의 독일 국경선까지 다가갔다. 독일군은 모젤에서 패튼을 막고, 아헨 교외에서는 하지의 제1군을 막았으며, 아른험에서는 몽고메리의 영국군에 큰 인명 피해를 입혔다.

10월에 다시 연합군의 대공세가 시작되기는 했지만 보급이 군의 발목을 잡고 있었다. 치열한 전투 끝에 10월 24일에 아헨이 제1군에 항복했다. 독일의 대도시가 미국과 영국에 함락되기는 처음이었다. 모든 전선에 걸쳐 전투가 더욱 더 격렬해졌다.

히틀러는 장군들에게 12월 중순에 대규모 공세에 나설 것을 명령한다. 그는 여전히 결과를 뒤집을 수 있다고 믿었다. 앤트워프를 점령하여 미군 병력을 갈라놓고, 아이젠하워의 주요 보급항을 봉쇄하고, 벨기에와 네덜란드의 입구를 지키는 영국-캐나다 연합군을 물리치면 전쟁에 이길 수 있다면서 중요 회의석상에서 훈계하는 히틀러의 모습은 독일 장군들에게 충격이었다. 그 모습은 마치 예전 히틀러의 그림자처럼 비쳤다. 팔은 움찔댔고 다리를 질질 끌면서 걸었다. "창백하고 부은 얼굴에 구부정했으며 … 손은 떨렸다". 그러나 공세에 대한 생각은 흔들림이 없었고, 장군들은 그에 따랐다.

미국 101 공수사단이 뫼즈 강을 향해 진군하는 독일군을 막고자 바스토뉴로 급파되었다. 그들은 독일군을 묶어 놓는데 성공하기는 하지만 포위를 당하고 만다. 크리스마스를 이틀 앞둔 날, 독일 기갑부대 대장이 항복을 권유하자 101 공수사단을 지휘하던 맥컬리프 장군은 짧게 대꾸했다. "개수작 마라!(Nuts!)"

Courtesy of Ronald Dutro

1944년 5월 24일.
연합군의 베를린 폭격. 베를린 국립극장 옆의 프랑스돔이 피격된 모습. 연합군의 공습은 독일 국민들에게 전쟁의 대가가 얼마나 비싼 것인지 깨닫게 했다.

1944년 말에는 잡혀오는 독일인이 점점 더 늘어서 미국의 전쟁포로수용소가 터져나갈 지경이었다.

히틀러 암살 시도

1944년 7월 20일.   *Photograph by Heinrich Hoffmann*
폭발 후 몇 시간이 지난 뒤, 괴링과 함께 지휘본부인 늑대 소굴(wolfsschanze)로 찾아온 무솔리니에게 히틀러가 크게 놀란 상태로 암살 시도에 대해 얘기하고 있다.

1944년 7월 20일

나치정권이 부도덕하고 비인도적이라는 사실을 깨닫고 히틀러의 움직임을 막지 않으면 독일이 무너질 것이라고 느낀 독일인도 있었다. 1943년만 해도 총통의 목숨을 노린 시도는 6번이나 있었지만 전부 실패로 돌아갔다.

1943년 3월, 2명의 장교―트레스코프와 슐라브렌도르프는 히틀러가 탈 예정인 비행기에 폭탄을 설치했지만 브랜디 병들 사이에 숨겨둔 폭탄이 폭발하지 않아 실패로 돌아갔다.

37세인 전 기병장교 폰 슈타우펜베르크 백작은 독일을 구하기 위해서는 히틀러를 죽이는 방법 외에 없다고 믿고 총통에게 접근했다. 1944년 7월 1일, 서류가방에 시한폭탄을 숨기고 베르히테스가덴에서 열린 군사회의에 참석했으나 힘러나 괴링이 자리에 없는 것을 보고 실행을 연기한다. 그로부터 4일 뒤, 슈타우펜베르크는 다시 폭탄을 들고 동프로이센의 총통 최고사령부에 갔다. 그러나 그가 폭탄 작동을 준비하기 전에 총통은 회의석상을 벗어나 버렸다.

7월 20일에 슈타우펜베르크는 다시 한번 폭탄이 든 서류가방을 들고 베를린 작전지휘본부로 갔다. 시한장치를 작동시키면 10분 후에 폭발하게 되어 있었다. 회의장에 들어간 그는 히틀러 가까운 곳에 자리 잡고 서류가방을 큰 테이블 밑에 놓은 다음 구실을 만들어 방에서 빠져나왔다. 그로부터 몇 분 뒤인 12시 45분에 폭탄이 터졌다. 폭발 지점 바로 옆에 있던 사람은 죽었지만 히틀러는 고막이 찢어지고 머리털이 조금 타고 바지가 일부 찢어졌을 뿐 걸어서 회의실을 나왔다. 히틀러가 상반신을 기대고 있던 무거운 떡갈나무 테이블이 그의 목숨을 구한 것이다.

슈타우펜베르크는 폭발로 총통이 목숨을 잃었으리라 믿고 정권교체를 도모하기 위해 베를린으로 갔다. 그러나 몇 시간 뒤, 그와 공모자는 체포되어 처형당한다.

폭발이 있은 지 얼마 지나지 않아 무솔리니가 히틀러의 지휘본부에 찾아와 현장을 보았다.

Photograph : Luce, Roma

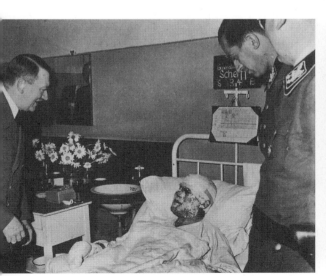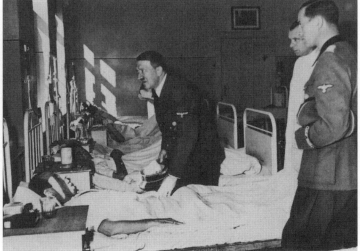

중상자를 문병하는 히틀러. 폭탄이 터지는 순간 히틀러와 회의 중이던 사람들이다.

인민법정에 선 전 로마 주재 대사 울리히 폰 하셀. 그는 사형판결을 받고 처형되었다.
(오른쪽 사진은 로마에서 히틀러와 함께 있는 하셀의 모습)

법정에 선 음모자들

울리히 빌헬름 슈베린 폰 슈바넨펠트 백작은 화려하게 갈고리십자장의
막을 늘어뜨려 장식한 법정에서 증언했다.

야비하고 앙심에 찬 나치 판사 롤란트 프라이슬러가 재판장을
맡았다. 그는 나중에 연합군 공습에 의해 사망한다.

전 모스크바 주재 대사 베르너 폰 슐렌베르크 백작이 판사의 질문에 대답하고 있다. 그는 유죄 판결을 받고 처형되었다. (왼쪽 사진은 예전에 스탈린과 함께 하던 모습)

히틀러가 죽으면 육군 총사령관에 오르기로 했던 육군원수 에르빈 폰 비츨레벤.

전 라이프치히 시장 카를 괴르델러는 암살이 성공했다면 새 정부의 수상이 될 것으로 예상되던 인물이었다.

종말로 치닫는 나치 독일

히틀러는 끝까지 대립 세력에 대한 명확한 그림을 그릴 수 없었다. 이전에 한번도 외국에 나가본 적이 없고 독일어 말고는 할 줄 아는 외국어도 없던 그는 영국인, 프랑스인, 미국인, 러시아인의 사고방식을 결코 파악할 수 없었다. 히틀러는 그들에 대해 계속해서 오판하고 과소평가했다.

1937년에 체임벌린이 할리팍스 경을 통해 '영국은 독일이 동부 방면 확장에 대해서는 어떠한 방해도 하지 않을 것'이라고 밝혔다가, 1939년 봄에 갑자기 정책을 바꾸어 독일의 침략에 대비해 폴란드에 군사동맹을 제의하자, 히틀러는 몹시 당황하기도 했다. 루스벨트 대통령의 세련된 항의는 그저 외교적인 것으로 오해했고, 그의 차분한 어조를 유럽의 분쟁에 말려드는 것을 두려워하는 유약함으로 잘못 받아들였다. 그리고 스탈린이 정권을 잡은 러시아와 붉은군대의 힘을 과소평가했다.

히틀러에게 루스벨트는 가련한 불구자, 처칠은 가망 없는 술꾼, 스탈린은 살인자이자 산적일 뿐이었다. 그는 독일군이라면 한방에 러시아를 눌러 버릴 것이고, 러시아 사람들은 다투어 공산당원이라는 멍에를 벗어던질 것이라고 확신했다. 또한 독일 공군은 영국이 굴복할 때까지 폭격을 가할 수 있을 정도로 강력하며, 영국은 독일의 침공을 막지 못할 것이라는 자만심에 차 있었다. 프랑스는 독일이 마음만 먹으면 손쉬운 먹이이고, 미국은 유럽의 전쟁에 다가오지 않을 것이라고 그는 믿어 의심치 않았다.

히틀러가 정권을 잡은 후 처음에는 모든 일이 순조로웠다. 라인란트로 진군했을 때도, 체코슬로바키아를 점령

1933년 히틀러는 독일인에게 요구했다 : "나에게 10년의 시간을 준다면 몰라볼 정도로 달라진 독일을 만들겠다." 그리고 그는 약속을 지켰다. 1945년의 독일은 몰라볼 정도의 형국이었다.

"위대한 카르타고는 세 번의 전쟁을 치렀다. 첫 번째 전쟁 뒤에도 여전히 강력했다.

밤베르크

함부르크

했을 때도, 오스트리아를 합병했을 때도, 다른 민주주의 국가들은 그를 막지 않았다. 그는 무혈입성으로 연거푸 승리를 기록했다. 그러다가 전쟁이 벌어졌을 때도 노르웨이, 덴마크, 네덜란드, 벨기에를 차지했고, 불과 몇 주 만에 프랑스를 장악했다. 그의 별은 밝고 환하게 빛나고 있었다.

그러나 이후 전쟁의 운세는 바뀌었다. 러시아는 반격에 나섰고 연합군은 유럽에 상륙했다. 1944년에 이르자 히틀러는 영국을 차지하거나 러시아를 굴복시키겠다는 희망을 버려야만 했다. 그의 군대는 동부 전선에서 후퇴 중이었고, 프랑스에서는 보다 강력한 미군과 싸워야 했다. 병력과 물자에서 크게 뒤진 나치는 조만간 무릎을 꿇을 수밖에 없는 상황이었다. 설령 연합국이 '무조건 항복'을 요구하지 않았더라도 완전한 패배를 당하기 전에 전쟁이 끝나기를 바랐던 독일의 장군들에 의해 히틀러는 결국 쫓겨나고 말았을 것이다. 그러나 연합국의 항복 요구는 총통에 대한 독일 국민의 지지를 더욱 단단하게 만들었다.

히틀러는 여전히 공산주의를 두려워하고 싫어하는 민주국가들, 특히 영국이 태도를 바꾸어 자기편에 서서 공산주의자에 대한 성스러운 십자군으로서 러시아에 대항할 것이라는 희망을 버리지 않았다. 그러나 얼마 지나지 않아 그런 희망마저 사라지자 그는 더 이상 어떤 마술도 부릴 수가 없었다. 그는 존속을 위한 합리적 방안은 하나도 갖고 있지 않았다. 전쟁에 모든 것을 쏟아 붓고, 마지막 한 사람까지 싸우라고 명령하여 더 많은 희생을 요구했다.

그는 자신의 운명과 독일의 운명을 동일시하고 있었다. 마지막 공세에 패배하면 어떻게 하느냐는 질문에 대해 "그러면 독일은 필시 소멸하게 될 것이다"라고 대답했던 제1차 세계대전 때의 루덴도르프 장군과 마찬가지로 히틀러도 군이 승리를 거두지 못하면 독일은 존속할 수 없다고 생각했다. 이전 황제와 마찬가지로 낭만적인 생각을 품고 국민의 운명을 도박에 건 것이다. 마지막 순간까지 그는 기적을 바랐다. 돌이

뉘른베르크

본

두 번째 전쟁 후에도 아직 살만 했다. 세 번째 전쟁 뒤에는 사라졌다."

- 베르톨트 브레히트

하노버

만하임

뷔르츠부르크

뮌헨

베를린

킬 수 없는 참사는 피할 수 있으리라는 희망을 갖고 있었다. 역경에 처하자 그의 참모습이 표면에 드러났다. 보잘 것 없는 지능, 야비하면서 잔인한 성격, 이기적인 과대망상증, 심각한 편집증을 지닌 인물이 최고사령부를 무능하게 바꿔 놓고서는 오히려 주변 인물들을 충성스럽지 못하다고 책망했던 것이다.

연합국 공군은 전쟁의 끔찍함을 독일 본토에 안겨 주었다. 일찍이 영국, 프랑스, 네덜란드가 겪어야만 했던 운명을 이제 독일이 감당하게 된 것이다. 밤에는 영국 공군이 쉬지 않고 전면폭격을 가했고, 낮에는 미국 비행사들이 독일제국 내에 계속 정밀폭격을 가했다.

전쟁 초기에 괴링은 만약 단 한 발의 폭탄이라도 베를린에 떨어진다면 자신을 '마이어'라고 불러도 좋다고 호언장담한 적이 있었다. 독일 사람들은 지하실이나 방공호에 쭈그리고 앉아 서로 속닥였다. "마이어는 어디 간 거지? 독일 공군은 어디 갔어?"

1944년 2월과 3월은 연합국 공군과 독일 공군의 전투가 절정에 달한 시기였다. 이 기간에 영국과 미국의 공군은 800대 이상의 독일 비행기를 떨어뜨렸고, 독일은 그 손실을 메울 생산능력이 없었다. D데이에 이르렀을 즈음 독일 공군은 더 이상 무력으로써 기능할 수 없는 지경이었다.

폭격으로 독일의 도시들을 완전히 파괴되었다. 함부르크의 집들은 지붕이 날아갔고, 공업도시나 항구는 잇달아 박살이 났다. 에센, 프랑크푸르트, 킬, 브레멘 등, 피해를 면할 도리가 없었다. 폭탄은 라이프치히, 아우구스부르크, 슈투트가르트, 그 외 여러 도시에 빗발치듯 쏟아져 내렸다. 쾰른은 가루가 된 건물 사이에 장엄한 대성당만 홀로 서 있는 꼴이었다. 연합군 진격을 앞두고 6월에는 독일의 모든 주요 정유시설에 폭격이 가해졌다. 그로 인한 연료 부족으로 독일의 비행기는 땅에 붙어 있어야 했고, 독일의 전차도 주저앉아 있어야만 했다. 10월에는 에센의 제철소들이 생산을 멈췄고, 아헨과 루르 및 라인 지역은 폐허가 되었다. 나치독일이 종말을 향해 다가가고 있었다.

그 해가 다 저물기 전, 히틀러는 최후의 발악으로 아르덴의 숲에서 연합군에게 강타를 가했다. 독일군은 미국이 펼친 전선을 돌파하여 돌출부(bulge)를 만들었다. 양쪽 모두 엄청난 손실을 입어야 했지만 우월한 자원을 가진 미국으로 전세가 기울었다. 결국 '벌지 전투(Battle of the Bulge)'는 연합국의 승리

뉘른베르크

슈투트가르트

피해를 입은 수상 관저를 우울한 모습으로 살피는 히틀러. 천년제국의 끝이 다가오고 있었다.

로 끝났다.

　그러는 동안 러시아는 대공세를 준비했다. 1943년 여름 이후 러시아는 독일에 빼앗긴 영토를 되찾아 가고 있었다. 러시아군은 우크라이나로 되돌아왔고, 크리미아, 폴란드 동부는 물론이고 루마니아, 불가리아, 헝가리로도 진격해 들어왔다. 독일은 연합군과 러시아군에게 협공을 당하게 되었다.

　히틀러는 수도에서 벌어질 마지막 전투를 지휘하기 위해 베를린으로 돌아왔다. 자신을 둘러싼 불에 그슬린 세상은 외면하고 국민들과도 동떨어진 채 자신의 참모와 군 지휘관 외에는 아무도 만나지 않았던 그는 여전히 자신의 운명을 믿고 있었다. 남다른 천재인 자신에게 신이 '지배 민족'의 지도를 맡겼다는, 나치가 만들어 뿌린 신화에 집착했다.

　최후까지 그는 형세가 반전될 것이라고 자기자신을 속였다. 엄청난 인명을 구할 수 있고 베를린의 완전 파괴를 막을 수 있는 기회가 남은 상황에서도 자리에서 물러나려 하지 않았다. 그는 자기의 지위를 극단적으로 고집했다. 자신이 죽는다면 독일 또한 그렇게 되어야 한다는 생각이었다.

　새해가 다가오고 있었다. 1945년과 함께 독일 비극의 마지막 막을 시작하는 커튼이 올라갔다.

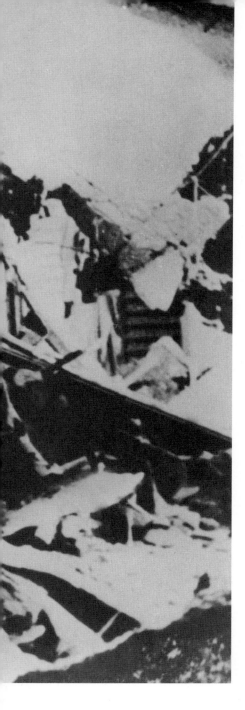

1945년 3월 20일.
수상 관저 정원에서 찍은 히틀러의 마지막 사진 중 1장. 허세가 사라
지고 지친 일개인의 모습만 보인다.

마지막 생일 축하. 히틀러 56회 생일인 1945년 4월 20일에 베를린 시내에 걸린 현수막. "독
일 제일의 위대한 일꾼에게 축하 인사를 보냅니다. 아돌프 히틀러!"라는 문구에서 아이러니
를 느낀 사람은 그리 많지 않았다.

히틀러가 마지막 시간을 보냈던 벙커가 폭
파된 모습.

나치즘이 초래한 것

나치 정권 초기에는 경찰 감옥이나 게슈타포의 본부에서 유대인을 한 사람씩 사살했지만 시일이 지남에 따라 말살 방법도 발전되고 개선되었다. 강제수용소에 설치된 정교한 시설을 이용해 급속도로 살인이 진행된 것이다.

수용소 소장이었던 루돌프 회스가 재판 중에 뽐내듯이 말한 바에 따르면 끔찍한 아우슈비츠 수용소에서만도 최소한 유대인 300만 명이 '최종 해결책'에 희생되었다.

전쟁 후 베를린에 세워진 게시판에 "공포의 현장"인 강제수용소의 목록이 실려 있다.

사체는 무엇 하나 버리는 일 없이 기계적으로 처리되었다. 뼈는 농업용 비료로 바뀌었고, 치아에서 빼낸 금, 금으로 만든 결혼반지, 기타 귀금속 등은 녹여 덩어리로 만들어 일반 시장에서 팔아 국가은행의 나치친위대 계좌로 예금되었다.

"역사상 이렇게 많은 희생자를 내거나, 이렇게 계산된 잔인성으로 수행된 범죄는 없었습니다"라고 뉘른베르크재판에서 잭슨 검사가 말한 바 있다. 게슈타포의 유대

살아남은 사람들…

…그렇지 못한 사람들.
벨젠 강제수용소의 무덤.

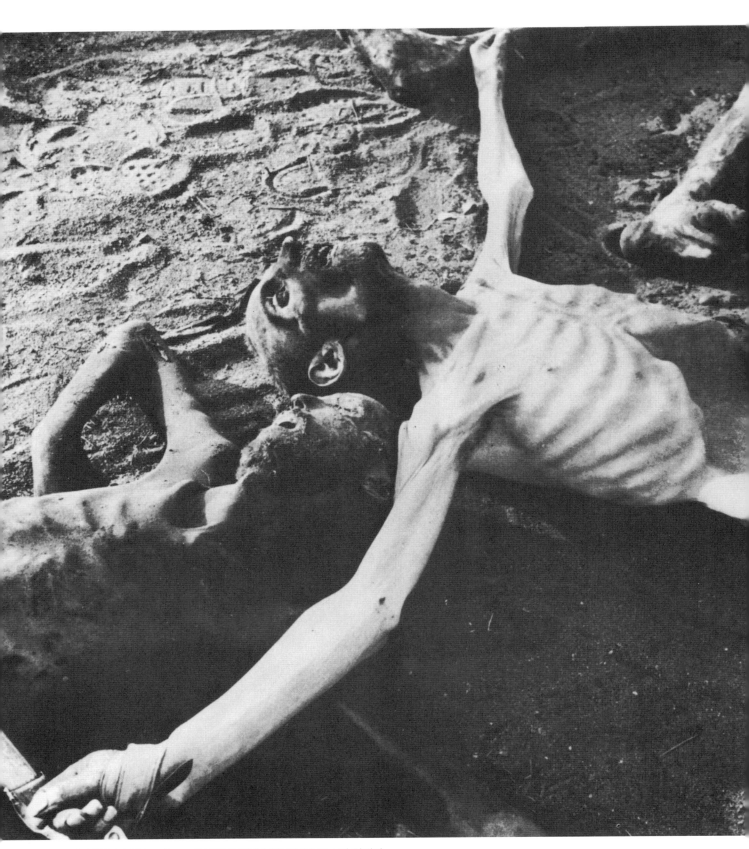

이 사람을 보라(Ecce homo)! 미군이 찍은 나치 강제수용소의 희생자.

인 부문 책임자였던 아돌프 아이히만은 만약 자신이 자살을 할 수밖에 없는 상황이 된다면, "무덤 속으로 웃으면서 뛰어들 거야. 500만 명이 양심에 걸리기는 한다는 게 나한테는 대단한 만족감의 원천이 될 거거든"이라고 한 친구에게 털어 놓기도 했다.

나치의 짐승 같은 행위는 유대인 절멸에 머물지 않고 "부적격자"와 체제에 반대하는 사람들에게까지 미쳤다. "적"으로 지목된 그들은 경찰의 공격을 받고, 강제수용소로 잡혀가고, 고문당하고, 살해되었다. 부당한 고발, 개인적 원한, 관료주의적 실수 등에 의해 처형된 것이다. 그로 인해 망명한 예술가, 작가, 과학자의 이름은 일일이 말할 수 없을 정도로 많았다. 히틀러의 '지배민족' 속에 그들의 자리는 없었다.

히틀러가 세계를 상대로 벌인 전쟁은 믿기 어려울 정도의 인명 및 물질적 손실을 가져왔다. 2200만 명 이상의 사망자와 3400만 명 이상의 부상자가 생긴 것으로 추정된다. 그러나 나치의 포학이 가져온 유산은 살해된 수많은 사람들, 집과 고국을 떠나야 했던 수많은 난민들, 파괴된 집과 도시들, 산산조각 난 인생들뿐만이 아니다. 히틀러의 오만한 권력, 개인의 자유에 대한 잔인한 억압, 왜곡과 기만을 이용한 거창한 선전, 고의적인 법의 무시 등을 모방해 보려는 자들을 만들어내기도 한 것이다. 뻔뻔스러운 거짓말, 반대자에 대한 불법적 사찰, 기업가에게 돈을 받아 자기 주머니 채우기, 비판 세력 탄압, 인간의 가장 밑바닥에 자리한 본능을 이용한 부도덕한 호소 등, 히틀러의 수법들을 민주사회의 수뇌들까지도 전면적 또는 부분적으로 이용하려 들고 있다.

목적이 수단을 정당화한다는 신조, 인간적 도덕과 윤리적 가치의 파멸은 인간정신의 위기—집단적 죄의식과 개인적 절망을 가져왔다. 나치독일은 인간이 정치적 동물이자 먹이를 찾아 날뛰는 야수임을 드러내 보여주었다. 그 악몽이 기억에서 사라지려면 긴 시간이 필요할 것이다.

최종 해결책. 강제수용소의 소각로에는 무수한 희생자의 유골이 그대로 남아 있었다.

처형된 희생자들의 손가락에서 뽑아낸 결혼 금반지들은 나치친위대의 자금으로 쓰였다.

폴란드의 어떤 마을에 들어온 나치 부대는 자신들에게 저항할지도 모른다고 의심되는 모든 사람을 학살했다.

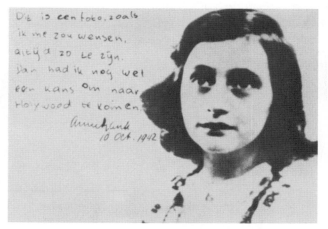

암스테르담의 집에서 숨어 살던 유대인 소녀 안네 프랑크는 일기를 통해 나치의 잔인성을 폭로했다.

화려한 날은 끝났다 : 파시스트의 상징물로 벽난로 위를 장식한 베네치아 궁의 무솔리니 집무실.

무솔리니와 그의 애인 클라라 페타치는 소규모 좌익 게릴라들에게 잡혀 코모 호수 가장자리에 있는 줄리아노 디 메체그라 마을 부근 산장으로 끌려갔다. 게릴라 그룹의 지도자 발레리오는 "이탈리아를 재앙으로 몰아넣은 책임"을 묻기로 마음먹었다. 풀려날 수 없음을 눈치 챈 무솔리니는 게릴라들에게 "제국"을 하나 주겠다고 제안

하며 목숨을 구걸했지만 아무 소용 없었다. 무솔리니와 그의 애인은 총살되었고, 시체는 밀라노로 운반되어 로레토 광장에 내던져졌다. 그 전 해 15명의 이탈리아인 애국자들이 파시스트들에 의해 처형된 장소였다. 몇 시간 동안이나 길바닥에 방치되어 있던 시체는 부근 차고의 대들보에 매달렸다. 사람들은 그 야만스러운 전시물을

독재자의 종말

배신당한 사람들의 분노. 살해된 무솔리니의 시체는 애인과 함께 밀라노 로레토 광장의 주유소 앞에 매달렸다.

Photographs by Felix H. Man for the Münchner Illustrierte Presse

발로 차거나 침을 뱉었다. 무솔리니의 시체에 탄창이 빌 때까지 권총을 쏜 한 여성은 소리쳤다. "이 다섯 발은 살해된 내 다섯 아들을 위한 것이다!" 순식간에 전 독재자의 몸은 모양을 알 수 없을 정도로 묵사발이 되었다.

무솔리니 살해,

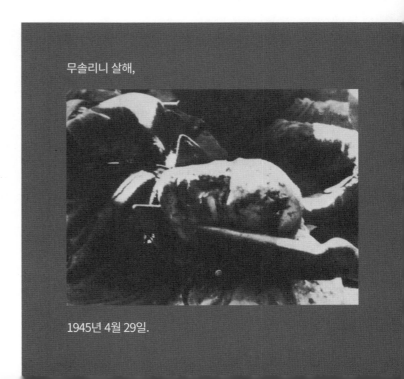

1945년 4월 29일.

신들의 황혼

《신들의 황혼》은 히틀러가 좋아한 악극이었다. 100번이나 보았다고 뽐내기도 했다. 바그너의 악극 중 어디에 도취된 것이었을까? 거인한테서 니벨룽의 반지를 빼앗은 지크프리트에게서 자신의 모습을 본 것일까? 아니면 신들의 죄를 대신 짊어지지만 끝내 "속죄를 통해 부와 권력을 향한 욕망의 저주에서 해방된" 발퀴레 브륀힐데와 자신을 동일시했던 것일까?

《신들의 황혼》은 신들의 집인 발할라가 불길에 휩싸이고, 인간애의 시대가 새로 열린다는 희망과 함께 막이 내린다. 히틀러는 "우리는 파괴될지도 모른다. 하지만 그렇게 된다면 우리는 이 세상도 끌고 갈 것이다. 불길에 휩싸인 세계를"이라고 말한 적이 있다. 그는 자신의 《신들의 황혼》에 대한 각오가 되어 있었던 것이다.

그리고 마지막 순간이 찾아왔다. 독일의 도시들이 돌무더기로 변하고 거리는 수많은 시체로 어지럽혀져 어떤 저항도 무의미해졌을 때, 히틀러는 국민도 자신과 함께 소멸되어야 한다고 억지를 썼다. 1945년의 마지막 몇 주일 동안은 현실과 환상, 분별과 광기, 삶과 죽음을 구별할 수 없는 시간이었다.

많은 히틀러 추종자들은 나치의 신화가 사라진 세상에서 살기보다는 죽음을 원했다. 미국과 영국의 해방군은 전진할 때마다 스스로 목숨을 끊는 남녀들과 맞닥뜨려야 했다. 베를린의 벙커에 있던 히틀러도 얼마 지나지 않아 그들의 뒤를 따랐다.

그는 생애의 마지막 몇 시간을 남긴 상황에서 이제까지 함께 살던 여자와 결혼하는 장황한 오페라식 몸짓으로 세상을 떠났다. 발할라가 불타오를 때 지크프리트가 죽고 브륀힐데가 불길로 뛰어들었던 것처럼, 러시아의 총포가 하늘을 밝힐 때 히틀러는 몇 시간 전에 결혼한 여자를 죽인 후 스스로도 목숨을 끊었다.

1945년 2월.

Photographs by Margaret Bourke-White

독일로 진입한 미군은, 연합군 병사에게 잡히는 쪽보다는 자살을 선택한 나치들의 시신과 맞닥뜨리게 된다.

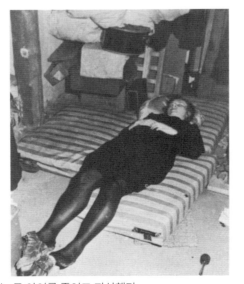

슈바인푸르트의 어떤 나치 지지자는 두 아이를 죽이고 자살했다.

Photographs by Margaret Bourke-White

살든 죽든 히틀러 휘하에서 : 라이프치히의 어느 변호사와 그의 가족은 자유세계에서 사는 쪽보다는 자살을 선택했다.

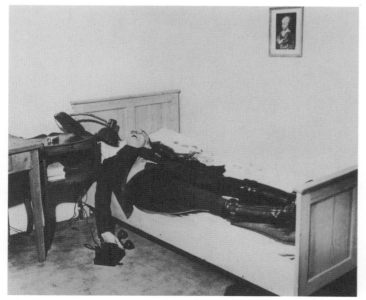

베르히테스가덴에서 죽은 카스트너 장군.

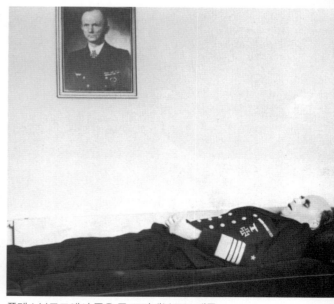

플렌스부르크에서 죽은 폰 프리데부르크 제독.

괴벨스 :
"오늘은 독일, 내일은 세계로!"

베를린 수상 관저에서 발견된 까맣게 탄 요제프 괴벨스의 유해.

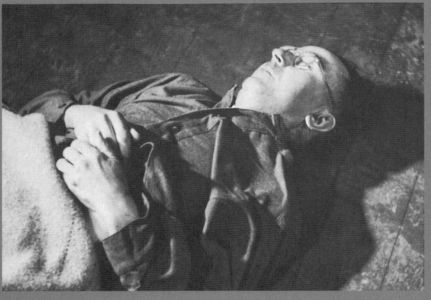

힘러 :
"우리는 우리의 위대한 총통의 지혜에 감사한다."

뤼네부르크에서 자살한 하인리히 힘러.

이것이 최후였다

1945년이 되었다. 그것은 나치독일의 몰락을 예고하는 것이었다. 낙담하고 병들고 지친 히틀러는 베를린의 수상 관저에 본부를 설치하고 그곳에서 파국의 물결을 막아 보려 했다. 그러나 포위망은 점점 좁혀져 왔고 최후가 다가왔다. 수상 관저가 러시아의 포격을 받자 그와 측근들은 지하 50피트(약 15미터)*의 방공호로 들어가야만 했다.

사건의 흐름을 보면 파국으로 내닫는 모습이 드러난다.

1월 1일 : 게슈타포의 장관 하인리히 힘러 휘하의 독일군 사단이 자르에서 연합군을 공격했으나 저지당한다.

1월 3일 : 바스토뉴의 미군 수비대에 대해 총돌격에 나섰지만 실패로 끝난다.

1월 12일 : 러시아군이 대공세를 시작, 5일 후에는 폴란드의 수도 바르샤바를 점

히틀러 :
"나는 그대들의 신뢰와 신임을 원한다-그
대들은 후회하지 않을 것이다."

수상 관저 마당에 놓인 아돌프 히틀러의 타고 남은 유해.

괴링 :
"철은 국가를 강하게 만들고 버터는 국민
을 살찌게 한다."

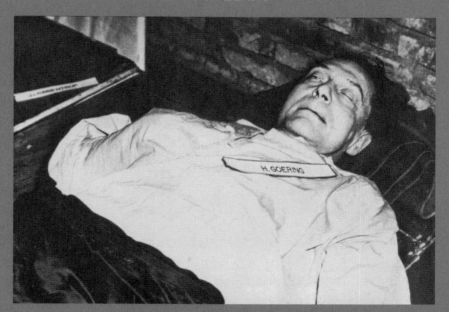

뉘른베르크에서 촬영된 헤르만 괴링의 마지막 사진.

령한다.

1월 27일 : 동서 프로이센이 독일제국에서 분리되었다.
러시아 주코프 장군은 오데르 강을 건너 베를린 100마일
(약 160킬로미터)* 앞까지 다가온다. 슐레지엔을 점령한
러시아는 풍부한 탄광까지 차지한다.

1월 30일 : 나치의 권력 장악 12주년 기념일. 벙커 안
히틀러는 현실에서 동떨어져 환상에 빠져 있었다. 그는
여전히 영국과 화해하여 독일-영국 연합이 "공통의 적"
러시아 공산주의자들과 맞설 것이라는 희망을 버리지 않
았다.

2월 8일 : 아이젠하워 장군 휘하 부대가 라인으로 접근,
2월이 다 가기도 전에 그곳을 넘어 베를린으로 진격한다.
연합군과 격렬한 전투를 벌이면서 독일군은 사망자와 부
상자, 포로까지 모두 35만 명을 잃는다.

3월 7일 : 미국 제9기갑사단이 라인 강 레마겐의 다리
를 차지하여 동쪽 제방을 향한 교두보를 만든다.

3월 19일 : 히틀러가 군사, 산업, 운송 및 통신시설 등
을 전부 파괴하라는 명령을 공표한다. 군수장관 알베르
트 슈페어는 이렇게 충언했다. "국민들의 생명에 영향을
줄 수 있는 파괴를 집행할 … 우리에겐 그런 권리가 없습

"나는 그대들을 경탄할 시대로 인도할 것이다"라고 황제는 선언했고, 히틀러도 1930년대에 같은 말을 몇 번이나 되풀이했다. 그러나 나치의 독재가 시작된 지 12년도 지나지 않아 의사당은 사진과 같은 꼴이 되었다. 전쟁이 끝나자, 히틀러가 세계에서 가장 웅장한 도시로 만들겠다고 한 베를린은 폐허로 변해 있었다.

니다 … 미래의 재건를 위한 모든 가능성을 국민에게 남겨주는 것이 우리 의무입니다." 그러나 히틀러는, "전쟁에 지면 국민도 죽는 거다. … 좋은 자들은 벌써 죽었을 테니 전쟁 뒤에는 열등한 자들만 남을 거란 말이야"라고 대답했다. 다행히도 연합군의 전진이 빨랐고, 독일의 고위 장교들이 히틀러의 '네로식 명령'을 기피한 덕분에 독일의 전면적 파괴는 피할 수 있었다.

3월 22일 : 패튼의 부대가 오펜하임에서 라인 강을 건넜다. 그 다음 날 몽고메리 장군 휘하 연합군도 루르를 향해 강을 건넜다.

4월 12일 : 러시아군이 베를린에서 불과 60마일(약 97킬로미터)* 밖에 떨어지지 않은 엘베까지 진출한다. 히틀러의 벙커에서는 기묘하고 비현실적이며 제정신이 아닌

생활이 이어졌다. 별점을 치고 점성술을 보면서 모두가 기적을 바라고 있었던 것이다. 이날 루스벨트 대통령의 사망 소식을 벙커에서 들은 괴벨스는 쾌재를 불렀다. 히틀러는 "사상 최악의 전쟁범죄자"인 루스벨트가 없어졌으니 "전쟁의 결정적 전환이 올 것"이라고 예측했다. 최악의 고비에 러시아 여제의 죽음 덕분에 승리할 수 있었던 프로이센의 7년 전쟁을 떠올렸던 것이다.

4월 16일 : 미군 뉘른베르크 입성.

4월 18일 : 루르의 육군원수 모델 휘하 부대 항복. 그의 병사 32만 5000명은 포로가 된다.

4월 20일 : 벙커에서 히틀러의 56회 생일을 맞아 나치의 주요 군 지휘관―괴링, 괴벨스, 힘러, 리벤트로프, 보어만 등이 축하 행사를 가졌다. 히틀러는 미국과 러시아

기 위해 베르히테스가덴으로 날아갔다. 총통이 완전히 망가져서 자신이 무슨 일을 하는지조차 모르는 상태라는 소식을 전하면서, 괴링에게 정권을 맡아달라고 간청했다. 그러자 괴링은 히틀러에게 전보를 보내 "1941년 6월 29일 총통이 정한 법령에 따라 총통 대리로서 국내외에서 어떠한 조치를 취해도 되는 자유를 가지고 독일제국의 모든 지도력을 승계해도 되겠느냐"고 묻는다. 그러자 히틀러는 괴링을 대역죄라고 비난하면서 모든 공직에서 해임시킨다는 명령을 구술하여 보낸다. 당시 벙커에 있던 슈페어는 괴링의 '배신'에 대해 총통이 분노했다고 기록하기도 한다. 여기에 보어만은 독단으로 괴링을 체포하라는 명령을 내린다.

4월 25일 : 러시아군과 연합군이 손을 잡으면서 독일이 북부와 남부로 나뉜다. 아이젠하워의 전략이 승리를 거둔 것이다.

4월 26일 : 그라임 장군이 한나 라이치가 조종하는 비행기로 벙커에 찾아온다. 총통은 그에게, 괴링이 "나와 조국 모두를 배신하고 저버렸다"면서 "적들과 연락을 취해 왔다"고 덧붙였다. 히틀러는 그라임을 괴링의 후임으로 새로운 공군 최고사령관에 임명한다. 그는 큰소리로 불평을 쏟았다. "모두가 나를 속였군! 아무도 나한테 진실을 말해주지 않았어!" 심판의 시간이 다가왔는데도 히틀러는 그 파국이 자신을 뺀 다른 사람들 탓이라고 비난하고 있었던 것이다.

4월 28일 : 수상 관저에 대한 러시아의 포격은 점점 더 심해졌다. 이때 힘러가 뤼벡에서 스웨덴의 베르나도트 백작과 만나, 서부 전선에서는 독일군이 항복하고 동부에서는 공산군과 계속 맞서 싸우겠다는 내용으로 비밀 협상을 벌이고 있다는 보도가 어느 외국 방송을 통해 나온다. 그 얘기에 히틀러는 화가 나서 제정신이 아니었다. "그의 얼굴은 시뻘겋게 달아올라서 거의 알아보기도 힘들 정도였다"라고 한나 라이치는 회상한 바 있다. 히틀러는 힘러의 행위가 자신이 아는 한 "최악의 배반 행위"라며 펄펄 뛰었다.

1945년 6월.

가 손을 잡고 독일을 "둘로 나눌 경우"에 대비해 사령부를 두 곳에 설치한다. 되니츠 제독이 북부 사령관, 케셀링 장군이 남부 부대를 지휘하게 된다. 히틀러는 남쪽으로 피난하지 않고 벙커에 남기로 했다. 만일 베를린이 함락된다면 함께 죽을 뜻이었던 것이다.

4월 21일 : 러시아군이 베를린 교외까지 다가왔고, 히틀러가 반격을 명령한다. 그러나 친위대의 슈타이너 장군에게는 반격에 나설 병력이 없었다.

4월 23일 : 독일 공군 참모총장 콜러 장군이 자신의 상관인 괴링을 만나

1951년 9월.
영광스러운 모습을 빼앗긴 1951년의 브란덴부르크 문. 4두 마차는 러시아군이 떼어가고 기둥은 총탄으로 곰보가 되어 초라한 꼴로 변했다. 1871년(22p. 참조)이나 1918년(73p. 참조) 때처럼 귀환 병사가 행진하는 일도 없고. 1933년(212p. 참조)처럼 나치 부대가 승리를 축하하는 일도 없었다.

4월 29일 : 일요일. 러시아군이 벙커 겨우 1마일(약 1.6킬로미터)*도 안 되는 곳까지 다가왔다. 그라임 장군과 한나 라이치는 그곳을 떠난 뒤였고, 아침 일찍 히틀러는 에바 브라운과 결혼했다. 10년 이상 함께 살아온 여성과의 관계를 정당화하는, 소시민적인 도덕률에 따라 소시민적인 행위를 한 것이다. 식이 끝난 뒤 샴페인과 음식이 나왔다. 그 다음 히틀러는 개인적 유언과 정치적 유서를 구술했다. 그는 생애 마지막 시간에도 유대인에 대해 큰소리로 불평하고 전쟁이 "유대계 또는 유대인의 이익을 위해 일하는 각국 정치인들" 탓이라고 비난했다. 거짓과 기만을 자신의 방패로 삼은 것이다.

정치적 유서에는 괴링과 힘러를 당에서 축출한다고 밝힌다. "내가 모르는 사이에 나의 뜻에 반하여 비밀리에 적들과 교섭함으로써 국민 전체에 돌이킬 수 없는 치욕을 주었기 때문"이라는 것이 그 이유였다. 히틀러는 자신의 후임으로 되니츠 제독을 독일제국의 대통령 겸 국방군 최고사령관에 임명한다. 괴벨스는 수상, 보어만은 당 장관(신설된 지위), 자이스-잉크바르트는 외무장관으로 지명했다. 그리고 다음과 같이 끝맺는다. "무엇보다도 나는 국가의 지도자들과 국민이 인종법을 엄격하게 준수하고, 모든 민족을 해롭게 하는 전 세계의 유대인들에 대해 무자비한 저항을 해야 할 의무가 있음을 명령한다."

새벽 4시, 1945년 4월 30일로 넘어간 시각에 당을 대표하여 괴벨스와 보어만, 군부 대표로 부르크도르프와 크렙스가 증인으로 정치적 유서에 서명했다. 사본은 특별 전령에 의해 되니츠 제독에게 보내진다. 그리고 최후를 위한 준비에 들어갔다. 히틀러는 문서를 없애고, 기르던 셰퍼드 블론디의 사살을 명령하고, 비서들과 벙커에 함께 있던 다른 사람들에게 작별을 고한다.

정오에 마지막 회의를 가진 그는 신부와 함께 식사를 하고, 괴벨스 가족과 작별의 인사를 나눈 뒤, 마지막 행동을 위해 자기 방으로 걸어간다. 3시 30분 즈음에 총소리가 울리고 히틀러와 에바의 목숨이 끊어진다. 두 사람의 시체는 관저 마당으로 옮겨진 뒤, 운전사 에리히 캠프카가 모아온 약 180갤런(약 681리터)*의 휘발유와 함께 태워졌다.

괴벨스와 보어만은 각자의 좁은 방에서 서류에 서명을 하고 메시지를 보내는 등 업무를 이어간다. 그러다가 초저녁 무렵, 괴벨스와 그의 아내는 6명의 아이들을 독살하고 자신들도 자살한다.

러시아군이 코앞까지 다가온다. 보어만은 의사 슈툼페거 및 다른 사람들과 함께 포위망을 뚫고 되니츠에게 가서 총통의 마지막 명령을 건네주려 한다. 프리드리히슈트라세 역 부근에서 전차에 타는 보어만의 모습이 보였으나 전차가 움직이기도 전에 러시아군의 포에 맞아 불길에 싸인다.

총포의 소음이 다른 모든 소리를 죽여 버렸다. 폭탄이 터질 때마다 하늘이 환해졌다가 다시 캄캄해졌다. 친위대 병사들은 무너진 건물 벽을 따라가며 잃어버린 전우를 찾아다녔다. 부상한 병사의 단말마가 밤하늘을 찢었다. 병사는 더 이상 "만세!"라고 외치지 않았다.

히틀러가 죽은 1주일 후, 모든 독일군이 항복했다. 제3제국에 종말이 온 것이다. 제3제국은 천 년이 갈 것이라는 히틀러의 예언과 달리 12년 4개월, 그리고 8일 만에 끝났다.

더 이상 환호도 …

… 더 이상 동상을 둘러싸고 승리 만세(Sieg Heil)를
외치는 일도 없었다.

(23p., 53p., 267p. 참조)

천년제국의 최후.
2년 4개월, 그리고 8일 만에 막을 내렸다.
Photo : Hannes Rosenberg

참고문헌

바이마르공화국, 나치주의, 나치 지도자에 관한 책은 대단히 많다. 비엔나 도서관의 목록, 《바이마르에서 히틀러 독일, 1918~1933》 (2쇄, 1964년, 런던)에 따르면 2990종에 이른다고 한다. 1953년 이후 현대 독일에 대해서는 뮌헨에서 나온 《Vierteljahrshefte für Zeitgeschichte》를 참고했다.

나는 영어로 간행된 일반도서를 선호했다.

—스테판 로란트

Pages 8-9 THE KING IS IN TROUBLE

On the general history of Germany, I suggest four books: Koppel S. Pinson's excellent *Modern Germany* (2nd ed., New York, 1970); Golo Mann's *The History of Germany since 1789*, a brilliant work by the son of Thomas Mann(rev. ed., New York, 1968); Marshall Dill, Jr.'s *Germany* (rev. ed., Ann Arbor, Mich.,1970); A. J. P. Taylor's *The Course of German History* (rev. ed., New York, 1961).

Pages 10-11 THE NEW BROOM

One of the latest in the voluminous Bismarck literature is the magnificent two-volume work by Otto Pflanze (Princeton, N.J., 1963 and 1972, paperback). Erich Eyck, *Bismarck: Leben und W erk* (Erlenbach-Zurich, 1943) is the full-length portrait. Wilhelm Mommsen, *Bismarck*(Berlin, 1967, paperback) is a digest of his bigger opus.

Henry Kissinger's essay on Bismarck: "The White Revolutionary: Reflections on Bismarck" in *Daedalus,* Summer 1968, is fascinating.

Pages 12-17 THE THREE WARS

Wilhelm Müller, *Deutschlands Einigungskriege,* 1864-1871 (Leipzig, 1889) is an early history of the wars.

Theo Aronson's *The Fall of the Third Napoleon*(Indianapolis, 1970) is the latest study.

Bismarck's speeches and writing are available in their collected edition: his classic *Gedanken und Erinnerungen* (Reflections and Reminiscences) (2 vols., London, 1898). The third volume was published in 1919.

Pages 18-19 FOUNDATION OF THE REICH

The foundation of the Reich is described in Heinrich von Sybel's massive seven-volume history, *Die Begründung des deuts chen Reiches durch Wilhelm I* (Munich, 1889-1895); it has been translated and published in English.

Egmont Zechlin's *Die Reichsgründung*(Berlin, 1967, paperback) has a detailed German bibliography on the unification and on Bismarck. Ernst Deuerlein, *Die Gründung des deutschen Reiches, 1870-71* (Düsseldorf, 1970) contains eyewitness accounts.

Pages 20-21 THE COMMUNE IN PARIS

La Commune de 1871 (Paris, 1970), a scholarly work by several authors. *The Communards of Paris,* 1871, ed. by Stewart Edwards(Ithaca, N.Y., 1973, paperback), a short study; by the same author: *The Paris Commune,1871* (New York, 1973), a more comprehensive work.

Pages 22-23 THE VICTORS RETURN

An eyewitness of the event, Baroness Spitzenberg, records in her diary, *Das Tagebuch der Baronin Spitzenberg* (Göttingen, 1960), the happenings of that day.

Pages 24-25 BISMARCK'S DOMESTIC POLICIES

Books dealing with the Kulturkampf and Bismarck's labor legislation: Adelheid Consrabel, *Vorgeschichte des Kulturkampfes* (Berlin, 1956); F. Toennis, *Der Kampf um das Sozialistengesetz,* 1878 (Berlin, 1929); Walter Vogel, *Bismarcks Arbeiterversicherung* (Braunschweig, 1951); R. Morsey, *Die Oberste Reichsverwaltung unter Bismarck, 1867-1890* (Münster, 1957). See also Otto Pflanze's volumes on Bismarck (previously cited) and A. J. P. Taylor, *Bismarck: The Man and the Statesman*(London, 1955; New York, 1956).

Pages 26-27 THE OLD KAISER DIES

The Prussian historian Wilhelm Oncken pictures the king and his era in his *Das Zeitalter des Kaisers Wilhelm* (Berlin, 1890).

Paul Wiegler, *William the First* (London, 1929), A biography by the art historian.

Pages 28-29 THE NEW KAISER

Biographies of the kaiser : by Emil Ludwig(New York, 1927); by Kürenberg (London, 1954); by Virginia Cowles (New York, 1963). K. F. Nowak, *Germany's Road to Ruin*(London, 1932); Erich Eyck, *Das persönliche Regiment Wilhelm II* (Zurich, 1948).

Pages 30-31 BISMARCK'S REICHSTAG

Erich Eyck, *Bismarck and the German Empire*(New York, 1964, paperback).

Pages 32-33 A BOY BORN TO THE HITLERS

Bradley F. Smith, *Adolf Hitler, His Family, Childhood and Youth* (Palo Alto, Calif., 1967) is the best work on Hitler's early life. Werner Maser's *Adolf Hitler* (Munich, 1971) has detailed information on the family.

Pages 34-35 BISMARCK RESIGNS

Pages 36-37 RECONCILIATION AND DEATH

Works on Bismarck's resignation:

Wilhelm Schüssler, *Bismarck's Sturz* (Leipzig, 1921); Wilhelm Mommsen, *Bismarck's Sturz und die Parteien* (Stuttgart, 1924); Ernst Gagliardi, *Bismarck's Entlassung* (Tübingen, 1927).

Hans Bernard Gisevius, *Der Anfang vom Ende* (Zürich, 1971) is a compelling narrative of William II's early years as emperor.

Moritz Busch, *Bismarck : S ecret Pages of His History* (3 vols., London, 1908). Recollections of the chancellor's friend.

Pages 38-41 HOW THEY LIVED

Books about life in Germany before the First World War:

Ray Stannard Baker, *Seen in Germany*(New York, 1901); Sidney Whitman, *German Memories* (Leipzig, 1913); Price Colliet, *Germany and the Germans* (Berlin, 1913); Mrs. Alfred Sedgwick, *Home Life in Germany* (New York, 1908).

An outstanding work on the history of the German capital is Gerhard Masur, *Imperial Berlin* (New York, 1970).

Pages 42-43 TWO BOYS GROW UP

Adolf Hitler's *Mein Kampf,* trans. by Ralph Mannheim (Boston, 1943, paperback) recounts the controversy with his father. Of Hitler's early years in Linz: August Kubizek, *Adolf Hitler, Mein lugendfreund* (Graz and Stuttgart, 1966), which is widely quoted by other biographers and which-although supervised by Nazi authorities-probably gives a correct picture of the young Hitler.

Pages 44-45 KAISER MANEUVERS

Pages 46-47 MARCHING, MARCHING

Pages 48-49 THE LAST YEARS OF PEACE

J. Daniel Chamier, *Fabulous Monster* (London, 1934 ; rev. German ed., Berlin, 1954), written by an Englishman on the era.

Michael Balfour, *The Kaiser and His Times*(rev. ed., New York, 1972, paperback) is highly commendable.

Pages 50-57 WORLD WAR I

Theodor Wolff, *The Eve of* 1914 (London, 1936); Barbara Tuchman, *The Guns of August* (New York, 1962; paperback, 1971); *The Defeat of the German Army, 1918,*(Washington, D.C., 1943) .

Pages 58-59 A CORPORAL IN THE WAR

This is as good a place as any to mention some of the Hitler biographies. The first lives of the Führer were written by my late friends Konrad Heiden, in 1936 and 1937, and Rudolf Olden, in 1935. I had many discussions with the two while their works were in progress.

I let Olden use my interview notes with Reinhold Hanisch, to whom I talked in Vienna about the days when he and Hitler were destitute.

Since then many Hitler biographies have appeared—and the flood hasn't stopped. Alan Bullock, *Hitler: A Study in Tyranny* (London, 1952 ; rev. ed., 1962) tops the list. William L Shirer's *The Rise and Fall of the Third Reich*(New York, 1960), the path breaking popular volume on the 'Nazis, gives a superb character portrait of the Führer. Other biographies: by Helmut Heiber (London, 1961); Hans-Bernd Gisevius (Munich, 1963); Werner Maser (Munich, 1971); Robert Payne (New York, 1973); Joachim C. Fest (Munich, 1973).

Of Hitler in the war, see Hans Mend, *Hitler im Felde* (Munich, 1931).

Pages 60- 63 THE END IN SIGHT

Pages 64-65 LABOR SPLITS

Most leading figures of the Gernan labor movement— Scheidemann, Noske, Luxemburg, Müller, Löbe, Braun, Severing, Grzesinsky—wrote their memoirs.

Harry Schumann, *Karl Liebknecht* (Dresden, 1919) — an unpolitical picture.

The party history is recounted and analyzed by two American scholars, A. Joseph

Berlau, *The German Social Democratic Party, 1914-1921* (New York, 1949), and Carl E. Schorske, *German Social Democracy, 1905-1907* (Cambridge, Mass., 1955).

Pages 66-67 REVOLUTION IN BERLIN
Illustrierte Geschichte der November Revolution in Deutschland (East Berlin, 1968); Walter Nimitz, *Die November Revolution 1918 in Deutschland* (East Berlin, 1965) are Communist interpretations.

Hermann Müller-Franken, the Social Democrat who later became chancellor, wrote his reminiscences on *Die November Revolution* (Berlin, 1931). Philipp Scheidemann, another Social Democratic leader, wrote about *Der Zusammenbruch* (Berlin, 1951). A solid description of the day is by René Schickele, *Der neunte November* (Berlin, 1919). Count Kuno von Westarp, the Nationalist politician, penned *Das Ende der Monarchie am 9. November* 1918 (Rauschenbusch, 1952).

Pages 68-69 THE MONARCHY TOPPLES

Pages 70-71 THE HEROIC DAYS ARE OVER

Pages 72-73 RETURN FROM THE WAR

Pages 74-75 WORKERS' COUNCILS

Pages 76-77 FIGHTING AT THE PALACE

Pages 78-81 BROTHER AGAINST BROTHER
The first weeks of the revolution had many chroniclers:
Hainer Rasmuss, *Die Januarkämpfe* 1919 *in Berlin* (East Berlin, 1956); Rudolf Rotheit, *Der Berliner Schloss im Zeichen der Novemberrevolution* (Berlin, 1923); Harald von Koenigswald, *Revolution* 1918 (Breslau, 1933) ; Emil Ludwig, *An die Laterne! Bilder aus der Revolution* (Berlin, 1919); *Causes of the German Collapse,* selected by R. H. Lutz(Stanford, 1934) , is a translation of extracts from the large twelve-volume German work (Berlin, 1928).
Of the Workers' Councils: Walter Tormin, *Zwischen Rätediktatur und sozial Demokratie* (Düsseldorf, 1954).

Pages 82-85 FIRST VOTING FOR THE REPUBLIC
Philipp Scheidemann, *The Making of New Germany* (2 vols., New York, 1929), the memoirs of the Social Democratic chancellor; Ernst Scheiding, *Das erste Jahr der deutschen Revolution* (Leipzig, 1920).

Pages 86-87 THE WEIMAR PARLIAMENT
Erich Eyck, *A History of the Weimar Republic* (New York, 1967, paperback), two superbly written volumes.
William S. Halperin, *Germany Tried Democracy*(New York, 1946, paperback).

Pages 88-91 SOVIET IN BAVARIA
A good compendium on the Bavarian Soviet rule was issued by the Stadtarchiv of Munich: *Revolution und Räteherrschaft in München* (Munich, 1968).
Müller-Meiningen, *Aus Bayern Schwersten Tagen* (Berlin, 1923). An eyewitness account.
Rosa Meyer Leviné, the wife of the revolutionary, corrects the picture of her husband in her biography *Leviné* (Munich, 1972).
Ernst Toller, *I Was a German* (London, 1934). The sensitive memoirs of the poetrevolutionary.

Pages 92-93 THE PEACE TERMS

Pages 94-95 THE SIGNING OF THE TREATY

Pages 96-97 AGAINST THE TREATY
E. J. Dillon, *The Inside Story of the Peace Conference* (New York, 1920) ; Robert Lansing, *The Peace Negotiations* (Boston , 1921) ; Harold Nicolson, *Peacemaking* 1919 (London, 1933) ; Karl Friedrich Nowak, *Versailles* (Berlin, 1927).
Edgar Stern Rubarth, *Graf Brockdorff Rantzau, Wanderer zwischen zwei Welten* (Berlin, 1929); Erich Kern, *Von Versailles zu Adolf Hitler: Der schreckliche Friede* (Göttingen, 1961); Viscount d'Abernon, *An Ambassador of Peace,* 1918-1919 (London, 1929).

Pages 98-99 THE WEIMAR CONSTITUTION
On the Republic of Weimar: Erich Eyck, *A History of the Weimar Republic,* and S. William Halperin, *Germany Tried Democracy,* both in paperback, previously cited. In German: Hans Herzfeld, *Die Weimarer Republik* (Berlin, 1969) ; Helmut Heiber, *The Republic of Weimar* (Munich, 1966) ; F. A. Krummacher and Albert Wucher, *Die Weimarer Republik* (Munich, Vienna, and Basel, 1965).

Pages 100-101 GERMAN PEOPLE
August Sander, *Menschen ohne Maske* (Lucerne and Frankfurt, 1971) with the best photographs of Sander. A magnificent work. See also: *Deutschens piegel* (Guetersloh, 1962).

Pages 102-103 THE LEFT FIGHTS ON
Maurice Berger, *Germany After the Armistice* (New York, 1920) ; Gustav Noske, *Von Kiel bis Kapp* (Berlin, 1920); Rittmeister Schaede, *Berlin schiesst, spielt und tanzt!* (Berlin, 1923).

Pages 104-105 NO MORE WAR!
K. Schwendemann, *Abrüstung und Sicherheit* (2 vols., Berlin, 1933), a document collection; Stewart Roddie, *Peace Patrol* (London, 1932). Von Oertzen, *Das ist die Abrüstung* (Oldenburg, 1931) .

Page 106 "STAB IN THE BACK"
Army Service Forces Information Branch, *The Defeat of the German Army,* 1918 (Washington, D.C., 1943); "Der Dolchstoss" in the *Süddeutsche Monatshefte,* April 1924 ; Joachim Petzold, *Die Dolchstosslegende* (East Berlin, 1963).

Page 107 A FATEFUL TRIAL
Karl Helfferich's venomous pamphlet *Fort mit Erzberger* (Berlin, 1919); Karl von Lumm's biography, *Karl Helfferich als Währungspolitiker und Gerehrter* (Leipzig, 1926).
Der Erzberger Process. A 1056-page transcript of the trial (Berlin, 1920).
Der Erzberger Mord (Bühl, 1921).

Pages 108-109 TO KEEP ALIVE
Graf A. Stenbok-Fermor, *Deutschland von unten* (Stuttgart, 1931). A unique chronicle of the working people and the poor.

Pages 1l0-1l3 THE KAPP PUTSCH

Page 114 THE REDS STRIKE BACK

Page 115 A SWING TO THE RIGHT
Erwin Könnemann and Hans-Joachim Krusch, *Aktionseinheit contra Kapp Putsch* (East Berlin, 1972). A Communist interpretation. Gustav Noske, *Von Kiel bis Kapp* (Berlin, 1920). The memoirs of the man who fought the putschists. Oberst Bauer's short report, *Der 13. März 1920* (Munich, 1920). The recollections of someone who was there. Erich Knauf, *Ca Ira!* (Berlin , 1930) , a journalistic novel of the putsch.
D. J. Goodspeed, *The Conspirators. A Study of the Coup d'Etat* (New York, 1961); Ludwig Schemann, *Wolfgang Kapp und das Märzunternehmen vom Jahre 1920* (Municb, 1937).
General Seeckt's official biography was written by Friedrich von Rabenau (Leipzig, 1940). Robert G. L. Waite's volume, *The Free Corps Movement in Postwar Germany* (Cambridge, Mass., 1952), is excellent.
The revolutionary Max Hoelz wrote *Vom "Weissen Kreuz" zur Roten Fahne* (Berlin, 1929). In English the title is *From White Cross to Red Flag* (London, 1930). Hoelz's letters from prison had also been published.

Page 116 THE REPARATIONS ISSUE
L. L. B. Angas, *Germany and Her Debts* (London, 1923); Norman Angell , *The Peace Treaty and the Economic Chaos of Europe* (London, 1920) ; John Maynard Keynes, *The Economic Consequences of the Peace* (London, 1920).

Page 117 PLEBISCITE IN SILESIA
Rudolf Schricker, *Blut- Erz- Kohle* (Berlin, 1930); Karl Hoefer, *Oberschlesien in der Aufstandszeit,* 1918-1921, *A Collection of Documents and Reminiscences* (Berlin, 1938).

Pages 118-119 IS THIS A REPUBLIC?
Kurt Tuchol sky, *Deutschland, Deutschland über Alles* (Reinbek, 1964). The fascinating work of the great satirist which has been translated and published in English as well.

Page 120 A NEW POLITICAL PARTY
Dietrich Orlow, *The History of the Nazi Party* (2 vols., Pittsburgh, 1969-1973), a magnificent work. Werner Maser, *Die Frühgeschichte der NSDAP* (Frankfurt, 1965), a detailed study.

Page 121 RATHENAU MURDERED
David Felix, *Walther Rathenau and the Weimar Republic* (Baltimore, 1971). Excellent, with a comprehensive bibliography (pages 191-205).
Biographies of Walther Rathenau: Count Harry Kessler (Berlin, 1928; New York, 1930) ; Alfred Kerr (Amsterdam, 1935) ; Helmuth M. Böttcher (Bonn, 1958).
Rathenau's collected speeches, writings, and letters were published by S. Fischer, Berlin.

Pages 122-123 THE MARCH ON ROME
Richard Collier, *Duce!* (New York, 1971) has a comprehensive bibliography (pages 395-419). Ernst Nolte, *Der Faschismus von Mussolini zum Hitler* (Munieh, 1968).

Pages 124-125 THE FRENCH OCCUPY THE RUHR
Hannes Pyszka, *Der Ruhrkrieg* (Munich, 1923); Friedrich Grimm, *Vom Ruhrkrieg zur Rheinland Räumung* (Hamburg, 1930) . The memoirs of the German defense counsel.

Pages 126-127 THE FIRST PARTY DAY

Dietrich Orlov, *The History of the Nazi Party,* 1919-1933, previously cited.

Hitler's Weg bis 1924 (Frankfurt. and Bonn , 1965) , and Ernst Deuerlein, *Der Aufstieg der NSDAP,* 1919-1933 (Düsseldorf, 1968) are meticulously researched studies.

Pages 128-129 PHILOSOPHERS OF NAZISM
Dietrich Eckart, *Der Bolschevismus von Moses bis Lenin: Zwiegespräch zwischen Adolf Hitler und mir* (Munich, 1924); Wilhelm Gruen, *Dietrich Eckart als Publicist* (Munich, 1941) has a comprehensive Eckart bibliography. Albert Rosenberg, ed., *Dietrich Eckart: Ein Vermächtnis* (Munich, 1935) .

Houston Stewart Chamberlain, *Die Grundlagen des XIX. Jahrhunderts* (Munich, 1906).

Of "Lanz von Liebenfels": Wilfried Daim, *Der Mann der Hitler die Ideen gab* (Munich, 1958). Of Richard Wagner: *In selbstzeugnissen und im Urteil der Zeitgenossen* (Zurich, 1972).

Georg Lukács, *Von Nietzsche bis Hitler, oder der Irrationalismus in der Deutschen Politik* (Frankfurt and Hamburg, 1966).

Pages 130-131 INFLATION

Pages 132-133 THE PEOPLE SUFFER
Hans Ostwald, *Sittengeschichte der Inflation* (Berlin, 1931); Morus, *Histoire de l'Inflation* (Paris, 1926); Harry Graf Kessler, *Tagebücher* 1918-1937 (Frankfurt, 1961). Perceptive memoirs of the era, also in English.

Pages 134-135 MILITARISM ON THE STAGE
Thilo Koch, *Die goldenen Zwanziger Jahre* (Berlin , 1970) .

Pages 136-137 GERMAN DAYIN NÜRNBERG
A good description of the day is in William Shirer's *The Rise and Fall of the Third Reich,* previously cited.

Page 138 STRESEMANN TURNS THE TIDE

Page 139 TROUBLES EVERYWHERE
Stresemann's writings, speeches, and letters have been issued in many volumes. His life attracted many biographers, among them Heinrich Bauer, Marvin L. Edwards, Walter Görlitz, Hubertus Prinz zu Löwenstein, Rudolf Olden, Edgar Stern-Rubarth, Annelise Thimme, Antonina Valentin.

Hans W. Gatzke, *Stresemann and the Rearmament of Germany* (Baltimore, 1954) is a particularly in teresting study.

A bibliography on Stresemann compiled by Gerhard Zwoch appeared in Düsseldorf (1953).

Pages 140-141 THE PUTSCH

Pages 142-143 THE TRIAL IN MUNICH
Harold J. Gordon, Jr., *Hitler and the Beer Hall Putsch* (Princeton, N.J., 1972) is a recent work on the subj ect. (Bibliography, pages 633-647). Documents of the putsch in Ernst Deuerlein, *The Hitler Putsch* (Stuttgart, 1962). Richard Hauser, *Putsch! How Hitler Made Revolution* (New York, 1971, paperback) is a vividly written account. Hans Hubert Hofmann, *Der Hitlerputsch* (Munich, 1961) ; General Erich Ludendorff's self-published memoirs, *Auf dem Wege zur Feldhernhalle* (Munich, 1937).

Two highly critical studies were written by my late good fri end Leo Lania : *Der Hitler-*

Ludendorff. Prozess (Berlin , 1925) and *Die Totengräber Deutschlands* (Berlin, 1924).

Pages 144-145 FILM- THE EW ART FORM
Heinrich Fraenkel, *Unsterblicher Film* (Munich, 1956), by a man who experienced the beginnings of the German film. Paul Rotha, *The Film Till Now* (London, 1967), a vast compendium. Rolf Hempel, *Carl Mayer* (Berlin , 1968), a biography of the pioneer script writer.

Page 146 VOTING FOR THE SECOND REICHSTAG

Page 147 VOTING FOR THE THIRD REICHSTAG
Der Reichstag, ed. by Ernst Deuerlein (Bonn, 1963).

Friedrich Stampfer, *Die vierzehn Jahre der ersten deutschen Republik* (Karlsbad, 1936). By the leading Social Democratic editor.

Pages 148-149 IN PRISO
Otto Lurker, *Hitler hinter Festungsmauern* (Berlin , 1933) ; *Mit Adolf Hitler auf Festung Landsberg,* memories of Hans Kallenbach, one of the imprisoned with the Führer.

Pages 150- 151 NUDES AND JAZZ
Otto Friedrich, *Bejore the Deluge* (New York, 1972), a brilliant compendium on the life in Berlin in the twenties.

"Pem," *Heimweh nach dem Kurfürstendamm: Aus Berlin Glanzvollsten Tagen and Naechten* (Berlin, 1962). The nostalgic reminiscences of a journalist who lived there.

Hermann Behr, *Die Goldenen Zwanziger Jahre* (Hamburg, 1964).

Pages 152- 153 THE PRESIDENT DIES
Friedrich Ebert, *Kämpfe und Ziele* (Dresden, no date); also Ebert's *Schriften, Aufzeichnungen, Reden* (2 vols., Dresden, 1926).

There are biographies of Ebert by Georg Haschke and orbert Tönnies (Preetz, Holstein, 1961) ; by Georg Kotowski (Wiesbaden, 1963); by Max Peters (Berlin, 1950).

Pages 154-155 ELECTING A PRESIDENT

Pages 156- 157 THE NEW PRESIDENT
Biographies of Hindenburg:
Walter Bloem, *Hindenburg der Deutsche* (Berlin, 1932) ; Margaret Goldsmith and Frederick Voigt, *Hindenburg-The Man and the Legend* (London, 1930); Rudolf Olden, *Hindenburg, oder der Geist der Preussischen Armee* (Paris, 1935); A. M. K. Watson, *The Biography of President von Hindenburg* (London, 1930); John W. Wheeler-Bennett, *Hindenburg, The Wooden Titan* (London, 1936).

A Hindenburg bibliography was published by the Bibliographic Institute (Leipzig, 1938).

Pages 158-159 A BOOK IS BORN
The first volume of Adolf Hitler's *Mein Kampf* appeared in Munich in 1925, the second volume in 1929. In America it was published in Boston in 1943 in the translation of Ralph Mannheim.

Pages 160- 161 WORKING FOR PEACE
Paul Seabury, *The Wilhelmstrasse : A Study of German Diplomats under the Nazi Regime* (Berkeley, 1954).

Anthony Eden, *Facing the Dictators* (Boston, 1962).

Page 162 ROCKI G THE REPUBLIC
Erich Eyck, *A History of the Weimar Republic,* previously cited.

Page 163 GENEVA
Gustav Stresemann, *Vermächtnis* (3 vols., Berlin, 1932) ; *Diaries, Letters and Papers* (3vols., London, 1935-1940); *Ursachen und Folgen vom Deutschen Zusammenbruch...* (Documents), 8 vols.; F. P. Walters, *A History of the League of Nations* (London, 1952).

Pages 164-165 REORGANIZING THE PARTY
See the works of Maser and Orlov.

Page 166 VOTING FOR THE FOURTH REICHSTAG
Chart of th election in Pinson: *Modern Germany,* previously cited, page 603.

Page 167 THÉ DANSANT
Hedda Adlon , *Hotel Adlon* (Munich, 1955) . The reminiscences of the wife of the Berlin hotelier.

Hans Erman, *Bei Kempinski* (Berlin, 1956). The story of the popular restaurant. Walther Kiaulehn, *Berlin: Schicksal einer Weltstadt* (Munich, 1958). A massive volume on the city's history.

Pages 168-169 THE "BAVARIN"
Ernst Hanfstaengl, *Zwischen Weissen und Braunen Hans* (Munich, 1970) ; Otto Strasser, *Hitler and I* (London, 1940) , the recollections of a former friend who turned into an enemy.

Pages 170-171 WRITERS, POETS
Werner Mahrholz, *Deutsche Literatur der Gegenwart* (Berlin, 1931); Paul Wiegler, *Geschichte der neuen Deutschen Literatur* (2 vols., Berlin, 1930) ; Kurt R. Grossman, *Ossietzky : Ein Deutscher Patriot* (Munich, 1963); Carl Zuckmayer, *Als wär's ein Stück von mir* (Frankfurt, 1966; English translation, New York, 1970); Hans Bürgin and Hans-Otto Mayer, *Thomas Mann: Eine Chronik seines Lebens* (Frankfurt, 1965); Max Osborn, *Der bunte Spiegel* (New York, 1945), recollections of a Berlin literary editor.

Peter Gay, *Weimar Culture* (New York, 1968). A superlative work with a long and excellent bibliography (pages 165-197).

Pages 172- 173 REPARATIO S REVISED
Carl Bergmann, *Der Weg der Reparation* (Frankfurt, 1926); George P. Auld, *The Dawes Plan and the New Economics* (New York, 1927) ; Harold G. Moulton, *The Reparation Plan* (New York, 1924).

Pages 174- 175 AGAINST THE YOUNG PLAN
Der Young Plan (the official text) (Frankfurt, 1929).

Pages 176-177 THE RISE OF THE DRUMMER
See Bullock, Orlov, Shirer, cited before.

Pages 178-179 A STAR IS BORN
Leslie Frewin, *Dietrich- The Story of a Star* (New York, 1970).

Pages 180- 181 HARD TIMES
Bruno Nelissen Haken, *Stempel Chronik* (Hamburg, 1932). Stories of the unemployed.

Pages 182-183 THE CRY FOR LAW AND ORDER
See Hitler's speeches about the issue, ed. by Max Domarus, previously cited. Also see

the memoirs of Count Kessler, Arnold Brecht.

Pages 184-185 BRÜNING STRUGGLES

Pages 186-189 VOTING FOR THE FIFTH
REICHSTAG
Heinrich Brüning, *Memoiren 1918-1934*
(Stuttgart, 1970). By the former chancellor.

Page 190 THE WITNESS
F. W. Oertzen, *In Namen der Geschichte!*
(Hamburg, 1934). A book on the German po-
litical trials after World War I, with a chapter
on the Ulmer trial.

Page 191 HIS MOVIE STARS
Siegfried Kracauer, *From Caligari to Hit-
ler* (Princeton, N.J., 1947); Stefan Lorant, *Wir-
von Film* (Berlin, 1927).

Pages 192-193 HITLER GAINS
Wilhelm Frick, *Die Nationalsozialisten im
Reichstag, 1924-1931* (Munich, 1932).

Pages 194-195 THE NATIONAL OPPOSITION
Alfred Pfaff, *Der Young Plan in 67 Fra-
gen und Antworten* (Munich, 1930); Alfred
Hugenberg, *Streichlichter aus Vergangenheit
und Gegenwart* (Berlin, 1927); Ouo Kriegk,
Hugenberg (Leipzig, 1932).

Pages 196-197 VOTING FOR PRESIDENT
See the works of Bullock, Eyck, Halperin,
Shirer, previously cited.

Pages 198-199 ONCE MORE- REPARATIONS
See Eyck, previously cited.

Pages 200-201 FIGHTING IT OUT
See the speeches of Goebbels and Hitler.

Pages 202-203 THE SQUIRE OF NEUDECK
Gestalten ringsum Hindenburg (Dresden,
1930); Franz von Papen, *Memoirs* (London,
1952; in German, *Der Wahrheit eine Gasse,*
Munich, 1952); Bruno Buchta, *Die Junker und
die Weimarer Republik* (East Berlin, 1959).

Pages 204-205   THE NAZIS GET THE MOST
VOTES

Pages 206-207   THE REICHST AG IS
DISSOLVED

Pages 208-209   VOTING FOR THE SEVENTH
REICHSTAG
Oswald Dutch, *The Errant Diplomat* (Lon-
don, 1940); H. W. Blood-Ryan, *Franz von Pa-
pen, His Life and Times* (London, 1940); Von
Papen's *Memoirs* (New York, 1953).
Wilhelm Frick, *Die Nationalsozialisten im
Reichstag, 1924- 1931* (Munich, 1932).

Pages 210-213 THE NEW CHANCELLOR
Karl Dietrich Bracher: *The German Dicta-
torship* (New York, 1970). A superb analysis
of National Socialism with a comprehensive
bibliography (pages 503- 533).
Richard Grünberger, *The Twelve-Year
Reich: A Social History of Nazi Germany,
1933-1945* (New York, 1971).
Joachim C. Fest, *Das Gesicht des Dritten
Reiches* (Berlin, 1969). Also in English.

Pages 214-215 THE REICHSTAG BURNS
Fritz Tobias, *The Reichstag Fire* (New
York, 1964); Douglas Reed, *The Burning of
the Reichstag* (New York, 1934).

Pages 216-217 HITLER HAS THE POWER
Hans Otto Meissner and Harry Wilde, *Die
Machtergreifung* (Stuttgart, 1958). A com-
mentary on the Nazi coup d'état.

Pages 218-219 THE DAY OF POTSDAM
The accounts in the Nazi newspapers and
magazines, like the *Völkischer Beobachter* or
Illustrierte Beobachter, described and pictured
the event fully.
The pictorial reportages in the *Berliner Il-
lustrirte Zeitung* and the *Münchner Illustrierte
Presse* show everything that happened on that
day.

Pages 220-221 THE NATION ABANDONS ITS
FREEDOM
Max Domarus, ed., *Hitler: Reden und
Proklamationen, 1932-1940* (4 vols., Munich,
1965). It contains Hitler's speech in full.

Pages 222-223 THE BURNING OF BOOKS
Dr. Goebbels's *Der Angriff* has a detailed
reportage of the burning.

Pages 224-225 AGAINST THE JEWS
The Wiener Library in London issued in
1958 a bibliography of over 3,500 books and
pamphlets under the title *German Jewry, Its
History, Life and Culture.*
The Murderers among Us The Simon Wi-
esenthal memoirs, ed. by Joseph Wechsberg
(New York, 1967). The book by and of the
man who hunted down Nazi criminals.

Pages 226-229 REICHST AG FIRE TRIAL
Georgi Dimitroff, *Reichstagsbrandprozess*
(East Berlin, 1966).
*The Reichstag Fire Trial: The Second Brown
Book of the Hitler Terror* (London, 1934).
Reichstagsbrandprozess, ed. by Michael
Mansfield (Frankfurt, no date, paperback).

Pages 230-231 NEW YEAR'S CELEBRATION
IN THE PRESIDENTIAL PALACE
Emil Ludwig, *Hindenburg und die Sage
von der Deutschen Republik* (Amsterdam,
1935);
Otto Meissner, *Staatssekretär unter Ebert,
Hindenburg, Hitler* (Hamburg, 1950) .

Pages 232-233 VISITING MUSSOLINI
Ivone Kirkpatrick, *Mussolini: A Study in
Power* (New York, 1964); Galeazzo Ciano, *The
Ciano Diaries, 1939-1943* (New York, 1947).

Pages 234-235 THE NIGHT OF THE LONG
KNIVES
Nicolay Tolstoy, *The Night of the Long
Knives* (New York, 1972, paperback). Max
Gallo, *Der schwarze Freitag der S.A.* (Mu-
nich, 1972).

Pages 236-237 THE MUR DER OF DOLLFUSS
William L. Shirer, *Berlin Diary* (New
York, 1941, paperback).

Pages 238-239 HINDENBURG DIES
Emil Ludwig, *Hindenburg* (Hamburg,
1962).

Pages 240-241 THE NEW HEAD OF STATE
Hitler taking the power is described in his
biographies cited previously. William Shirer
gives a particularly good account.

Pages 242-243 GÖRING THE PLAYBOY
Emmy Göring, *An der Seite meines Mannes*
(Göttingen, 1967). A whitewash of the man by
his loving wife. Roger Manvell and Heinrich
Fraenkel, *Hermann Göring* (London, 1962).

Pages 244-245 GOEBBELS THE
PROPAGANDIST
Helmut Heiber, *Joseph Goebbels* (Berlin,
1962); Prinz zu Schaumberg-Lippe, *Dr. G.*
(Wiesbaden, 1963); Victor Reimann, *Dr. Jo-
seph Goebbels* (Vienna, 1971) ; Roger Man-
vell and Heinrich Fraenkel, *Goebbels* (New
York, 1960, paperback). .
Publications containing Goebbels's words,
diary entries, and articles: *His Speeches,* vol.
I, 1932-1939 (Düsseldorf, 1971); *The Diary
of Joseph Goebbels,* 1925-26 (London, 1962);
The Goebbels Diaries, 1942-43 (Garden City,
N.Y., 1948); *Kampf um Berlin* (Munich, 1934)
; *My Part in Germany's Fight* (London, *1935)
; Vom Kaiserhof zur Reichskanzlei* (Munich,
1937).

Pages 246-247 HIMMLER THE
BLOODHOUND
Bradley .F. Smith, *Heinrich Himmler: A
Nazi in the Making, 1900- 26* (Pala Alto, Ca-
lif., 1971) is a scholarly account. See also the
interesting article in *The American Histori-
cal Review,* June 1971, by Peter Loewenberg,
"The Unsuccessful Adolescence of Heinrich
Himmler"; *Reichsführer: Briefe an und von
Himmler* (Munich, 1970) , ed. by Helmut
Heiber.
Heinz Hoehne, *The Order of the Death's
Head: The Story of Hitler's S.S.* (New York,
1970).

Pages 248-249 BORMANN THE
BUREAUCRAT
Joseph Wulf's *Martin Bormann: Hitler's
Schatten* (Guetersloh, 1962) is a well docu-
mented biography. The life of Bormann in
English: James McGovern, *Martin Bormann*
(New York, 1968).
The Bormann Letters (London, 1954)
contains correspondence with his wife, 1943-
1945.

Pages 250- 251 PARTY DAY IN NÜRNBERG
The *Berliner Illustrirte Zeitung* and
Münchner Illustrierte Presse published spe-
cial issues. *Reichstagung in Nürnberg,* 1934
(Berlin, 1934). A profusely illustrated volume
printed by order of Julius Streicher.

Pages 252- 253 THE SHACKLES OF
VERSAILLES ARE BROKEN
Bullock, Shirer, and other biographers of
Hitler recount the event in detail.

Pages 254-255 DISCUSSING PEACE
See works by Eyck, Halperin, Shirer, pre-
viously cited.

Pages 256-257 "I WANT PEACE"

Pages 258-259 WAR OR PEACE?
Hitler's speech is in Max Domarus, *Reden
und Proklamationen, 1932-1940* (Munich,
1965).
Elizabeth Wiskemann, *The Rome-Berlin
Axis* (Londan, 1969).

Pages 260-261 GÖRING'S OPERA BALL
Emmy Göring's *Memoirs* (Göttingen,
1967); Ewan Butler and Gordon Young, *Mar-
shal Without Glory* (London, 1951); Martin H.
Somerfeldt, *Göring, was fällt Ihnen ein!* (Ber-

lin, 1932).

Pages 262-263 THEY ALL CAME TO SEE HIM
Dorothy Thompson, *I Saw Hitler* (New York, 1932). The famous encounter of the American journalist with the Führer.

Pages 264-267 AUSTRIA IS TAKEN
Kurt Schuschnigg, *Austrian Requiem* (New York, 1946) ; *Im Kampf gegen Hitler* (Vienna, 1969); Gordon Brook-Shepherd, *Anschluss*(London, 1963) ; Ernst Rüdiger Stahremberg, *Memoiren* (Vienna and Munich, 1971).

Pages 268-269 THE FÜHRER'S BIRTHDAY
Heinrich Hoffmann, *Hitler Was My Friend*(London).

Pages 270-279 THE CZECH CRISIS
Henry Nogueres, *Munieh: "Peace for Our Time"* (New York, 1965) ; Keith Robbins, *Muenchen 1938* (Guetersloh, 1969); Paul Schmidt, *Statist auf diplomatischer Bühne* (Frankfurt and Bonn, 1964) ; a partial English translation of Dr. Schmidt's recollections is titled *Hitler's Interpreter* (New York, 1951) ; André François-Poncet, *The Fateful Years* (New York, 1949), memoirs of the French ambassador; Nevile Henderson, *The Failure of a Mission* (New York, 1940) , memoirs of the British ambassador. Keith Feiling, *The Life of Neville Chamberlain* (London, 1946).

Pages 280-281 WOMAN CHARMER
Walter C. Langer, *The Mind of Adolf Hitler* (New York, 1972). Some interesting but highly incorrect psychoanalytic interpretations of Hitler's sex life. Felix Gross, *Hitler's Girls, Guns and Gangsters* (London, 1941). An amusingly superficial, sensation-seeking account.

Pages 282- 283 THE NIGHT OF THE BROKEN GLASS
William Shirer, *The Rise and Fall of the Third Reich* (New York, 1960) has a masterly description of the event. Friedrich Karl Kaul, *Der Fall des Herschel Grynszpan* (Berlin, 1965). All the facts about the assassin of vom Rath, his trial etc.

Pages 284-285 THE RAPE OF CZECHOSLOVAKIA
Eduard Benes, *Memoirs of Dr. Eduard Benes*(London, 1954) .

Pages 286- 287 FOR BISMARCK— AGAINST FDR
Hitler's tirade against FDR is in full in Max Domarus, ed., *Hitler: Reden und Proklamationen, 1932-1940* (4 vols., Munich, 1965).
See also William Shirer, *Berlin Diary* (New York, 1941, paperback).

Pages 288- 289 THE NAZI-SOVIET PACT
Joachim von Ribbentrop, *Zwischen London und Moskau* (Leone near Starnberg, 1953). Memoirs of the ambassador Peter Kleist, *Zwischen Hitler und Stalin* (Bonn, 1950) .
Gustav Hillger and Alfred G. Meyer, *The Incompatible Allies- A Memoir History of German Soviet Relations, .1918- 1941* (New York, 1953)

Pages 290-291 MOVING INTO POLAND
Das war der Krieg in Polen, ed. by Rolf Heller (Berlin, 1939). Also B. H. Liddell Hart, *History of the Second World War* (New York, 1971).

Pages 292-293 A MEAL IN THE TEAHOUSE
Nerin Gun, *Eva Braun: Hitler's Mistress*(New York, 1968). A gossipy biography.

Pages 294-295 HITLER'S BLITZKRIEG AGAINST EUROPE
B. H. Liddell Hart, *History of the Second World War* (New York, 1971); Theodore Draper, *The Six Week's War* (New York, 1944); *Die Deutsche Besetzung von Daenemark und Norwegen, 1940* (Göttingen, 1952) ; Major General J. F. C. Fuller, *The Second World War* (New York, 1949). A. J. P. Taylor, *The Origins of the Second World War* (London , 1963) .

Pages 296- 297 HE LOVED THE CHILDREN HE KNEW
The text is based on interviews. I am particularly grateful to Leni Riefenstahl, and to Mrs. Max Kimmich, the sister of Dr. Goebbels, with whom I had repeated talks.

Pages 298-299 MIRACLE AT DUNKIRK
Winston S. Churchill, *Their Finest Hour* (Boston, 1949) gives a magnificent description.

Pages 300-301 THE FRENCH SURRENDER
Jacques Benoist-Mechin, *Sixty Days That Shook the West: The Fall of France, 1940* (New York, 1963).

Pages 302-303 HITLER IN PARIS
Albert Speer, *Inside the Third Reich* (New York, 1970) describes the visit.

Pages 304-305 THE BATTLE OF BRITAIN
The Times und other English newspapers.

Pages 306-307 THE SUPREME WARLORD
Franz Halder, *Hitler als Feldherr* (Munich, 1969); Felix Gilbert, ed., *Hitler Directs His War* (New York, 1950); Walter Goerlitz, *History of the German General Staff* (New York, 1953); Walter Warlimont, *Inside Hitler's Headquarters, 1939-1945* (New York, 1964); H. R. Trevor-Roper, *Blitzkrieg to Defeat: Hitler's War Directives,* 1939-1945 (New York, 1971).

Pages 308-309 THE WAR IN RUSSIA
Alan Clark, *The Russian-German Conflict,* 1941-1945 (New York, 1965).
Paul Carell, *Scorched Earth: The Russian-German War,* 1943-1944 (New York, 1971, paperback).

Page 310 HESS FLIES TO ENGLAND
James Douglas Hamilton, *Motive for a Mission* (London, 1971). The story by the son of the Duke of Hamilton. (Selected bibliography, pages 281-284.)

Page 311 CAMPAIGN IN AFRICA
Dwight D. Eisenhower, *Crusade in Europe* (New York, 1948); Desmond Young, *Rommel- The Desert Fox* (New York, 1950); *The Rommel Papers,* ed. by B. H. Liddell Hart (New York, 1953); Ronald Lewin, *Rommel as Military Commander* (New York, 1970, paperback).

Pages 312-313 PAULUS' ARMY DEFEATED IN RUSSIA
Wladyslaw Anders, *Hitler's Defeat in Russia* (Chicago, 1953); Geoffrey Jukes, *Stalingrad : The Turning Point* (New York, 1968, paperback); John Keegan, *Barbarossa: Invasion of Russia* (New York, 1971, paperback).

Pages 314-315 THE END OF THE WARSAW GHETTO
Gerald Reitlinger, *The Final Solution* (New York, 1961); Rosa Levin, *The Holocaust: The Destruction of European Jewry, 1933-1945* (New York, 1968).

Pages 316-317 D-DAY
D-Day, The Normandy Invasion in Retrospect (Lawrence, Kans., 1971); Dwight D. Eisenhower, *Crusade in Europe* (New York, 1948); General Hans Speidel, *Invasion 1944* (Chicago, 1950).

Pages 318-319 AMERICANS IN GERMANY
Harry C. Butcher, *My Three Years with Eisenhower* (New York, 1946). Dwight D. Eisenhower, *Crusade in Europe* (New York, 1948).

Pages 320-321 AN ATTEMPT ON HITLER'S LIFE

Pages 322-323 THE TRIAL OF THE PLOTTERS
Many books and memoirs have appeared on the ill-fated plot. H. G. Gisevius, *To the Bitter End* (Boston, 1947), and *The Van Hassell Diaries,* 1938-1944 (Garden City, N.Y., 1947) are written by two of the participants. John Wheeler-Bennet, *The Nemesis of Power* (pages 634-693) (New York, 1953) gives an excellent description. Allen W. Dulles's *Germany's Underground* (New York, 1947), and Fabian Schlabrendorff's and Gero Gaevernitz's *They Almost Killed Hitler* (New York, 1947), Heinrich Fraenkel's and Roger Manvell's *Der 20. Juli* (Berlin, 1964) are useful. Joachim Kramarz, *Stauffenberg* (Frankfurt, 1965). The life story of the chief conspirator.

Pages 324-329 THE CLOCK RUNS OUT ON HITLER'S GERMANY

Pages 330-333 WHAT NAZISM WROUGHT
Rudolf Hoess, *Commandant of Auschwitz* (New York, 1960); Hannah Arendt, *The Origins of Totalitarianism* (New York, 1959).
Milton Schulman, *Defeat in the West* (London, 1949).

Pages 334-335 THE END OF A DICTATOR
Ivone Kirkpatrick, *Mussolini: A Study in Power* (New York, 1944).
F. W. Deakin, *The Six Hundred Days of Mussolini* (New York, 1966, paperback).

Pages 336- 337 GÖTTERDÄMMERUNG

Pages 338-345 THIS WAS THE END
Gerhard Boldt, *In the Shelter with Hitler* (London, 1948), American edition titled *The Last Ten Days* (New York, 1973, paperback); Karl Koller, *Der letzte Monat* (Mannheim, 1949); H. R. Trevor-Roper, *The Last Days of Hitler* (2nd ed., London, 1950) ; Hans Dollinger, *Die letzten hundert Tage* (Munich, 1965) ; Marshal Wassily Tschuikov, *Das Ende des Dritten Reiches* (Munich, 1966) ; Marlis G. Steinert, *23 Days: The Final Collapse of Nazi Germany* (New York, 1967); Lev A. Besymensky, *The Death of Adolf Hitler* (New York, 1968).

인명 색인(원문 표기)